【増補改訂版】

近代解放運動史研究

梅川文男とプロレタリア文学

尾西康充

和泉選書

松阪市立第二尋常小学校卒業写真（梅川紀彦氏提供）
最後列の右端が梅川文男。前に座っている女子児童のなかには小津安二郎の妹がいる。

三重県立宇治山田中学校卒業写真（「校友」第30号、1925年2月）
前から3列目、向かって左から10人目が梅川文男。9人目が大沢茂。

淡路時代の梅川文男（芝先勉氏提供）

市長時代の梅川文男（梅川紀彦氏提供）

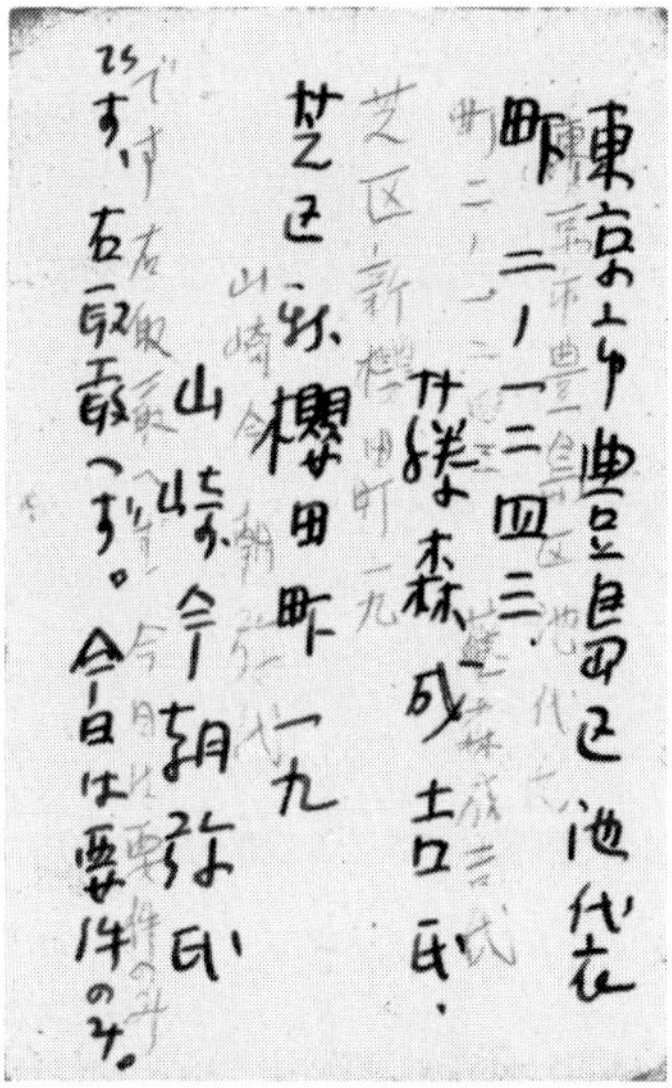

島木健作書簡
(1934年11月17日、梅川文男宛) 裏

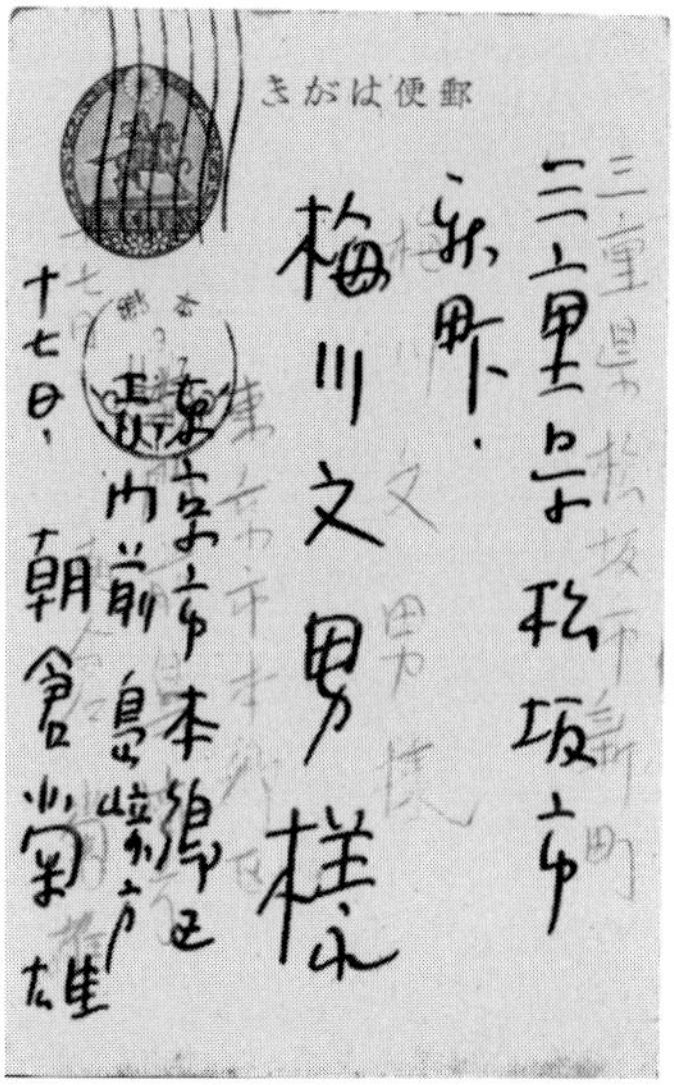
郵便はがき
三重県松坂市新町
梅川文男様

島木健作書簡
(1934年11月17日、梅川文男宛) 表

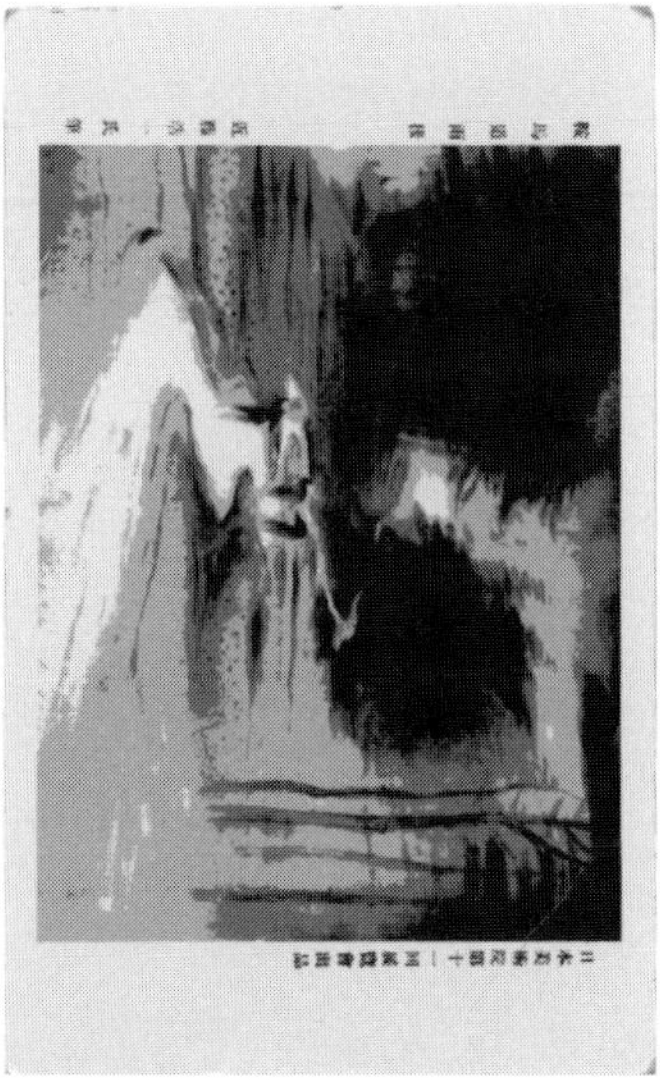

島木健作書簡
(1936年 6 月16日、梅川文男宛) 裏

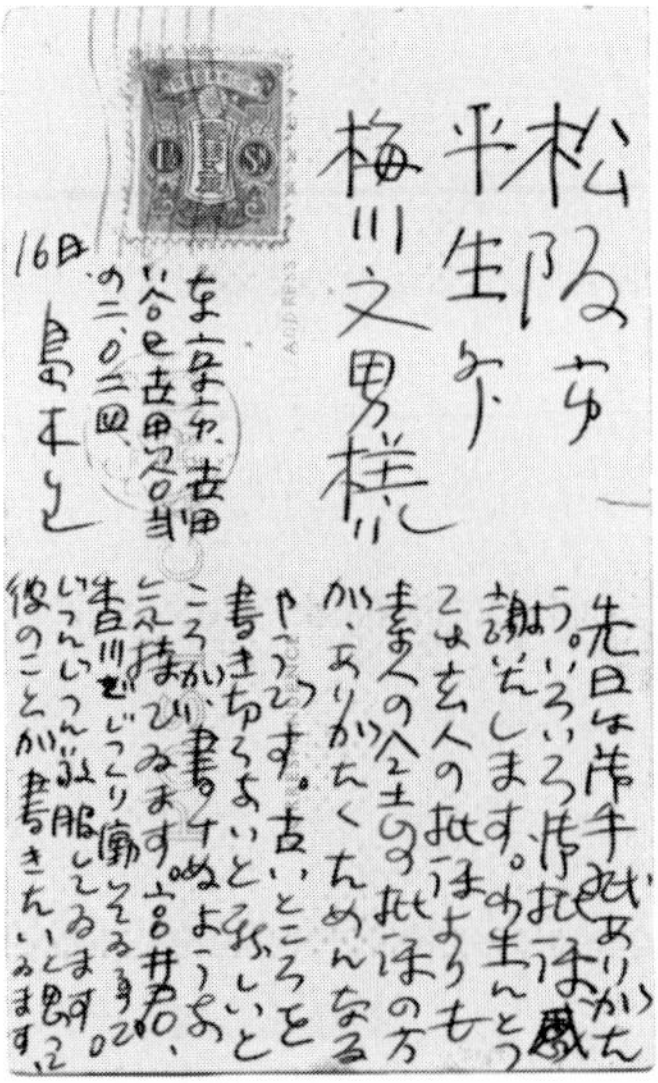
松阪市
平生町
梅川文男様
16日
島木生

島木健作書簡
(1936年 6 月16日、梅川文男宛) 表

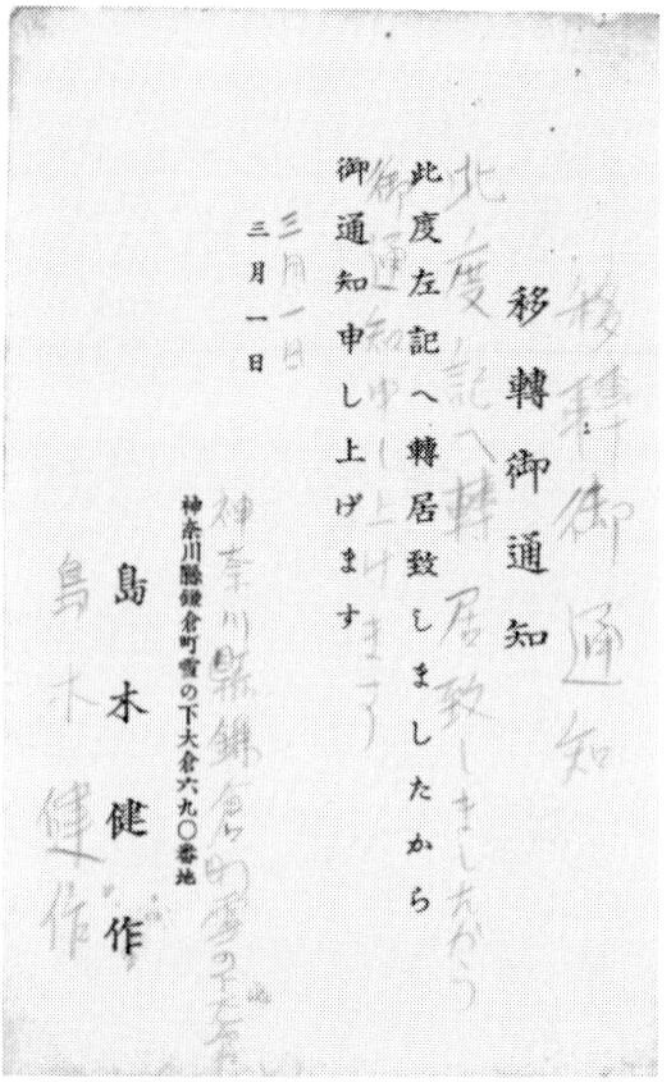

移轉御通知
此度左記へ轉居致しましたから
御通知申し上げます
三月一日
神奈川縣鎌倉町雪の下大倉六九〇番地
島木健作

島木健作書簡
(1937年２月28日、梅川文男宛）裏

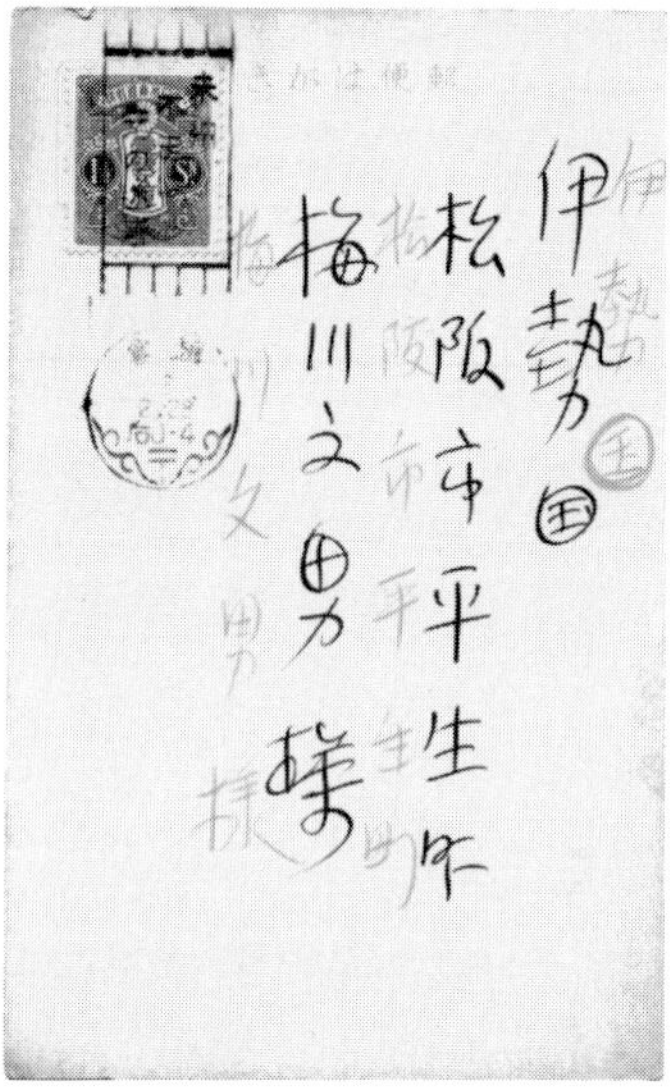

伊勢国
松阪市平生町
梅川文男様

島木健作書簡
(1937年２月28日、梅川文男宛）表

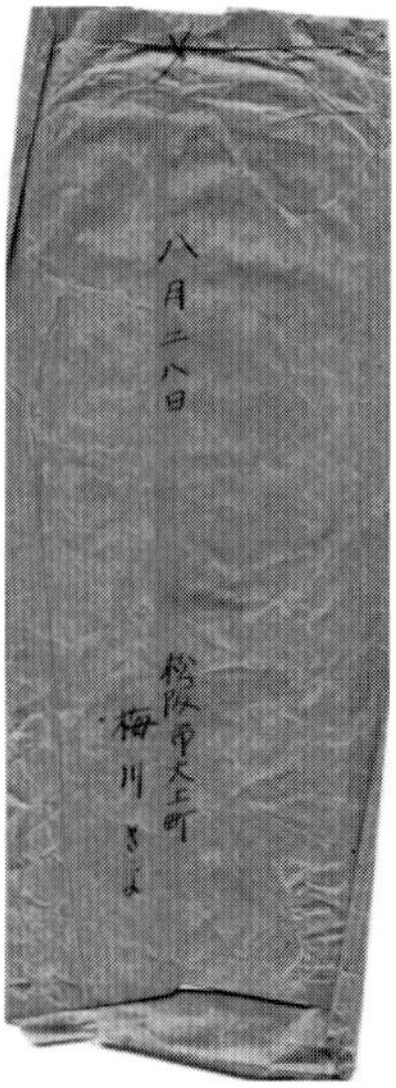

八月二八日
松阪市大上町
梅川きよ

梅川きよ書簡
(1943年８月29日、梅川文男宛）裏

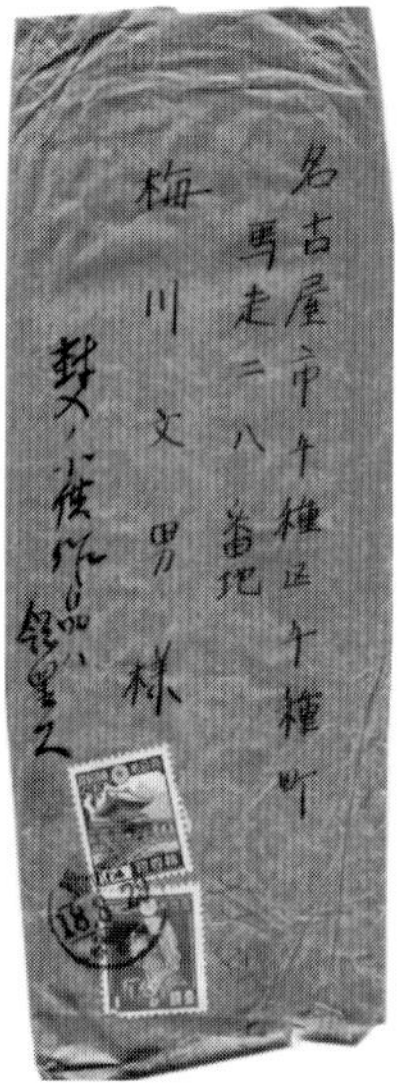

名古屋市千種区千種町
馬走二八番地
梅川文男様

梅川きよ書簡
(1943年８月29日、梅川文男宛）表

以上、書簡は梅川紀彦氏提供

父の思い出

梅川 悠一郎

小さい頃の父の姿は、記憶に残っていない。その姿や形も明確ではない。

多分、幼稚園に入る以前だった。名古屋の東山動物園に連れて行ってもらった。ところが、動物園にたどり着くまでに、広小路通か伏見通界隈の確か名古屋城が小さく見えていた記憶のある古本屋に立寄った。が、店に入ったきりなかなか出てこなかった。父には、ほんの短時間であっただろうが、子ども心には、長い時間待たされて、しびれが切れてうんざりした思い出がある。

昭和一六年一二月九日、大東亜戦争開始の翌朝の検束で、母親に叩き起こされて、新町大工町の実家まで伝令に行かされた。平生町《ひらおまち》で、古書店「梅川書房」を開いていたが、幼稚園に通っていた年の暮れに閉店した。古書店で買いあげた古本に、講談社の絵本類、『のらくろ』漫画本シリーズ、『冒険ダン吉』『日之丸旗之助』『たこの八ちゃん』等の漫画本があり、文字の読めない年齢の私は、時間があるとそれを眺めて楽しんだ記憶がある。

小学校二年生の冬に紙製の筆箱（皮製はもうなかった）を手みやげに帰宅した。この頃は、幼児のときに味わったバナナや金米糖などの食べ物が店先から姿を消していた。この数カ月前の年末に、南海道地震があった。屋敷の裏庭の土蔵の屋根瓦がくずれる被害をうけて、保管していた「女学雑誌」をはじめ明治の雑誌・出版物を雨漏りで傷めてしまったのは、惜しいことをした。

終戦まで、徴用され第一小学校で軍事訓練まがいのことをやらされていた。隊長が中谷東一さんという同級生で、出獄間もない体力不足の父を気づかって、食料調達班に配してもらっていたようだ。戦争が終わり、この友人が公職追放で先生の職を失ったので、三重定期貨物運送会社で一緒に働くように配慮していたようだ。

終戦直前、大工町の家が立ち退き命令で、取り壊し対象になり、一日違いで取り壊されずに済んだが、母親の移住先で苦労していた。

終戦、間ぎわに三男が誕生。二男が腸チフスにかかり入院する災難が続いた。中町の山浦小児科医の先生にお世話になった。二男の入院には、稲葉病院の前の同級生の北野歯科の先生の物心両面の暖かいお世話になった。このような苦しい時にしっかりと援助の手を差しのべて下さった関係から、戦後県議になって、正月元旦のあいさつまわりに、午前中は北野歯科の先生のお宅に、午後は垣鼻町の松田一雄さん宅に訪れて行くのが正月行事になっていた。

敬愛していた母親が亡くなるときも、小児科医の山浦久治先生に診てもらっていた。市長になったとき、教育委員になってもらった。

生きていたら真ッ先に反対したであろう母親が亡くなっていたのが幸いして、共産党から県議選に出馬できたと思う。全国でもまれな共産党県議が誕生した。共産党は大嫌いだが、梅川文男は好きという歯科医の北野佐《たすく》先生を筆頭に多くの方々が、選挙事務所には姿を見せないで、蔭で応援していただいたようだった。中でも目立ったのは、共産党は嫌いだと言明し、「人間梅川」をキャッチフレーズに、個人演説会の弁士になって活躍していただいた高校国語教師で同級生の斎藤幸郎先生のような人もあった。お金はなかったが、党派を超え、いろいろな良き理解ある友人に恵まれていたのは幸せなことだったと思う。

二回目の県議選は僅少差で落選。貧乏生活が始まった。これは、「東京日記」に詳しい。松阪の留守宅の生活は、どん底の借金生活であった。森薬局の森妙子さんの助けがなければ、とても成り立たなかったと思う。父の提案で西町の辻さん宅から家鴨《あひる》をもらって来て、家の横の川で飼い、卵を蛋白質の一助にしたりもした。

放任しながらも心配だったのか、私の高校入試日に会場へ弁当を持って現れたのには、びっくりした。卒業の日も、担任を自宅に招きお礼を述べていた記憶がある。

この間に共産党を除名される。友人たちは喜んだが、本人はどうであったのだろうか。共産党県議時代に、徳田球一の地下潜伏の三重県通過の担当責任者となり、鈴鹿峠の検問所通過の手助けをした秘話を語って聞かせたが、隠居したら、書き綴るつもりでいたと思う。

三回目の県議選に無所属で立候補し当選。任期途中で市長選に出て、まさかの当選。これは、えらいことになったものだと思った。上下動の激しいジェットコースター並の人生である。本人はお金の賭け事は大嫌いであったが信念を持って、命を賭けたひと筋の道を真っすぐ歩んだ。世間から見ると浮き沈みの激しい波瀾万丈の人生であったように見える。

市長になって毎晩宴会が続く。座敷をハシゴする売れッ子芸者さんの趣きだった。出席者に持ち帰りができるように宴会料理に手をつけず、盃だけいただいて帰宅することが多かった。家では、白粉町の魚屋「魚寅」で特別に注文した「鰹のハラモ」を塩焼きさせて、お茶漬けを食べたりしたこともあった。お酒も、酔って不用意な言質を与えないように気を配っていたので、酒を殺して飲むことが多かった。心底楽しい酒ではなかったのではないだろうかと思った。

年末は、恒例行事があった。「自労交渉」という徹夜交渉で、ひと昔前とは逆な交渉される側の人になり、千秋楽の相撲を見てから、市役所に出かけて行った。

当時、松阪市は赤字再建団体の指定を受け、独自の事業は難しく、何事も中央の許可を必要とし、財政再建中であり、年末には中央省庁への陳情に出かけた。出発に際して、少しでも地方税収入の煙草税に寄与するためだと言って、上京中に吸う煙草をピース罐二、三個分買い込んでカバンに入れて行った。また、手みやげにブランド化を目指していた松阪肉の和田金の箱詰牛肉をさげて、夜行列車「伊勢・那智」号東京行に乗り込んで行く姿が思い出される。

市長になっても内風呂はなかった。近所の村田幸通さん経営の「鈴の湯」銭湯に出かけた。それも閉店間際が多かった。風呂場での裸の父の姿が、やせているのに、腹だけはポッコリと出て来ているなあと思った。親戚筋の系統から、糖尿病、高血圧等の「成人病」、今の「生活習慣病」に強い関心と危惧の念を抱いていた。しかし、煙草が原因の肺ガンにかかるとは、予想もしなかったのではないだろうか。

亡くなる前年の夏、設けられたばかりの「人間ドック」に入り、何も悪いところはなかったと言って喜んで帰って来たが、その年の暮れに妙な言葉を発した。「おい、井村屋の小豆の罐詰を買って来てくれ」というのである。「変なこと言い出すなあー」とその時は一瞬思った。カラ党の父が、甘いものを欲しいというので驚いた。今考えると、体重が減り続けていたらしい。正月過ぎに「痔」が出たといって入院し、隣室の当直の女医さんから、市長が気になる咳をしているというので検査をしたら肺ガンだった。

私は、糖尿病・高血圧予防のために、四〇歳から走り始めたのは、この父親のポッコリとふくらんだ腹の姿を見ていたお陰である。幸い煙草も吸わず、父の死亡した年齢を超えて命をながらえている。幸せなことである。

金銭面では、北野先生から一本釘をさされたことがある。「悠坊（これは、私に対する小さいときの呼びかけられる名前）、先生になったんやで、やめたらあかんぞ。ええか！」と念を押された。これは、梅川文男を長らくかたわらから見守り、陰から支えてきた世渡りに対する警告の言葉でもあったと思った。

また、父が友人の借金の保証人になり、借受人が行方不明になり、印鑑をついたばかりに、銀行から返済を余儀なくされたり、わが子の損金と住宅資金の立替払いのために銀行に借金をし、毎月給与からブツブツ言いながら返済していた姿は、痛々しかった。生涯本人所有の固定資産は無く、文字通りプロレタリアートの無産者であった。私たち夫婦には、「他人の借金の保証人には、親しい間柄であっても絶対になったらあかんぞ」が口癖であった。松阪市も借金まみれの赤字財政団体でその立て直しに努力した。公共団体がカケ事のテラ銭で収入をまかなう「競輪事業収益」は、本筋ではないと考えていて、その事業廃止を打ち出した途端、収益が伸びて、止めるに止められなくなったりもした。窮屈な予算をやり繰りして、独自の特色ある文化事業の『ふるさとの風や』戦没兵士手紙集を出版した。戦前に国家権力に刃向い「囚われびと」となった自分とは対極に位置するもう一方の従順な国家権力の「囚われびと」の声を拾いあげて世に問うた功績は、輝かしいものであると思う。

市税収入の増加を考えて、「セントラル硝子」工場等の工場誘致や「梅村学園」の高等学校・大学の誘致を行い、赤字財政からの脱却を図りながら、「本居記念館」建設の約束がかなえられて、松阪の唯一の目玉がつけられたことは、本人にとっても松阪市民にとっても喜ばしいことであった。

近代解放運動史研究　梅川文男とプロレタリア文学◎目次

父の思い出——梅川悠一郎

I

梅川文男とその時代

II　梅川文男作品抄

III　梅川文男生誕一〇〇年記念展を終えて

本書の引用文には、今日の人権感覚からすれば不適切な表現があるが、それらの表現がなされた歴史的・社会的背景を考察するために変更を加えずに引用している。

序

一八七六（明治九）年一二月一九日、松阪市内を流れる櫛田川に沿った飯野郡魚見村（現松阪市魚見）を含む近隣四カ村の村民数千名が集結し、税率を地価の三パーセントとして金納を定めた明治新政府の地租改正に抗議して役所や学校、銀行などに押しかけ気勢を上げた。一部暴徒化した農民の勢いは松阪以外にも急速に拡大し、南勢地方や伊賀地方、桑名・四日市に至る北勢地方さらには愛知・岐阜両県にまで波及した。これを見た岩村定高三重県令は大阪鎮台と名古屋鎮台に軍の派遣を、内務省に警官の派遣を要請して彼らを暴力的に制圧した。新政府にとって、不平士族が中心となった西南戦争などの反乱は予想できていたが農民の反乱は全く想定外のことで重大な危機としてとらえられた。そこで迅速な対応が図られて翌年一月四日には地租が二・五パーセントに引き下げられた。これが明治初頭に発生した「伊勢暴動」と呼ばれる民衆蜂起で、当時の民衆はこれを「竹槍デドント突キ出ス二分五厘」という狂歌を作って称え、植木枝盛は三〇数条におよぶ人権保障規定に抵抗権や革命権も盛り込んだ私擬憲法「日本国国憲按」を草した。以後、全国的に展開した自由民権運動の源にはこの「伊勢暴動」が存在していたのである。

また、明治時代の松阪には『文明論女大学』を著して男女同権を説いた民権運動家土居光華が滞在していた。土居は飯高および飯野、多気郡長を兼務しながら廃娼運動を指導した。郡長の任期は一八八七（明治二〇）年二月から一年八カ月の間しかなかったのだが、そのまま松阪に残って住み続け、一八九四年三月の第三回総選挙では三重県第四区から自由党代議士として選出され帝国議会で活躍する。地域社会に与えた土居の民権思想の影響には多大なものがあり、それは松阪の風土にしっかりと根を下ろしたのである。

＊　＊

右のような民権運動の伝統がある松阪は、戦前から労働運動・農民運動・水平社運動の激戦地として全国的に知られていた。東大新人会で新しい時代の息吹を感じ取った河合秀夫が帰郷後いち早くマルクス主義を紹介し、水平社メンバーが中心となって自分たちの基本戦術として階級闘争を選択した。その結果、労働者・農民・被差別部落民が階級的自覚に従ってプロレタリアートとして連携する「三角同盟」の可能性が拓かれた。だが松阪の運動は極左路線として治安当局からつねに警戒され、過酷な弾圧を受け続けてきた。

一九二四年に三重県立宇治山田中学校を卒業した梅川文男は代用教員として松阪市立第二尋常小学校に勤める。貧窮を極めた児童の一群に接したことで解放運動に身を投じる決意をする。梅川と同じように代用教員をしながら水平社運動に目覚めた青年の一人に大沢茂がいた。中野重治の「鉄の話」（「戦旗」、一九二九年三月）という小説のなかに「こないだ御大典で殺された三重の大沢君も小学校の先生だつたそうだが」という一文がある。この「三重の大沢君」とは大沢茂のことである。大沢は、梅川とは宇治山田中学以来の親友で野球仲間であったが、昭和天皇即位御大典の際に県内の警察署を盥回しにされ、一九二八年一一月一三日に津警察署の留置場で怪死した。中学の卒業写真には梅川の隣に大沢が立っている。二三歳の若さで斃れた大沢の悲劇について梅川は生涯語ることはなかったという。梅川や大沢が解放運動に目覚めた頃、日本農民組合（日農）の「総本部に蟠踞する左翼巨頭」と呼ばれていた大西俊夫が三重県連に書記として来県していた。中央でのトラブルに巻き込まれ総本部書記を罷免されてのことだったが、ソビエトでレーニンに面会し、片山潜と共に国際農業労働者協議会に出席したという輝かしい経歴を持つ彼によって松阪の解放運動は飛躍的に発展することになった。一九二五年二月二一日、水平社指導者が中心となって松阪社会思想研究会が結成され、政治的・革命的雰囲気が大西の指導の下で醸成されて無産主義の思想を摂取した。同会主催の講演会には毎月、石川三四郎や稲村隆一、山本宣治、馬嶋僩など当代随一の思想家が講師として招聘された。松阪の青年は彼らの講演を感激して聴き時代の息吹を感じ取った。

しかし一九二六年六月、無産主義運動の拡大をおそれた治安当局は強引な方法で関係者の一網打尽を狙った。これが県内最初の一斉検挙事件となった松阪事件であった。梅川は発禁処分を受けていたオイゲン・ヴァルガ（Varga Eugen）の『農民の無産政党の国際形勢』（大西俊夫訳）を所持していたために出版法違反の容疑で検挙起訴されて三〇円の罰金刑を受ける。その結果、教職を追われて当時日農の重要な活動拠点であった淡路島に渡ることになる。淡路島の農民解放運動は、麦年貢・麦小作料という江戸時代から続いた弊習を打破するために島内の農民が一致結束し激しい闘争を繰り広げていた。梅川は日農淡路連合会の戦闘的指導者長尾有《たもつ》がいた三原郡南淡町賀集村八幡に赴き、彼の実弟芝先《しばさき》覚の許に寄寓しながら長尾と共に小作争議を指導した。

二〇〇〇年夏、淡路時代の梅川の記録を調べるために私は芝先家を訪れた。梅川が二階で起居したといわれる屋敷が当時のまま残っていた。芝先家の人々に往時の様子を尋ねていると、古いアルバムのなかに梅川の写真が貼られていることを発見した。七〇年以上も前のことなので詳細は聞き出せなかったが、梅川が好青年であったという話が芝先家に伝わっていることだけは確認できた。淡路で活動したのは足かけ三年の間しかなく、梅川は神戸で、最初の日本共産党全国一斉検挙となった三・一五事件に遭う。当初は神戸湊川警察署に留置され、拘留期限が過ぎると相生橋警察署に移送されて苛酷な取り調べを受けた。神戸地方裁判所での予審から大阪控訴院での控訴審、さらに大阪刑務所に下獄するまで梅川の救援活動を中心となって続けたのは河合秀夫・いく子夫妻であった。三・一五事件によって日農が壊滅した後、河合は全国農民組合（全農）中央常任委員として組織再建に奔走し、一時は兵庫県武庫郡六甲村徳井（現神戸市灘区徳井）の自宅が全農の事務所となっていた。

ところが河合夫婦の支援もむなしく梅川には懲役五年の実刑判決が確定して大阪刑務所に下獄する。大阪刑務所内で梅川の斜め向かいの独房にいたのが日農香川連合会書記長朝倉菊男、すなわち島木健作であった。梅川は出獄後に島木の「癩」を読んで朝倉と島木とが同一人物であったことを知ってから文学に目覚める。新井徹や小熊秀雄たちが参加した「詩精神」の雑誌同人となって文芸活動をはじめ、自分が体験した獄中生活をモチーフにしたものや、貧しい農村や被差別部落の現状をテーマにした詩や小説、評論などを同誌に発表している。小作人や被差別部落の青年たちの怒れる心境を松阪方言で表現した梅川の作品は、解放運動の最前線に立っていた活動家の実感にもとづいて創作されている。

非転向のまま大阪刑務所から釈放された梅川は帰郷するのだが、彼を待ち受けていたのは一九三三年三月一三日の三重県内一斉検挙事件であった。津・松阪・宇治山田・四日市の四都市にわたって一四五名が検挙されて解放運動は壊滅的な打撃を受けた。梅川は身体を休める暇もなく、全国水平社（全水）松阪支部の青年たちと共に組織の再建に取りかかるものの、もはや合法舞台でなければ運動が立ち行かなくなっていた。そこで一九三六年一一月、梅川は遠藤陽之助や藤本忠良たちに協力して、全国単一無産政党として勢力を伸ばしていた社会大衆党南勢支部を結成して、県内の広範な勢力を結集させようとした。しかし盧溝橋事件が勃発してアジア侵略戦争を是認する意見が日本社会で大勢を占めるようになると、解放運動は世論への迎合を迫られ、ファシズムに対する抵抗意識が急速に弱まってしまう。県内では朝熊《あさま》区政差別糾弾闘争を全農と全水、社大党が連携する人民戦線運動によって継続され、ある程度の成果を収めつつあったが、一九三七年一二月と一九三八年一月の二度にわたる検挙に遭って壊滅的な打撃を受けてしまう。

このときは梅川は検挙を逃れたのだが、一九四一年一二月九日の対米英宣戦布告に伴って非常措置が講じられて検束され、三重刑務所に勾留される。翌年一一月一三日に治安維持法違反の容疑で起訴され有罪が確定すると名古屋刑務所に移送され一九四四年五月まで服役する。妻きよや兄俊男・弘《ひろむ》、弟茬男《しげお》、義兄田畑安右衛門たちが獄中の梅川に宛てた書簡が今も遺っており、俊男の御子息紀彦氏が所蔵している。二科会所属の写真家の紀彦氏は現在松阪市新町九〇一番地で梅川スタジオを営んでいるが、そこは梅川が戦前の松阪事件で検挙に遭った場所であり、戦後の市長時代には「梅川旅館」と呼ばれたほど多くの人が集まり、泊まり込んで議論を交わす場所でもあった。梅川が名古屋刑務所に移送された後は監視の眼も幾分緩和されたようで、月に一通は家族に手紙を出して近況を報告している。家族が梅川に宛てた書簡には、有罪判決が下りた梅川を責めるような言葉は一つも見あたらず、梅川の素志を十分に理解し懸命になって支援活動をおこなっていたことが分かる。妻きよは夫に代わって古書店を営み、二人の幼い子供を育てていたが、実刑判決が確定すると、平生町の古書店を閉めて大工町に転居し細々と営業を続け、二男健士を飯南郡大河内村にいた兄田畑安右衛門に預けた。彼女の書簡は二通しか遺されていないが、どちらの書簡からも獄中の夫の期待に何とか応えようとして苦しんでいた様子が見てとれる。一通目には「(小学) 一年生の悠一郎に自分で文章を書かして送る様にとのことですけれど、それはとても無理なことです。綴方は二年の三学期から初めて書くのですから」とあり、また「悠ちゃん、健士の写真送りたいのですけど写真屋さんは皆休業です。乾板も薬品もないので転業する人が多いそうです」とある。そして最後に「母も私も、あなたが達者でお仕事に励み、立派に務めを果して帰つて下さる日を待つてゐます。月一度戴く御手紙がどれだけ嬉しいか、母もそれをどれだけ待つてゐるか、とても言葉で表はすことなどできません」と手紙が結ばれている

（一九四三年八月二八日付書簡、宛先は二通とも名古屋刑務所のある「名古屋市千種区千種町馬走二八番地」になっている）。

梅川は獄中にいても遅れをとるまいと焦っていたようで、妻に「民間伝承の会」「伝記学会」「明治文化研究会」「文献と目録」などの学会費を振り込んでもらって、それらの機関誌を整理保存するように伝えたり、短歌用語辞典や朝日年鑑、ノートや鉛筆などの差し入れも依頼したりするなど向学心を持ち続けている。だが彼にとっては些細な要求であったとしても、それらがいかに妻を苦しめていたのかは、つぎに引用する二通目の書簡から明らかである。

拝復　五日附御手紙一五日拝見致しました。

ノートは今、絶対にありません。学生は学校から一ヶ月一冊、児童は雑記帳を同様に一冊配給を受けるだけで、それ以外は入手出来ません。

只今市内十軒余の紙店、文具店を探し、雑記帳（ザラ紙無罫紙）を一冊と横罫のノート代用二冊をやうやく入手致しました。これも凡て幸ひ売残つたものです。今後は無罫の雑記帳を心掛けて手に入れるより方法はありませんからそのつもりで御辛棒下さい。雑記帳ならば心掛けて入手致しますから。山田の兄さん〔俊男〕には心掛けて戴く様に御願ひして置きます。

鉛筆も良質のものはありません。二本御送り致します。内一本は消ゴム附。本日御送りした小包は雑記帳一冊、罫のあるノート代用二冊、計三冊。鉛筆二本です。漢和辞典は服部小柳両氏の古いものはありますが、いゝものはありませんから送りませんが、どうしても入用なら送ります。

そちらで拝借して戴くことは出来ないでせうか。

朝日年鑑を先日弘報によつて注文して置きましたが、まだ来ません。その他の本も出版弘報によつて〆切前迄に注文しても、書店では百冊注文して五冊ぐらいしか来ないから困ると云つてゐます。入手次第御送り致します。然し余りあてにしないで下さい。妾も本は注文しても注文した本が今の処一冊も入手できずにゐますので凡てあてにしないでゐます。入手出来たら運が良かつたと思ふより仕方ありません。古本屋さんは凡て貸本屋さんになりました。本がないからです。家の本も売れば、絶対に買へませんので売らない方針でゐます。悠一郎健士元気です。お母さまも元気です。御安心下さい。

次に満四十才までの第二国民兵が召集される資格を与へられました。これは既に御聴きの事と思ひます。それで貴方も在郷軍人としての資格と名誉が与へられた理です。先月市役所からその通知がありましたので凡て所定の手続きは取りました。通報人はお母様になつて戴きました。奉公袋その他在郷軍人入会の手続き等は凡て善処して置きますから御安心下さい。簡閲点呼は多分あなたが帰られてからだと思ひます。

応徴勇士（四十五才迄延長）応召軍人勇士が皆元気で御召しに応じて行かれます。愈々これから妾達女が男の仕事も引受けて、この重大な戦局を勝利のために突破しなくてはなりません。貴方は社会と隔絶してゐますから、御解りないでせうが、社会の変化はとても昨年のことを思つてゐた人々には想像は出来ないでせう。

妾達台所のことを一寸申しますと、魚も、野菜も配給です。どうか作業は一生懸命になり一個でも多くの品物を作つて下さい。それが軍需品であればなをさらのことです。本当の転向は口先の理論ではなく、只今国家が最も要求してゐるものを作ることによつて真実の御奉公が出来る筈と妾は存じます。真の転向は作業の中に自己を空にすることによつて認めて戴けるでせう。

さあ、これから私も御仕事です。元気でゐて下さい。又

十二月十五日夜

きよ

御主人様

足袋を縫ふ針底光る管制の電気の下に吾子眠りおり

（一九四三年一二月一五日付書簡、引用文中の〔　〕は著者による註）

右の書簡には、思想犯として服役中の夫を支援している妻の苦しみがよく表現されている。頭では夫の思想を十分理解しているはずなのだが、戦局が悪化して一層生活の労苦が嵩んで心細い胸中が明かされている。きよの心労は計り知れないほど重く、このときすでに精神的な病に冒されて病床に伏すようになっていた。

＊　＊

戦後最初の県議会議員選挙となった一九四七年、梅川は松阪選挙区から日本共産党公認候補として立候補し当選する。しかし再選はされず再起を期す間に総点検運動（一九五四年）の波を被って党を除名されてしまう。つぎの県議会議員選挙には政党の支援を受けずに無所属で立候補し、〝人間梅川〟というスローガンを前面に掲げながら選挙戦を闘って県議に返り咲く。一九五七年に後藤脩松阪市長が急逝すると、梅川は県議を辞職して市長選に無所属で立候補し当選、革新市長として全国的に注目を浴びた。これ以後、三期一一年の市長在職中に、市内の被差別部落の実態調査を部落問題研究所に委嘱して報告書『都市部落』『農村部落』を刊行したり、松阪戦没兵士の手紙を集めた『ふるさとの風や』の編集に協力したりと文化的に高い水準の政策をおこなった。

他方、新日本文学会の三重支部でも活躍し、自己の体験をふまえた「島木健作の思い出――『癩』のもでるなど――」（『季刊関西派』）や「小津安二郎」「昭和殉教使徒列伝」（『伊勢公論』）などの作品を発表した。一九六八年四月四日、梅川が松阪市長在職中に六一歳で死去すると、いつも彼の身近にいた山浦久治や大山峻峰・とし夫妻、田中桂一、長男悠一郎たちが協力して『（梅川文男遺作集）やっぱり風は吹くほうがいい』（盛田書店）を刊行した。同書には梅川が生前に執筆した詩や小説、評論などが収録されると共に年譜も整理されて付され、苦難に満ちた梅川の生涯が見渡せるようになった。中野重治は「先輩であって同僚」というタイトルの推薦文を同書の内容見本パンフレットに寄稿した。中野にとって梅川は「共産主義運動の上での先輩」であり、「文学上の同僚」であったという。中野は講演会のために来県するたびに、新日本文学三重県支部長を務めていた梅川の許を訪れて酒を酌み交わしており、「なが年つき合っていても親しくなれぬ人というものはある。正邪とは別にそれがある。二度か三度か会っただけで親しくなる人もある。やはり正邪とは別である。梅川文男さんは、私に取ってこういう人の一人であった」と回想している。

今年は梅川の生誕一〇〇年に当たる。それを記念して評伝と作品を抄録した本書の刊行を企画した。県内の詩人を取り上げた書籍としては『プロレタリア詩人・鈴木泰治』に続いて二冊目となる。いずれも地方の文学の再評価に理解のある和泉書院からの出版である。これらは一地方のささやかな試みであるが、志操高潔なプロレタリア作家を運動史と文学史との双方向から再評価することは、過去の歴史を忘れてしまいがちな日本社会において必要なことだと思う。

I　梅川文男とその時代

第一章　誕生から松阪事件まで（一九〇六〜一九二六）

1

松阪の中心街から西の方角に堀坂山がある。標高七五七・四メートル、遠くにいても雄大な稜線を望むことができるその山を、市民は親しみを込めて「ほっさかさん」と呼ぶ。堀坂山行——松阪に暮らす人ならすぐ、県道四五号線に沿って堀坂山へと向かう乗合バスを連想するだろう。故郷に縁のある言葉をペンネームに選んだのは、ファシズムによる圧政の時代を生き抜いたプロレタリア詩人・梅川文男であった。

昭和初期、無産主義運動は非合法であった。国体を変革し私有財産制度を否認しようとする一切の結社や活動が禁止されていた。市民生活の隅々まで特高警察の監視の目が及ぶという状況の下、左翼の立場から梅川は労働運動・農民運動・水平社運動に従事する。その結果、治安維持法および予防拘禁法の犠牲となって、合わせて七年半もの間、獄に囚われることになった。

まず一九二八年の三・一五事件で五年。故郷での代用教員の職を追われて淡路島に渡り、検挙前は日本農民組合や労働農民党の淡路支部で働いていた。ちなみに事件の前月、党オルグの板野勝次に薦められて日本共産党の党籍を得ている。つぎに太平洋戦争の開戦翌日の「非常措置」事件で戦争非協力者として検挙されて二年半。この頃は松阪に帰り全国農民組合や社会大衆党の三重県連合会で合法活動をおこなっていたが、「当時の客観状勢下に於て活動可能なる合法場面を利用して、共産主義思想の宣伝浸透を図ることこそマルキストに課せられたる当面の任務なり」と考え行動しているとして、特高警察から睨まれたのであった。(1) しかし彼の意思は曲げられることなく、囚われの身でありながらも「悟り切った人のようなユウ〳〵たる御心境」が窺えたと、三・一五事件の控訴審の最中に面会した河合秀夫の妻いく子が記している。(2)

志操の高潔な精神は決して封じ込められない。最初の懲役を終えて大阪刑務所を出た後、梅川は松阪に帰郷する。独房のなかで坐らされ続けていたため、少し歩けば膝をついてしまいそうになるほど身体が弱っていた。半年は静養しようと肚を決めていたのだが、相次ぐ検挙によって農民組合が破壊されて行くのを黙視していられなくなり、再び拘引される危険を覚悟したうえで、検挙をまぬがれた同志とともに村々を回り、怯える組合員を励ましながら組織の再建を図った。このとき彼が執った様々な行動のなかには「合法プロレタリア文学を通じて自己の鬱積せる共産主義信念を発散する一面」があったとされる。(3)

「特高月報」（昭和一七年八月分）には「三重県に於ける非常措置事件の取調状況」の項目がある。梅川をはじめ野口健二や駒田重義の取調状況が報告されており、梅川の犯罪事実として「詩精神」や

「三重文学」などの雑誌に堀坂山行というペンネームで執筆していたことが最初に挙げられている。(4)

自昭和九年至昭和十年約一年間東京市前奏者発行《ママ》の「詩精神」及伊勢新聞記者渡辺光二発行の「三重文学」等に堀坂山行のペンネームを以て「闘士」「老人」等を掲載して労働者農民の階級意識昂揚を図り、(5)（下略）

「詩精神」や「三重文学」に自分の作品を発表し、「労働者農民の階級意識昂揚」を図っていたという。獄中で独りなさざるを得なかった「ながい自己批判の成果」が文学作品の創作に活かされていたことだろう。(6)それにしても争議に明け暮れる日々を送りながら作品を執筆するような時間がよく確保できたものである。どのような生活を送っていたのかを知るために当時の資料を調べてみると、松阪市平生町《ひらおまち》に所在する古書店梅川書房の広告が「三重文芸協会々報」第五号（一九三五年一月）に掲載されている。非常措置事件で再検挙されるまでの一時期、結婚したばかりの妻きよと共に古書店を営んでいたことが分かる。たとえ特高警察の目を欺こうとする擬装であったかもしれないとはいえ、他の商品ではなく文芸書などの古書籍を商っていたことから見ても、元来、文学に親しむ素質が彼のなかにあったといえよう。

戦後の経歴から政治家のイメージが梅川には強い。三重県議会議員を二期、松阪市長を三期務めた政治家としての実績は評価されるべきである。しかし彼の生涯をふり返るとき、プロレタリア文学に筆を染めていたという戦前の活動を見のがすことはできない。また、そのような活動をおこなった事実によって、三重の文学史を記述する際にも彼の存在を無視することが許されなくなる。というのも日本プロレタリア作家同盟の委員長を務めた江口渙を別にすれば、野口健二や鈴木泰治、嶋田青峰、野呂六三子など県内では数少ない左翼系の文学者の一人として貴重だからである。表現の自由が著しく規制されていた時代、詩を中心に小説や評論といった複数のジャンルにまたがって作品を執筆した梅川文男についての再評価を試みること、それが本書の目的である。

2

まず梅川の経歴から紹介しよう。一九〇六（明治三九）年四月九日、飯南郡松阪町大字新町六〇番屋敷に生まれる。現在の地名でいえば松阪市新町に当たる場所である。梅翁堂という店名の古物商を営んでいた梅川辰蔵・とみ夫妻の三男であった。父辰蔵は一八六三（文久三）年、阿山郡東柘植村の生まれ。松阪に転居する前は国鉄柘植駅の職員をしていた。先に「特高月報」を引用した際、特高警察が梅川のプロレタリア小説『老人』について触れているのを見た。治安維持法違反の罪で服役中の息子を案じる主人公の老父は、この辰蔵がモデルとなっている。一方、母とみは一八七六（明治九）年、飯南郡花岡村の生まれで旧姓は野口といった。一八九七年に結婚して男ばかりの四人兄弟俊男・弘《ひろむ》・文男・茬男《しげお》を産んだ。次男の弘が誕生する頃にはすでに松阪へ転居していたと推測されるのだが、その正確な時期は分からない。戸籍上では転籍届が提出されたのが一九二三年一月九日になっており、遅れて法的な手続きをおこなっている[7]。梅川が終生敬慕の念を抱き続けたのがとみであり、彼女が亡くなると彼は「母のいない部屋は／しらじらとして広すぎる」という言葉ではじまる詩など、追悼のための作品をいくつか書いている(8)。

梅川は一九一八年、松阪市立第二尋常小学校を卒業する。第二尋常小学校は梅川が入学する前年に開校したばかりであり、当時の金額で四一、〇〇〇円もの巨額の予算を投じて湊町に建設された。小学校令の一部改正によって義務教育の年限が六カ年に変更されたことや、就学率が市内で一〇〇パーセントに達したことも重なって児童数が急増していた。校舎や教室が不足するという事態に対処するために尋常小学校を三校に増やすという措置が講じられる。その結果、小学校の校区は第一が本・中・日野・魚・新座・殿の六町内、第二が愛宕・湊・白粉・新・黒田の五町内、第三が西・川井の二町内に分割されることになった。いずれも男女共学であり高等科は第一にのみ併設されていた。

つぎに一九二四年、三重県立宇治山田中学校を卒業する。現在の宇治山田高等学校である。校名が三重県立第四中学校から宇治山田中学校に変更されたのは入学の年であった。とりわけリベラルな校風で知られた「山中」では、上級学校へと進学する人数が多かっただけでなく、心身の健やかな発達を促す音楽や体育への取り組みも活発であった。音楽科の教師が珍しく二人もいて、唱歌の斉唱に止まらず楽譜の読み方も教えていたという。感性の研ぎ澄まされた表現で知られる梶井基次郎はこの山中に一時期在学していた。一九一三年のことである。西洋古典音楽に造詣が深く、音楽的センスを文学作品の創作に活かした梶井の教養は山中時代に体得されたものであると、つとに指摘されている(9)。梅川は中学時代の汽車通学で、夏目漱石『満韓ところどころ』や厨川白村『象牙の塔を出て』などを愛読し、文芸の素養を身につけると同時に自己の人格の修養に努め、上級生からのリンチの激しいときにも、梅川だけは一度も殴られたことがなかったという。

また生徒の間では野球に人気があった。中学校を卒業した後の代用教員時代、梅川が小学生たちに野球を教えたというエピソードが伝えられている。おそらく山中で野球を覚えたのであろう。梅川は野球部でセカンド（二塁手）を任され、田村稔（田村元・元衆議院議長の父）が監督であったという。当時の校友会雑誌を読むと、野球に関する記事がいくつも掲載されており、他校との対抗戦の記録もレポートされている。山中の野球部は強豪チームとして有名で、東海地方にあった他の中学校を制し全国大会の出場校に選ばれる栄誉に輝いたこともあった。梅川より三年先に山中に入学した映画監督の小津安二郎は、毎日のように野球を楽しんでいた様子を中学時代の日記に書いている。(10)

話が脇道に逸れるのだが、小津と梅川は奇妙な縁で結ばれている。小津もまた第二尋常小学校・宇治山田中学校の同窓生である。ただし小津の方が三年先輩となる。東京深川に居を構えていた小津家が松阪に移住することになったのは一九一三年、セメント工場から飛散する粉塵の公害を避けてのことだったといわれている。日露戦争後、近代都市へと成長する東京ではセメントの需要が飛躍的に伸びていた。それに応じる形で浅野セメント深川工場も設備の拡張を進める。社主の浅野總一郎は近代日本のセメント業界の草分けであり「セメント王」とも「臨海工業地帯開発の父」とも呼ばれる人物であった。しかし急激な拡張の結果、工場周辺にセメントの粉塵が飛び散るという公害を生み、地元住民との間で紛争を巻き起こした。一九一一年から五年以内に工場を撤去させるという調停案でようやく解決するのだが、子どもたちの健康を案じた小津家は、それを待つことなく飯南郡松阪町垣鼻七八五番地に子どもたちを転居させた。現在の松阪市愛宕町である。移住後、小津は第二尋常小学校の四年に編入する。第二の故郷ともいえる松阪の地を愛していたことは「夕食後、肋木に上つて夕日春く堀坂山を眺む。故山を思ふ情にたへず」と中学時代の日記に書き残していることからも分かる。(11)どのような人生行路が広がるのか自分の将来を知る術もなく、夕陽が端に入ろうとする堀坂山を仰いでいる青年の姿がそこにある。

ところで中学五年生の一学期、ある不祥事を起こして小津は停学処分となる。真相はいまだに不明であるといわざるを得ない。戦前、寄宿舎などで生活を共にする生徒の間でしばしば見られた「稚児事件」なるものであったと当時の事情を知る人たちは推測している。いずれにせよ事件に関わりのあった寄宿舎を追われ、二学期からは国鉄を使って自宅から通学することになる。つぎのエピソードは梅川がその頃の小津について語ったものである。早朝、松阪駅から同じ汽車に乗って中学校まで通っていた。参宮線と紀勢線が分岐する相可《おうか》駅を過ぎた頃、二両編成の後ろの車両に山中の後輩が集められる。彼らの前で小津は活弁士を気取って熱演して見せるのだが、その態度がいつも威丈高で親しみの持てるものではなかったという。そのときの印象がよほど悪かったのか、小津が制作した映画について梅川はよい感想を抱いていない。「この作品のどこがいゝのだろう」と小津の『東京物語』を観たときの感想を素直に記している。(12)その見方の当否はひとまずおくとして、中学校を卒業した後、赴任校が別であったとはいえ小学校で代用教員を務めるという同じコースをたどっている。

一九六三年一二月に頸部悪性腫瘍で小津が亡くなる。その夏、国立ガンセンター病院で闘病生活を送っていた小津を梅川が見舞った際、松阪やその近郊の風物を背景にぜひ一本撮りたいと病床から熱心に話しかけたという。(13) 松阪を舞台にした映画をそれまで一本も制作していなかったのである。脚本家の野田高梧に対しても同じ内容の希望をもらしたことがあった。石垣だけが遺された城址や静かなたたずまいの御城番屋敷など、故郷の風景が小津の脳裡に浮かんだのだろう。中学時代に肋木の上から見た堀坂山の感動を甦えらせたのかもしれない。小津が亡くなってから五年、肺ガンのため梅川も逝去する。お互いに似た学習環境で育ちながらタイプの異なる思考力や感性を養うことができたという点は、個性の乏しい人間しか生み出せない今日の教育とは対照的である。

3

話を元に戻そう。一九二四年、梅川は宇治山田中学校を卒業する。山中の第二五回卒業生であった。校舎の玄関前で撮られた記念写真は翌年二月発行の校友会雑誌に掲載されている。「校友」第三〇号の巻頭を飾るその写真には梅川の姿がある。彼の隣に立っているのは大沢茂である。一九二八年一一月一三日、津警察署の留置場で大沢は怪死する。持病であった脚気が悪化したことに加え、度重なる暴行を受けたためといわれる。当時まだ二四歳の若さであった。山中を卒業した後、松阪市立第三尋常小学校の代用教員を勤め、村民や児童から厚い信望が寄せられていた。一九二六年、出版法違反で

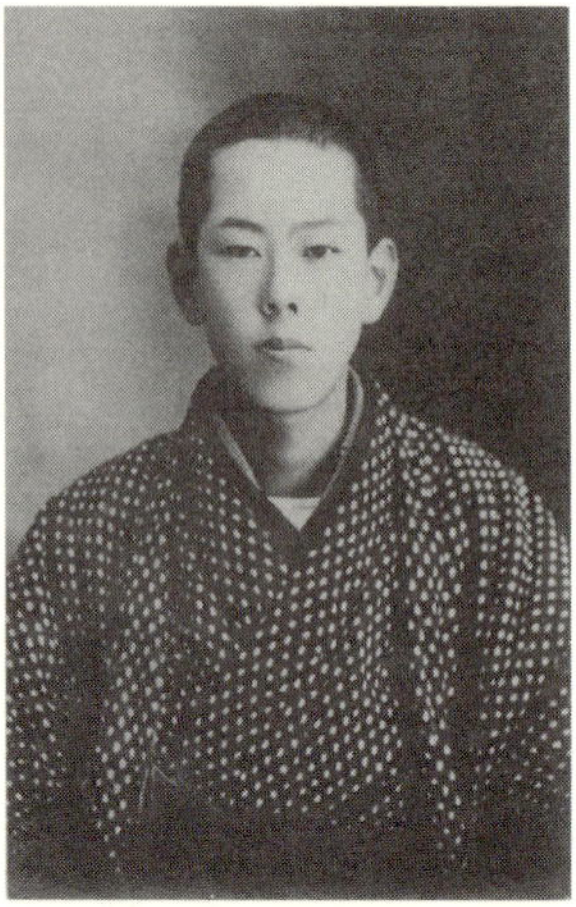

宇治山田中学時代

小学校の野球チームを指導。後列中央向かって右側の白服が梅川。

梅川が検挙された事件では同じく取り調べを受けたが、その後も午前は教壇に立ち午後は組合事務所で過ごす生活を送っていた。

しかし大沢は一九二八年の三・一五事件で検挙され教職を追われる。怪死する直前には、労働農民党の解散後に新たな左翼政党を結成する目的でつくられた新党結成準備委員会の全国会議に、全農三重県連常任書記として出席していた。そして東京から帰郷して間もなく御大典予備検束と称して捕われたのである。一一月一〇日には昭和天皇の即位礼が予定されていた。死亡の翌日、松阪町公会堂で無産団体葬がおこなわれた。その模様は「赤旗粛として／三千の労働者農民／同志の棺に恨を呑む」という見出しのもとに「松阪町の大通を『赤旗』の歌を歌う労働者農民の恨みに燃えた威力に官憲は指一つさす事は出来なかった」と報道された（「労働農民新聞」第六九号、一一月一九日）。

他方、梅川は第二尋常小学校に代用教員として採用される。任用の日付は一九二四年九月一二日、月俸は三二円であった。野球を教えるのが好きで、生徒に対して区別することなく、いつも優しく語りかけたという。同僚に梶井基次郎の実姉宮田冨士がいた。教職に就いて何よりもまず梅川が驚いたのは、あまりにも貧しい身なりをした生徒が学級のなかに大勢いることであった。昼食の弁当も持たず、欠席しがちでもある。心配して彼らの住んでいる場所を訪ねてみると、目を覆いたくなるような窮状を訴えている。誰も彼らに救済の手を差しのべようとしない現実を目の当たりにして心底から憤りを感じる。子どもたちのみじめな生活に気づかされることで左翼思想に関心を持ちはじめたのであった。梅川に関する思想上の変化を知る手がかりとして、「特高月報」の記事を引用しておこう。

三重県立宇治山田中学校卒業後松阪市第二尋常小学校代用教員を奉職したるが教員就職中担任の学級内に日野町二丁目及東西両岸江の所謂改善地区出身の児童多数ありて、是等の児童の極めて困難なる日常生活の状態を目撃し、或は其の父兄と直接接触して部落民の実情を知るに及び、痛く其の境遇に同情し、一面社会的に何等の救済施設無きは、全く現社会機構の欠陥なりと憤慨し、教職に在り乍ら大正十四年頃より水平運動、農民運動等に従事しつゝ、ありしが、其間社会主義的書籍を繙読して、共産主義思想に感染し、（以下略）

「特高月報」の記述によれば大正一四年、すなわち一九二五年頃から水平社運動・農民運動に従事しはじめたとある。[14] またその頃、専門の思想書をひもときイデオロギーに目覚めたという。松阪の社会運動史を調べると、ちょうど松阪社会思想研究会が発足した時期に重なる。北村大三郎や松田松太郎など水平社指導者がメンバーの中心となった約四〇名のグループが松阪社会思想研究会で、志を同じくする青年が多数集まって一九二五年二月二一日に結成された。会員名簿は遺されていないが、梅川や大沢がこの会を通じて思想的感化を受けたのはまちがいない。地球をバックに燃え上がっている蠟燭を手で握ったデザインの入った三角形の会員バッジが作られていたという。[15] また階級闘争に向かう理論を学ぶための講演会が月に一回開催され、石川三四郎（第一回）・稲村隆一（第二回）・山本宣治・馬嶋僩（第三回）など当代一流の思想家が講師として招聘された。問題意識を持ちはじめていた松阪の若者たちにとって彼らの話を間近に聴くことができたのは貴重な体験になっただろう。

東京から駆けつけた石川三四郎が弁士を務めた第一回講演会は「聴衆二〇〇、静粛にして気持ちよき会合であった」という。アナーキストとして知られる石川は『平民新聞』創刊時に筆禍事件を起こし二度入獄した後、大逆事件に際して国外脱出して第一次世界大戦をブリュッセルで過ごし、一九二二年一二月に帰国していた。講演会の様子を報じた「愛国新聞」第二八号（一九二五年二月二五日）には、松阪社会思想研究会の趣意書と会則が載せられている。

人類社会進化の理法は必然的にある時代において制度の変革をもたらす。しかして現代は将にその時代に相当している。

曾て奴隷制度が倒れ封建制度が倒れた今や現代を支配する資本制度の上にも最後の審判の喇叭は鳴らんとして居る。社会改造の議論は曾ては空想であつた。

しかしながら、欧州大戦はそれを実行の問題におしすゝめてしまつた。日本に於ても新興階級の運動の如何に熾烈なるかは多言を要しないだらう。

しかして社会改造の運動が正義と真理を基調とする以上理想を求むる殉情の青年がどうしてこれに無関心で居れよう。見よ、全国各地に於て幾多の青年は既に参加して居るではないか。長野県下十五万人の青年の如きその最も範とするものである。

しかしながら吾等は単に現在制度の破壊を志すものではないが、更によりよきものゝ建設である。故に無責任なる付和盲動を排して飽くまでも個人の自覚をモットーとする真率なる研究を主として進む。

曾てドイツの革命家は叫んだ「未来は青年のものである」と。血に燃ゆる青年よ来りて吾等の中に投じよ。

会則

一、本会は厳正なる立場より社会思想を研究するを以て目的とす。
一、本会はそのために毎月一回適当と認むる講師をして講演会を開く。
一、本会の趣旨に賛成するものは何人と雖も入会を許す。
一、本会会員は本会の維持費として毎月五十銭を納入すること。
一、本会会員は毎月開催の講演会の会費を要せず。
一、本会の右講演会によつて生じたる損害は会員全体の負担とす。

右に引用した「愛国新聞」は三重県水平社と日本農民組合三重県連合会の合同機関紙であった。資金繰りに困っていた「三重水平新聞」の後継紙として一九二四年三月一日に創刊された。水平社運動が無産階級運動に踏み出して行く過渡期の状況を詳細に伝えるものとして近代部落史研究者から高い評価を受けている。(16)三重県労働運動史に関する先駆的な業績を遺した大山峻峰氏は、松阪の水平社運動に政治的・革命的雰囲気を帯びさせたのが松阪社会思想研究会であった点を重視し、「この思想研究会のメンバーは三重県の階級運動の指導的地位にあり、しかもその半数以上が水平社員によって構成されていた点などは、水平運動が階級闘争へ傾斜していく大きな要因」であったとする。(17)教育現場で目撃した光景、そして研究会に入って水平社指導者たちと関わりながら社会思想を学んだことなど、この後の生涯を決定付ける出来事が次々と梅川の身辺に起こっていたのである。

およそ半年間、松阪市立第二尋常小学校で代用教員をした後、梅川は第一尋常小学校に転勤する。一九二六年四月一日に辞令が交付された。待遇は一クラス上がって準教員、月俸は三五円であった。教師をするかたわら佐野史郎という変名を用いて社会運動に関わる。三田村四郎と佐野学、当時の日本共産党中央常任委員の名前を借りて作った変名であった。なお前年秋、日本労働組合評議会オルグとして三田村が山本宣治の紹介で松阪を訪れていた。県内最初の労働組合となる三重合同労働組合の設立を指導するためであった(18)。

一九二六年は「三重県の無産運動のピークの年」といわれる。賃金の値上げや賄いの改善を要求して勝利した松阪木綿垣鼻工場争議や約二、〇〇〇人を集めた第二回メーデー、労農が連携した運動組織の設立など左翼化が急激に進展した。三重合同労働組合が一月一七日、日農県連青年部が四月五日、労働農民党三重県支部連合会が五月九日に発足する。それに合わせて梅川は重要な仕事を受け持つことになり、三重合同労働組合では教育出版部長、日農県連青年部では教育出版部部員、労働農民党県連では書記に就く。いずれのグループも当時の運動戦線において最左翼に位置するものであり日本共産党の指導下におかれていた（「無産者新聞」第一六号、一九二六年二月二〇日）。

ところでこの時期に組織が整備された理由として大西俊夫が来県したことが挙げられる。大西俊夫は日農の「総本部に蟠踞する左翼巨頭」であった[19]。ソビエトでレーニンに会い、片山潜と共にクレストインテルン（国際農業労働者協議会）大会に出席したという輝かしい経歴を持つ。帰国直後から日農総本部書記を務めていたが、折しも左右の権力抗争が激化し、ソビエトから送られてきた朝鮮水害への義捐金を不正に着服したという容疑をかけられて罷免される。そこでそれまで日農三重県連書記をしていた河合秀夫と交代して大西が三重県連へ、河合が総本部へと転勤する。一九二六年三月のことであった。オルガナイザーとして抜群の手腕を持った大西の指導に従って三重県内の各団体は「面目を一新」することになったのである[20]。ちなみに大西の葬儀に際して梅川は弔辞を述べており、二年にわたる彼の奮闘のおかげで三重県内の組織が当時「名実共に全国の連合会中戦闘的連合会として組織を警備強化し、また多くの青年闘士を教育し得た」ことに感謝の言葉を捧げている[21]（一九四七年九月五日、大西俊夫日本農民組合葬にて）。梅川をはじめ多くの青年たちに対して、実践を踏まえたイデオロギーを教えたことも大西の業績のなかでとりわけ高く評価されるべきものである。

だが大西の動静を注視していた警察がそれらの動きを見のがすはずはなかった。一九二六年六月二五日朝から労働農民党・日農・三重合同労働組合の総合事務所の家宅捜索に着手する。のべ人数で四五名にも上る関係者を召喚して取り調べをおこなう。三重県においてはじめてなされた大がかりな思想弾圧であった。秘密結社の組織や共産主義の宣伝、軍事教練の反対を企てる計画があったと新聞各紙が直ちに伝える。取り調べを受けた人のなかには梅川や大沢も含まれており、彼らが小学校に勤務していたことがとりわけ重大ニュースになった。「小学生徒に農民歌を教へる／多数の教員も加はる」

という見出しがつけられた「大阪毎日新聞」（夕刊、六月二八日）の記事をつぎに引用する。第二尋常小学校教員の三宅信夫や梅川の名前が具体的に挙げられ、この事件が「地方教育界の大問題」になっていると報じられている。

一部既報、松阪警察署では左傾思想の結社と目せらる二十余名を二十六日検挙したが二十八日も引続き余類の捜索の手をゆるめず松阪町西岸江松阪第二小学校教員三宅信夫（二五）方の家宅捜索を行ふとともに神戸村清生の農民組合神戸支部小林勝五郎（三三）その他東西岸江附近村落の労働農民党および農民組合幹部二十余戸の家宅捜索を行ひ証拠物件を押収したが二十八日朝に至り拘引中小学校教員梅川文男外五名を出版法違反の罪名により兼松検事〔安濃津地方裁判所検事局〕の令状を執行し松阪署内の留置場に収容した。右事件の内容は依然として厳秘に附してゐるが聞くところによると殿町各種思想団体本部書記でさきに捕はれた大西十寸男〔俊夫〕は大阪市の或る左傾団体〔日農総本部〕の首脳者であつたが思想過激のため同地から放逐されたので松阪へ流れ込み前記本部の二階で毎日のごとく社会講座の名にかくれて左傾思想の講義を行ひ、多数の共産主義の同志をつのりつゝあつたもので松阪小学校教員が多数にこの団体に加はり甚しきは生徒に労働歌農民歌などを教へた事実すらあるので地方教育界の大問題となつてゐる。

（引用文中の〔　〕は著者による註）

まず「左傾思想の結社」メンバーと目された二〇余名が検挙される。そして家宅捜索が二〇カ所以上に及ぶ。捜査が進められるなか、出版法違反の容疑で梅川たち五名が逮捕されて松阪警察署の留置場に収容される。まだ事件の内容は警察によって厳秘にされているが、組合事務所の二階で毎日のように大西が社会講座を装って「左傾思想」を教え「共産主義の同志」を募っていた。そのメンバーには小学校教員も多数含まれており、労働歌や農民歌を生徒に教えた事実もあったという。

一方、日農三重県連青年部はこれらの報道を悪意に満ちたアジテーションとして受け止める。すぐにビラを作成して「新聞の逆宣伝に迷わされるな」と呼びかけた。(22) 家宅捜索を受けるようなことは何もしておらず、召喚された仲間もその大部分がすでに釈放されたことを伝える。さらに「この際一層団結をかたくせよ。／ブル新聞に迷うな／地主の攻勢を蹴とばせ」と激しい勢いで反論したのである。

なぜ教育界の問題とされたのか。新聞が取りあげたのには一つの伏線がある。三重県で二回目となるメーデーが五月一日におこなわれていた。それを主催したのは三重県無産団体協議会で、三重県合同組合・日農県連・日農県連青年部・三重県水平社・無産者同盟が相互の連携を図る目的で二月に結成したグループであった。「メーデー参加三、〇〇〇人の動員計画、更に松阪の東西南北を行く破天荒な長いコースを選び、示威行動をもって無産勢力の意気を示したもの」にする計画が練られていた。(23) 松阪町愛宕山境内に午前一〇時集合、一分隊六〇名の三列縦隊で行進をはじめ、スローガンの記された長旗二四本を靡かせ、メーデー歌「聞け万国の労働者」を声高に歌いながら市内各所を通過した。圧倒的な民衆の力を前にして正服巡査は一人も出動せず、検束者もなかったといわれる。

ここで注意したいのはメーデーに参加した団体についてである。当初は労農水の七団体に加えて日農県連少年部の参加も予定されていた。実際どのような行動を少年部が執ったのかを、メーデー当日の様子を報じた「無産者新聞」や「三重農民新聞」で調べてみると、少年部の動静について両紙とも同じ内容を伝えている。「示威行動に参加の予定であつた少年部は警察の圧迫で参加できなかつたが二十名程は学校より帰つてから参加した」(「無産者新聞」第二七号、五月八日)という。左翼思想が若年層まで及んだことに警察が憂慮していたことを示すものである。これが一つの伏線となって、先に引いた新聞の見出しになったのであろう。

5

ところで、このとき取り調べを受けた側の資料が遺されている。日農三重県連の「松阪事件に就いて」という文書である。(24) 当時組合の事務所は混乱していたはずで正確に記されているとはいえないだろう。しかし新聞とはやや異なる情報が伝えられている。「松阪事件に就いて」に従えば、すでに二二日からこの事件がはじまっている。以下説明を加えながら資料を掲載する。

(一) 六月二十二日夜　三重県無産団体協議会主催で浜松楽器争議の真相発表演説会を開催した。ところが松田松太郎氏の開会の辞次ぎに小林友三郎(農青)中止、増田万吉中止、中川千之助壇上立つなり解散した。

中止になった前記三名と松田一夫氏検挙さる。

二二日夜、浜松楽器争議の真相発表演説会を三重県無産団体協議会が催す。浜松日本楽器本社工場

では、衛生設備改善や最低賃金保障などの要求を掲げて同じ年の四月二一日から労働者一、〇〇〇人がストライキをおこなっていた。しかしどの弁士も止められて真相発表演説会は解散、四名が検挙される。これが松阪事件の発端となった。大山峻峰氏によれば、当時「『松阪社会思想研究会』に集まった革命的青年たち」が中心となって浜松日本楽器争議を応援しており、闘争米として白米二〇俵を非合法に送ったこともあったという。[25] 演説会での検挙を手はじめにして、大西をリーダーとする無産団体の一斉摘発を警察は狙ったのである。

（二）二十五日朝大西俊夫（農民）増田貞一（青同）松田一雄（労働）小林友三郎（農青）中谷栄一郎（労働——不在のため同日夜）の五名松阪署に召喚さる。（帰宅せず）

（三）二十六日に次の者呼び出さる。

農民組合　山田清之助、長谷川多三郎、丸島浅次郎、宇田吉之助、佐久間才助、倉口常松、中川三五郎、松田房次郎、小林勝五郎。（九名）

農青　中川千之助、井口幸平、大山猛夫、堀口清吉、田畑幸之助（五名）

労働組合　北村大三郎、梅川文夫《ママ》、松田松太郎、辻原勝（四名）

青年同盟　宮崎実三、吉村茂三、島岡敬一、宮崎育三、北村逸三、木村偉月、山田清三（七名）

其他　飯田善松、里見登之助（二名）

（以上帰宅せず）

（四）二十五日次の如く家宅捜索さる。
農民組合事務所、山崎育三（農民組合の隣）、辻原勝、中谷栄一郎、増田貞一、山田清三郎、宮崎実三、中川千之助、木村偉月、井口宗一、佐多惣助、前川丈之助、平井正七、梅川文夫《ママ》、松田松太郎。

二五、二六日に最も大がかりな捜索がおこなわれる。松阪警察署に召喚されたもの三二名、家宅捜索一五カ所であった。取り調べの当日に帰宅できたものは一人もいない。梅川が呼び出されたのは二六日であったことが分かる。

（五）二十七日に左の者呼出さる。
三宅信男（教育）、大沢茂（教）、井口宗一（農民）（帰宅せず）
山田とめの、山田さいの（山田清之助母妹）（帰宅す）
山田染吉（病身で自宅で調べらる）
三宅音次郎（信男の父）＝（帰宅す）三宅米吉（帰宅）

（六）二十七日左の家宅捜索さる。
三宅信男、三宅米吉、田畑幸之助、堀口清吉、山田清三郎、大山猛夫、小林勝五郎

教育関係者に捜査が及んだのは二七日である。新聞が伝えた日よりも一日早い。リストのなかに三宅や大沢の名前が見られる。とくに三宅の身元が念入りに捜査されていることが分かる。その理由を調べるために松阪市立第二小学校に問い合わせてみたところ、校誌には三宅の名前は確かに当時の職

員録に記載されていた。在職時の待遇は訓導、すなわち正式の教員であり俸給は五五円であった。梅川や大沢が教員免許を持たない代用教員という身分であったのに対して、正規教員の訓導であったからこそ三宅は警察から厳しい取り調べを受けたのであろう。だが意外にも校誌によれば一九二四年三月三一日に退職しており、松阪事件が起こる二年前に教職を離れていたことになるのだが、その間の事情を知る手がかりはもはや失われている。

（七）二十八日午前二時次の者帰宅す。

長谷川多三郎、丸島、松田房、宇田、佐久間、小林友、小林勝、大山、中川千、中川三、木村、北村逸、吉村、井口幸、倉口、中谷、堀口、田畑、里見、宮崎育、島岡。

（八）二十八日左の者召喚さる。

小田義男（郵便局事務員）

（九）帰宅した者によると左のことを調べた。

（一）農民組合及び労働組合について。

（二）大正十三年より大正十四年十二月解散した「松阪思想研究会」のこと。

（三）大西氏訳　発禁の「農民と無産政党の国際的形勢」の本の売買の有無について

（四）研究会＝唯物史観と、弁証法の大西氏の講義に就いて（これは問題になるようなものでは、決してなかった）。

（五）河合秀夫氏個人に関すること。

二八日の時点で取り調べを受けたもの四〇名、そのうち帰宅できたもの二四名である。帰宅者の数には自宅で尋問された一名も含まれている。無論、梅川や大西は松阪警察署に留め置かれたままである。労農の組合や松阪思想研究会、大西の訳書や講義、河合秀夫に関することなどが取り調べの対象になっている。財政面を含めて「愛国新聞」の発行を実質的に支えていたのが河合秀夫であったが、先に述べたように大西と交代して日農総本部に転出していた。また松阪思想研究会が一九二五年一二月に解散していることが分かる。

執拗な捜査が繰り返されたものの、さしたる成果は挙げられなかった。そこで警察が着目したのは当時発禁処分になっていた大西の訳書である。日本のマルクス主義経済学に多大な影響を与えたオイゲン・ヴァルガ（Varga Eugen, 1879–1964）の『農民の無産政党の国際形勢』を大西が邦訳したものであった。

今、手許に同書がある。全一八〇頁、農民無産政党の進展状況とからめながら世界三七カ国における農村問題がレポートされている。ページをめくって奥付を確かめると一九二六年五月五日印刷・一〇日発行、農村問題叢書刊行会発兌、啓明社発売、定価一円三〇銭とある。「労働農民と労働階級との階級的団結を生み出すことは対支配階級の闘争にをいてレヱニンズムの一基調である」というテーゼが序文の冒頭におかれている。労農の連携を深めようとしていた三重県の無産団体にとってヴァルガの書は恰好の教科書となったであろう。発売が禁止されていたにもかかわらず、この訳書を売ろうとしたと疑われて大西と梅川、松田の三人が検挙起訴される。出版法違反の容疑であった。一八九三年四月一三日に制定された出版法の第二六条には「政体ヲ変壊シ国憲ヲ紊乱セムトスル文書図画ヲ出版シタルトキハ著作者、発行者、印刷者ヲ二月以上二年以下ノ軽禁錮ニ処シ二十円以上二百円以下ノ罰金ヲ附加ス」とある。官憲による恣意的な検閲を認め出版の自由を奪う目的で作られた法律であった。

6

結局、出版法違反以外に起訴に当たる容疑は見つからなかった。「かゝる秘密結社のあらう筈はなく、大正一三年より大正一四年に存在し一二月解散した『松阪社会思想研究会』をほじくり出して問題にせんとしたり」ということにすぎなかったからである（「無産者新聞」第三六号、一九二六年七月三日）。大がかりな弾圧もやがて収束に向かう。大山峻峰氏によれば検挙から約一カ月経って安濃津地方裁判所において、検察による求刑通り大西に禁固二カ月罰金一〇〇円、梅川と松田に罰金三〇円という判決が下されたという。(26)「松阪事件に就いて」の最後にはつぎのような抗議文がつけられている。

二十八日を以て検挙は一先づ終つたらしい。今日までの経過から見ると、『何かあるだらう？』と、官憲が睨んでやつてみたが、何にもないので（労働組合、農民組合、労農党に関するものでは）、ふりあげた握こぶしのやりどころに困つてゐるのだ！　奴等は何を狂ふか分つたものでない。そのお手先になつて、新聞が書き立てる。

全国の同志諸君！　外部の報道と逆宣伝に迷はないで御健闘を祈る。
●吾等は毫も心配して居ない。
●断末魔の狂態を笑止せよ！
●各地の同志諸君、奴等のこの手を警戒せよ！
●労農青年万歳！[27]

大がかりな捜査がおこなわれたものの軽い求刑で三人が起訴されただけに終わった。「大山鳴動鼠一匹も出ぬ」と日農の機関紙「土地と自由」（七月九日）が書き立てた所以である。しかし梅川個人に関していえば、同紙に「梅川氏を除く外全部釈放された」とあるように二週間以上も身柄を拘束されたままで、二九日にも家宅捜索がおこなわれた。その理由は何であったのだろうか。再び大山峻峰氏によれば、『反軍国主義』の本の欄外に「天皇は資本家の看板である」という書き込みをしていたのが不敬罪に当たるとされ、一週間の拷問を強いられていたという。[28]堺利彦や山川均たちが中心メンバーとなった「水曜会」が作成したパンフレットが『反軍国主義』であった。水島潤三の口述、一九二三年六月二〇日に水曜会出版部から発行されている。当時、不敬罪の成立範囲は極めて広く、たとえば別件の容疑による家宅捜索の際に押収された日記のなかに不敬の意思が記されていることが発覚したケースでも成立するとされた（一九一一年三月三日、大審院判決）。

だが不敬罪については起訴猶予になる。七月一九日、安濃津地方裁判所における決定である。梅川の「前科」として「特高月報」昭和一七年八月分にそれが記載されている。教師が不敬罪で裁かれることになれば社会的な不安を過剰に煽り立てることになるためか、[29]明治大正期に検事局で処理したのが年間平均一〇人以下にすぎなかった不敬罪を適用するには及ばなかったのか、起訴猶予になった本当の理由は特定できない。他方、不思議なことに出版法違反については「特高月報」に記載されていない。罰金まで払ったといわれるのにそれが立件されていないことになっている。先に代用教員をしていた頃の梅川を知る手がかりとして「特高月報」を引用したが、その最後の部分を追加しながら松阪事件に当たる件のみを再び引用する。

（前略）教職に在り乍ら大正十四年頃より水平運動、農民運動等に従事しつゝありしが、其間社会主義的書籍を繙読して、共産主義思想に感染し、遂に教職を擲ち活動せんと決意して、大正十五年七月辞職の上、兵庫県三原郡賀集村日本農民組合淡路連合会常任書記となりたり、（後略）

出版法違反による処分はもとより松阪事件についてはは何も触れられていない。何か訳があって三重県警が内務省への報告を怠っていたのか、あるいは故意に記述が避けられたのか、これもまた真相を究明することができない。いずれにせよこの事件の結果、梅川は教職を追われ、さらに郷里を離れることも余儀なくされる。日農淡路連合会の常任書記に就いたのが一〇月頃であったと淡路島では記録されている。

7

裁判所に護送される梅川を目撃した少年がいた。後に日展画家となる奥山芳泉である。七月のある日、松阪駅前の清光寺の通りを歩いていると、編笠を被せられ捕縄につながれた四人にばったりと出会う。はじめはその異様な扮装に驚いたが、すぐに小学校の担任の先生だと気づきお辞儀をした。すると編笠の奥からいつもの優しい微笑が返ってきたという。生前の梅川を知る田中柱一氏が『松阪市立第一小学校百年史』のなかで紹介したエピソードである。[30] 他方、松阪市立第一尋常小学校で三カ月間梅川に教えてもらったという岩井勝（元三重日産自動車販売社長）は、梅川から「綴方を書きなさい。思ったことを思った様に書きなさい。長く長く何枚になっても書きなさい」といわれ、調子にのって精一杯書き続けたという思い出を語っている（「夕刊三重」、一九六八年四月一二日）。なお梅川が去った後の第一尋常小学校では、小学校教師による被差別部落の児童に対する差別的処遇に抗議して、同盟休校がおこなわれた。そして翌年にかけて一志郡雲出尋常小学校や豊田尋常小学校にも休校が波及し、闘争が一段と激化したのであった。

有罪判決を受けた影響は梅川の周囲にいた人々にも及んだ。監督責任を問われて校長黒岩長五郎が鳥羽に転出する。また三重県農工銀行松阪支店の行員であった長兄俊男が南牟婁郡木本町への転勤を命じられる。梅川自身も追われるように淡路島に渡った。当時、淡路島では二毛作の裏作に当たる麦にも高い小作料が徴収され、その減免をめぐって激しい小作争議が展開されていた。「日本農民運動史の縮図」とまでいわれた激戦地で農民組合を組織していたのが長尾有であった。長尾には、貧困にあえぐ農村を解放するために歯科医を廃業して農民運動に参加したという経歴がある。彼の指導を受けて階級意識に目覚めた日農淡路連合会は、一九二六年末頃から「争議が地主階級対小作農民階級との階級的な傾向をはっきり表わすようになった」[31]。小作争議は激化の一途をたどり、地主団体の策謀によって長尾の首に一万円の懸賞金が掛けられたり、組合員の山口勘一が右翼に襲われ日本刀で斬られたりする事件まで発生する[32]。いずれも梅川が常任書記に就いた時期と重なる。

「長尾に鍛えられてくる」と言い残して梅川は松阪を離れる。三原郡南淡町賀集村八幡にあった芝先覚の家に寄寓させてもらう。芝先は長尾の実弟に当たり、彼の家の隣には農民組合の本部事務所があった。一日平均二〇キロ以上も自転車で走り回るほど多忙な生活を送ることになる。淡路の農民運動には被差別部落の青年が多数参加していたといわれる[33]。労農水の連携が進められていた松阪で得た経験がどのように活かされたか、それは次章で述べることにする。

註

（1）「特高月報」（内務省警保局保安課、一九四二年八月、一六八〜一六九頁）。なお引用は復刻版（政経出版社）からおこなった。

（2）河合いく子、梅川辰蔵宛書簡（一九二九年六月一八日）。

（3）　前掲（1）、一六九頁
（4）「特高月報」に挙げられている犯罪事実は、野口健二の場合、プロレタリア文学の創作を手がけたこと、人民戦線運動に共鳴し社会大衆党支部の結成に奔走したこと、東方会（振東社）支部を結成し反ファッショ運動を展開したことなどである。また駒田重義の場合、人民戦線運動を拡げるため社会大衆党の党勢拡大と共産主義の宣伝昂揚に努めたことである。
（5）　前掲（3）と同じ。
（6）「島木健作の思い出――『癩』のもでるなど――」（『やっぱり風は吹くほうがいい』、一九六九年一二月、盛田書店、一〇二頁）
（7）　梅川家の戸籍を見れば、次男の弘は一九〇二年五月に松阪で生まれている。しかし長男の俊男に関して一八九七年八月に生まれたことは分かるが、出生地は記されていない。そのため梅川家がいつ転居したのかを正確に知ることができない。
（8）「母のいない部屋は／しらじらとして広すぎる」という言葉ではじまる詩は「母は千両役者であった」という作品である。母の死を悼む数編の詩は『やっぱり風は吹くほうがいい』に収められている。
（9）　濱川勝彦「梶井基次郎『城のある町にて』論」（「奈良女子大学文学部研究年報」第三〇号、一九八七年三月）
（10）　中村博男『若き日の小津安二郎』（二〇〇〇年一〇月、キネマ旬報社）参照。
（11）　同右書、八三頁
（12）「東京日記」（『やっぱり風は吹くほうがいい』、二四二頁）
（13）「小津監督のこと」（『ふるさと（広報まつさか「市民サロン集」）』一九六八年四月、非売品、五六頁）
（14）　前掲（1）と同じ。

(15) 大山峻峰『三重県労働運動史』(三重県労働運動史研究会編、一九六三年二月、五九頁)
(16) 黒川みどり「愛国新聞　解説」(復刻版「愛国新聞」、一九九〇年一〇月、不二出版、三頁)
(17) 『三重水平労働運動史』(一九七七年八月、三一書房、七四頁)
(18) 前掲(15)と同じ。
(19) 河合秀夫「大西俊夫の生涯」(農民運動史研究会編『日本農民運動史』、一九六一年四月、東洋経済新報、一一七一頁)
(20) 同右
(21) 「弔辞　大西俊夫日本農民組合葬に」(前掲『やっぱり風は吹くほうがいい』、三九一頁)
(22) 「日農三重文書」(大正一五年六月二九日)。引用は三重県厚生会編『三重県部落史料集(近代編)』(一九七四年一二月、三一書房、二九四頁)からおこなった。
(23) 前掲(15)、七八頁
(24) 「松阪事件に就いて」に関する文書は二種類、法政大学大原社会問題研究所に所蔵されている。一つは原稿用紙四枚に記されたもの。タテ二四字×ヨコ二〇行の書式で左の余白に「日本農民組合三重県連合会　三重農民新聞社(松阪町殿町)」、上の余白に「無産農民と労働者との結合は階級戦の基本的条件である」という言葉が刷り込まれた用紙が使われている。もう一つは半紙三枚にそれを清書して謄写印刷したもの。どちらも基本的には同じ内容であるが、本稿では重要な情報を抽出したものを掲げた。
(25) 前掲(16)、一一二頁
(26) 前掲(15)、八六頁
(27) 「松阪事件に就いて」の文書を本文ではすべて紹介できなかったので、(十)より後の部分を以下掲げておく。
（十）二十八日細迫弁護士警察署に検事を訪ふ。
（十一）二十九日午前一時井口宗一氏帰宅す。
（十二）梅川文夫《ママ》宅再び捜索す。
（十三）二十九日、長谷川多三郎再び呼出さる。
二十九日、青年部より情報を各支部に発送す。
（北村逸三再び呼び出しに来た。）
（以上二十九日午後五時迄）（判明次第後報する）

(28) 前掲（15）、八五頁
(29) 田中桂一氏が大山峻峰氏から聞いた説として紹介している（『松阪市立第一小学校百年史』、一九七四年九月、松阪市立第一小学校百年史編纂委員会、三二一～三二二頁）。
(30) 同右書、三二〇～三二一頁
(31) 『兵庫県農民運動史』（一九五七年一一月、法政大学経済学部農業問題研究会、二八頁）
(32) 同右書、二八および二三六頁
(33) 古森茂「淡路の農民組合運動・回想」（「歴史と神戸」第一九八号、一九九六年一〇月、二頁）
梅川に誘われて日農青年部に入ったという古森氏は、淡路の小作争議では「未解放部落の組合活動家たちの役割が大きかった」といい、「都志、鳥飼、洲本、育波などの争議で、立入禁止阻止や競売闘争などの動員に積極的に応じ、先頭に立ってたたかった彼らの闘争能力を忘れることができない」と往時を回想している。他の地域と同様、淡路でも日農内部で被差別部落民に対する差別もあったとされているが、古森氏の回想には梅川と共に闘争した彼のみが知る真実が含まれているように思われる。

第二章　淡路時代（一）（一九二六〜一九二八）

1

一九二六（大正一五）年六月、梅川文男は松阪市立第一尋常小学校を退職した。わずか三年間の教員生活であった。辞職か免職か、人事上の扱いは定かでないのだが、三重県における最初の運動弾圧である松阪事件に関与していたためであった。浜松日本楽器争議の真相発表演説会を開催した三重県無産団体協議会に対して松阪警察署は六月二五日から一斉検挙をはじめた。松阪市殿町にあった労働農民党三重県支部連合会・日本農民組合（日農）三重県連合会・三重合同労働組合の総合事務所が捜索され、大西俊夫や山田清之助など三〇余名が検挙された。取り調べを受けた側の記録によれば、梅川が松阪警察署に召喚されたのは二六日のことであった。

六月のいつ教職を離れたのか、第一尋常小学校の校誌にはその日付まで記されていない。梅川は第二尋常小学校から転勤して三カ月、転勤後は代用教員から準教員に昇格し月俸も三円昇給して三五円になっていた。(1)短い教員生活ではあったが、中学時代に親しんだ野球を児童に教えたり、貧しい児童の境遇を案じたりするなど人望の篤い教師として慕われていた。

検挙後一カ月、安濃津地方裁判所において出版法違反の罪で罰金三〇円の判決が下される。不敬罪に関しては起訴猶予になっていた。判決後に梅川は釈放されるが、事件報道が新聞の好餌にされていたこともあって、もはや故郷に居場所はなかった。梅川と同じように出版法違反で罰金刑を受けた元日農総本部書記大西俊夫に推薦されて淡路島に赴き、日農淡路連合会の常任書記に就任する。一〇月一四日、「長尾に鍛えられてくる」と言い残して松阪市新町にあった自宅を後にした。[2] 淡路では農民運動の優れた指導者長尾有《たもつ》が農民組合を組織して小作争議を展開していた。創立以来、長尾に導かれてきた日農淡路支部連合会は常に左派の路線を堅持し、農民組合の全国組織が分裂した後も全国農民組合（全農）左派（全国会議派）に属して「全農全会の支柱」と呼ばれるまでに成長する（「社会運動通信」、一九三四年四月一三日）。三原郡南淡町賀集村八幡にある長尾の実弟芝先覚の屋敷に隣接して組合事務所が建てられ、芝先家の二階を間借りしていた梅川は常時事務所に待機し、いつでも小作争議に対応することができた。賀集の八幡組合事務所は長い間、日農・全農の兵庫県連事務所を兼ねており、総会になると県北から遠路駆けつける組合員の姿も見られたことから「淡路の農民運動のメッカ」といわれていた。[3]

最初の全国規模での日本共産党一斉検挙となった三・一五事件で検挙されるまで梅川は淡路を拠点にして活動した。差押を強行した地主に抗議している間に警官によって検束されたことや、日農兵庫県連合会代表として日農全国大会に出席したことなど様々な経験を積みながら組織的運動の方法を学んでいた。実質わずか一年半、数え年でいうと梅川が二〇歳から二二歳までの足かけ三年を過ごした淡路時代を新たに収集した資料にもとづいて明らかにしてみよう。

2

一九九八年四月、世界最長の吊り橋である明石海峡大橋が完成開通した。それと同時に淡路縦貫道の岩屋・津名間も開通して大型のバスやトラックが昼夜を問わず走るようになり、人や商品の流れが一気に加速した。近畿・中国・四国地方の広域的交流時代の幕開けであった。淡路の中心都市洲本では、大型ショッピングセンターやレストランといった集客拠点や美術館、図書館等の公共施設が新設され、現代的な街の景観が整えられた。だが戦前の淡路には、今の繁栄からはとても想像もつかないような封建的遺制と呼ぶのに相応しい過酷な収奪が小作人に対してなされており、小作料減免をめぐって地主対小作人の激しい階級闘争が存在した。そこでまず淡路の農民運動がどのような性質のものであったのかを説明しておこう。

旧幕時代、淡路は徳島の阿波藩の所領とされ、藩主蜂須賀家の家老稲田氏が代々派遣されて間接的に支配する仕組みになっていた。そのため稲田家臣は藩内では直臣ではなく陪臣扱いをされ、足袋も白色ではなく浅葱色の足袋を着用することが定められていた。倒幕運動で大きな役割を果たしたにもかかわらず陪臣であったために、維新後の禄制改革において士族（旧直臣）ではなく卒族（旧陪臣）

に編入されようとした。それに対して異議を唱えて稲田家は分藩独立運動をはじめるが、彼らの動きを阻止しようとした本藩との間で「庚午事変」（稲田騒動）が生じた。やがて事件は明治新政府の知るところとなって稲田家に厳しい処分が下され、稲田邦植以下家臣全員が北海道移住を命じられる。航海の途中、荒海に遭難死した者も多かったという。この騒動を素材にしたのが船山馨の歴史小説『お登勢』で、その小説を原作にしてジェームス三木が脚本を書いた前進座の舞台『お登勢』、さらに移住後の開拓団の悲劇を描いた吉永小百合主演の映画『北の零年』などがある。

ところで江戸中期以降、年貢は米納が原則となって裏作の麦は農民の食糧用として徴収しないのが一般的であった。しかし蜂須賀家には、米麦の二毛作田に対して麦年貢・麦小作料を納めさせるという他藩には見られない弊習があった。米の小作料が全国平均よりも約一二パーセント高であっただけでなく、麦にも高額の税を課したのである。麦年貢（地子）は封建領主に、麦小作料（加地子）は寄生地主に納めるという多重の負担は、維新後も中央政府から黙認される形で継続された。島内を平均すれば米小作料は収穫高の五〇〜七〇パーセントが収奪され、二毛作田の場合は一毛作田より二〇〜三〇パーセント増、裏作の麦については三斗〜一石が現物で徴収された。さらに水利小作料の「田主《たず》」が加重されることで、淡路の中小農民たちは没落を余儀なくされ貧農のプロレタリア化が進んだ。三原郡では明治末から大正にかけての約一〇年の間に自作戸数が四〇パーセント減、小作戸数が一七〇パーセント増であった(4)。また一九一八年一二月末現在、三原郡における自作・小作農戸数の比率は全国平均値と比べると自作が九パーセント少なく、小作が一六パーセント多い(5)。このように淡路の農民たちには没落する者が多く見られ、小作争議が村ごとに農民層ごとに分散しがちであった他の地域とは異なって、麦年貢の全廃を要求するという点では全島統一行動をとることができた。兵庫県農民運動史を研究する木津力松氏は淡路地方の特色について、つぎのように述べている。

一般的に農民組合の運動は小作料減免、耕作権の確立、「土地を農民へ！」等々を要求としてかかげたが、それを具体的に組織するとなると農民各層の要求、意見はまちまちであり、全体を団結させる統一要求にまとめる説得、話し合いが重要であった。この事情は淡路でもかわらなかった。しかし他の地方とちがうのは、すべての小作農民が麦年貢全廃を要求したことであり、米小作料減免額や地主との関係では意見のちがいがあっても、麦年貢全廃要求では一致したことである。こういう事情が小作農民の団結を容易にし、農民組合、単独組合、未組織農民の共同闘争を可能にした。そして争議はしばしば全村的な対地主闘争の性格を鮮明にした。(6)

木津氏によれば、米小作料減免や地主との関係では意見の食いちがう小作農民たちでも、麦年貢全廃という要求に関しては全員が一致し共同闘争することができたという。この小作争議の現場で実際に農民組合を組織していたのが長尾有であった。一九二七年九月二五日、普通選挙法にもとづく最初の府県会議員選挙において、長尾は日農が支持する労働農民党から立候補し、三原郡選挙区で見事当選する。このように農民たちの支持を広く集めていた長尾の存在を抜きにしては淡路の農民運動を語ることはできない。(7)そこで木津氏および元洲本市議矢吹尚氏の調査を参考にしながら、つぎに長尾の経歴を紹介しよう。

一八九九年八月一〇日、長尾は三原郡阿万村本庄上組三七七番地に生まれた。父由平は自作農であったが商売に失敗、再起を期すべく後妻ふじと共に朝鮮半島に渡って新たに商売をはじめる。長尾が一六歳のときであった。弟覚《さとる》は残された母ゑんを連れて賀集村西山の芝先家に行き、同家の養子になる。覚が継いだのは芝先家の分家筋に当たる一族で、田畑四町山四町を所有し精米を家業にする地主であった。一九〇二年一月二五日に生まれた覚は、生まれつき近視で身体も弱かった。淡路の郷土芸能人形浄瑠璃に入れ込んで野がけの舞台をしばしば観に行き、自分も三味線を習っていたという。一方、長尾は苦労しながら勉学を続け、大阪歯科医学校（現大阪歯科大学）に入った後も、煉瓦を製造していた伯父の家に間借りしながら牛乳配達をして生活費を稼いだ。大阪市中で米騒動を目の当たりにしてからは府立中之島図書館に通って科学的社会主義に関する書物を読みあさり、荒畑寒村の私塾を訪ねたこともあった。

長尾は大学を卒業した一九二一年秋、芸能に現を抜かして家業に身が入らない弟を案じ、淡路に帰る。折から小作料減免問題が生じており、弟の代理として地主たちの会合に出席するが、彼らの横暴な態度に憤慨し地主協定を破って小作人たちの要求を受け入れた。はじめは市村の末広歯科医院に勤めていたものの、この一件以後は歯科医になることを放棄する。専ら農村の窮乏を知ることに努め、豆腐の行商をしながら農家を一軒ごとに回って、時には歯の治療もおこなって農民たちの悩みを聴いた。やがて「賀集村に社会主義者という農民を救う神様がいるそうだ」という噂が広まるようになる。(8)

一九二二年四月九日、賀川豊彦や杉山元治郎などのキリスト教社会主義者が中心になって日農創立大会が神戸下山手青年会館で開催される。岡山・大阪・香川・兵庫・新潟を中心とする全国各地の小作団体が集まった。「近代的農民運動の洗礼」を早くから受けていた兵庫県では、賀川や杉山をはじめとする河合義一、吉田賢一、行政長蔵、仁科雄一の優れた指導者によって加古や印南など東播磨地方で農民組合が先駆的発展を遂げる。(9) 淡路地方で最も早いのは代書人（行政書士）磯部晴一と高丸唯一によって津名郡鳥飼村中組小作組合が日農支部として結成されたことで、日農総本部提唱の小作料永久三割減免と麦小作料の撤廃を要求して一九二一年七月から小作争議がはじめられた。支部が結成されて最初の闘争となっただけに日農総本部も力を入れ、杉山や行政たちが応援に駆けつける。地主側は、小作料不納を続ける組合側に対して土地所有権確認の仮処分を申請して法廷闘争に持ち込み、洲本区裁判所の一審判決で地主側勝訴を得た。ところが神戸地方裁判所の二審判決では組合側が勝ち、その後大阪控訴院および大審院でも神戸地裁判決が支持されて最終的に組合側勝訴が確定する。

長尾の賀集村では一九二三年一一月、日農支部として八幡小作人組合が結成され、鳥飼村以上に大規模な争議が企てられる。彼らが麦年貢全廃を正面に掲げたことは画期的なことであったといえ、「封建遺制の廃止を調停機関に申し立てたのは、農民運動史上これが最初」の事例になった。(10) それだけに賀集村争議では地主との闘争も激しさを増し、地主に雇われた暴力団農民正義団の組員によって山口勘一が日本刀で斬られるという事件も起こった。(11) 一九二四年九月三〇日には、鳥飼支部長磯部晴一や中島支部長前田与一、八幡支部長長尾たちが集まって日農淡路連合会創立大会が開かれる。その席で委員長として長尾が推され三カ条の決議が採択された。長尾はこのとき二六歳の青年であった。

組合員約六〇〇名を集めて発足した淡路連合会はこれ以後急速に勢力を拡大する。

3

一九二七年二月二〇日から二二日までの三日間、大阪市天王寺公会堂で日農第六回全国大会が開催される。それまでに日農は日本共産党の影響下にある労働農民党との関係を巡って、平野力三の脱退による第一次分裂、吉岡八十一や須永好、河合義一などの幹部一二名の除名による第二次分裂を相次いで経験していた。その結果、農民組合の全国的組織は平野の日本農民党を支持する全日本農民組合同盟（全日農同盟）、第二次分裂で除名された幹部の日本労農党を支持する全日本農民組合（全日農）、そして労働農民党を支持する日農という三派鼎立の時代に入る。長尾と共に梅川が出席した日農第六回大会では、労働農民党に対する積極支持と他の二グループの排撃が呼びかけられ、労農提携の下で政治的闘争を本格的に展開することが宣言された。それと同時に日農総本部から県単位の連合会を結成することが要請され、兵庫県でも県連発足の準備が進められたのだが、県内の優れた指導者であった行政長蔵や吉田賢一、河合たちが第二次分裂に際して除名されていたために、彼らが組織する東播連合会が県連に参加するのは絶望的と見られた。またそれに合わせて日農青年部第二回大会が一八、一九の両日に大阪基督教青年会会館で開催される。淡路連合会を代表して出席した梅川は大会書記を務めた。二一日の日農青年部第一回執行委員会では教育部長に選出されている。なお日農青年部淡路連合会は一月一八日、市村公会堂で創立大会を開催したばかりであった。

ところで日農第六回大会に参加したとき、梅川は香川県連合会書記朝倉菊雄とはじめて出会う。朝倉菊雄とは作家島木健作の本名である。両名とも三・一五事件で検挙起訴され、堺市にあった大阪刑務所で斜め向かいの独房に入れられていたというエピソードがある。初対面の印象を梅川はつぎのように記している。やや長くなるが引用してみよう。


二七（昭二）年二月頃、日本農民組合の全国大会が、三日にわたつて大阪天王寺公会堂で開催された。昼は大会、夜は各種の委員会や会議が持たれた。二日目かの夜、各府県連合会の書記会議がある旅館であつた。書記といつても、会社や役所のそれとは違つて、実際に仕事を遂行し、指導してゆくのは、みな、この書記だつた。学園から、まつすぐに飛びこんできたインテリが多かつた。このとき私の横に、痩せて神経質に肩いからせ、冷たく非妥協的で、糞真面目な面構えの、目だけ熱情的に光らせた廿四、五歳の同志がいた。自己紹介の時、香川県連合会の書記、朝倉菊雄と名乗つた。当時、香川県連合会は県の面積こそ狭小であつたが、組織組合員二万を擁する戦闘的連合会として、堂々他府県連合会を圧していた。従つて、あらゆる会合でその発言は大きな圧力を持つていたものである。大きいだけに各郡に連絡指導のための出張所を設置していた。朝倉はある郡の出張所にいて、昼夜自転車で駆けまわつていた。自転車が下手なのと、目がちかいために電柱なんかによくぶつつけたと云う話もある。

その書記会議は、まず各自所属する連合会の組織内に於ける書記の地位をそれぞれ報告することになつた。とゆうのは、ごく少数の連合会ではあつたが、何か百姓の執行委員と、書記との間に意見の相違を来した場合などに、書記が、同志であることを忘れ、封建的な身分関係又単なる雇傭関係のように錯覚して、「君はおれらのやとつている書記だ。だまつとれ」と、不当に圧迫されている者もいたからである。

隣りの同志朝倉が先ず口をきつた。「香川県に於ては、書記は執行委員会に於て任命し、執行委員を補佐し事務を処理する者です。」規約のように四角ばつた顔付きと口調で簡単に無愛想に説明した。そして、澄ましこんでいた。なあんだ規約どおり云つてやがる、えらい公式的な融通のきかない男だ、と内心私はおかしくなつた。で次の私は、これをひやかしてやれ、とゆう気もあつて、笑いながら「僕の連合会も、規約の文字どおりゆけば香川とおんなじだ。しかし実際は、ざっくばらんに云えばまあ書記独裁で、執行委員会の召集もする。争議も処理する。それでも一向誰も文句云わずに任せていてくれる」と云い終るか終らぬかに、隣りの同志朝倉が「一寸。」とあわて気味に手をあげた。「僕は規約かとおもいました。香川でも実際は、たゞ今の淡路の連合会と同じです。」と訂正した。その後で、具体的な問題の（それが何であつたか忘れた――）討議に入つて、私は目をみはつた。彼は活発に討議に参加した。しかも論理整然、間然するところがなかつた。しかし、人が述べている間、にやにやうすら笑いをうかべ、片頬を指先で撫でながら、相手の云い終るのを待ち構えている彼の態度は、少し自信以上の傲慢さを印象づけ、親しめないものがあつた。だが、隙がなく、鋭く、剃刀のように蒼白く冴えた頭脳と、くそ真面目な

態度にはおぢけつきながらも感嘆した。(12)

（「島木健作の思い出——『癩』のもでるなど——」）

右の文章には、後に「癩」「盲目」「生活の探求」などの小説を著し転向文学者として有名になる島木健作の姿が描かれている。梅川によれば、朝倉はその風貌から察してとても文学と縁のあるような人間には見えなかったという。鳴門海峡を挟んで淡路と香川は斜め向かいに位置するが、獄に下っても両連合会の書記二人が斜め向かいの独房にいたというのは奇妙な偶然であった。

さて話を元に戻そう。日農第六回大会から長尾と梅川が帰ってくる。そして一九二七年三月五日、湊西倶楽部（神戸市上沢通二丁目）で日農兵庫県連合会の創立大会が開催される。開会の辞を述べたのは「佐野史郎」であったが、彼こそ変名を用いた梅川文男であった。当時日本共産党中央執行委員を務めていた佐野文夫と三田村四郎から名前を借用して変名が作られた。日本労働組合評議会の中部地方オルグであった三田村は松阪に潜入し、自分が指導していた浜松日本楽器争議に対する支援を松阪の組合員に要請したことがある。そのときに梅川は三田村の存在を知ったのだろう。日農兵庫県連合会創立大会の開会の辞として梅川はつぎのような演説をおこなっている。

現在の支配階級は意識的に分裂政策を採って無産階級の力を弱め様としている。而して此迄の我々の組織は分散的であった。それ故に最早や支配階級と争うことが出来ない。日本農民組合第六回大会では、此迄の状勢及内部の発展を認識して此処に於て、兵庫県連合会を組織するようになったのである。(13)

梅川による開会の辞ではじまった創立大会では、長尾が議長を務めた。満場一致で決議文が採択された後に規約の制定や予算の作成がおこなわれ役員が選出される。最初は長尾が執行委員長として選ばれたが、彼は総本部の常任委員を務め多忙を極めていたことを理由に辞退したために、植木宇吉が彼に代わって選出された。河合秀夫と共に梅川は執行委員に選ばれる。大会が終了した直後の三月二二日、日農県連第一回執行委員会が開催されて争議部長および財務部長に河合が、政治部長に梅川が選ばれて県連事務所（神戸市下山手通八丁目）が設けられた。三重県多気郡佐奈村五桂で醸造業を営む素封家に生まれた河合は梅川にとって宇治山田中学校の先輩であり、松阪で代用教員を務めていた頃から敬愛してやまない人物であった。大西俊夫と交代で日農三重県連合会から日農総本部に転出し、大西の後任として書記を務めていたが、折からの左右路線抗争で辞任に追い込まれ、長尾のいる兵庫県連合会に来ていたのだった。兵庫県連合会の設立以来、地主側も対決姿勢を強め官憲も取締を強化し、三月二〇日には三原郡松帆村の小作争議で前日の差押に対する抗議中に梅川を含む三名が警察に検束されるという事件が起こった。

一九二七年九月二五日、普通選挙法にもとづく最初の府県会議員選挙がおこなわれた。三原郡選挙区では労働農民党から長尾が立候補、二、八三九票（得票率三〇・八パーセント）を集めて二位当選する。河合が私財を投じて応援、梅川もビラの作成をするなど協力を惜しまなかった。

この候補者の立候補宣言や推薦状など全部、私が書いた。それらの文書の上部に、横書きで「われらの候補者、長尾有」とやった。

そうするまでに「吾々の」とか、「働き人の代表」とか、いろいろ原稿に書いたり消したりして首をひねって四苦八苦した。

というのは、数多く他候補からも文書がまかれることであるし、それらのなかで、一目で、ぱッと目につき記憶される文句を、というのが私のねらいで、新鮮で、簡潔な形容詞の産出をと苦悶して、やっと行きあてたのが「われらの候補者」だったのである。[14]

（「われらの委員長の『われらの』について」）

右には、選挙応援のキャッチフレーズを作ったときの裏話が明かされている。河合や梅川をはじめとする日農組合員の奮闘によって当選することができたのだが、兵庫県内では労働農民党から立候補した六名のうち当選したのは長尾だけであった。左翼政党では他に日本労農党と社会民衆党から合計一一名が立候補し、日本労農党の阪本勝が神戸市で、行政長蔵が加古郡で当選したのに止まった。しかし全国的に見れば労働農民党が一一四、〇八四票を集めて、一〇五名の立候補者のうち一三名を当選させた。これは労働農民党を支持していた日農の組織力の強さを見せつける結果になった。当時六八、〇七四人もの組合員を擁していた日農は「専制的暴圧干渉と戦ひつゝ、府県議戦に労農党大勝／大衆の政治的自覚の示票」と勝利を宣言した（「土地と自由」第六九号、一〇月一九日）。

このような労働農民党の躍進に対して既成政党や官憲が警戒心を一層強める。行政長蔵と長尾に選挙の不正があったとして兵庫県参事会が両名の議員失格を申し立てた。長尾の場合、町村居住期間の不足や住民税戸数割の未納などが理由で、そもそも彼には被選挙権の資格がなかったというクレームがつけられた。これに対して猛烈な抗議行動が起こり、福良在住の広瀬賢治郎たち五名が失格無効の行政訴訟を起こし法廷闘争に持ち込んだ。さらに県議失格反対や普通選挙法徹底的改正、田中義一内閣専制内閣反対を掲げて労働農民党と日本労農党が共同闘争を展開する。一〇月二八日、中央から大山郁夫党首を迎えて労働農民党神戸支部の大演説会が神戸下山手青年会館で開催された。演説会は大盛況になったが、臨席していた警官が途中で解散を命令し多数の検束者が出る。激昂した聴衆が相生警察署に殺到し、検束者の即時釈放を求めているうちに日本労働組合評議会神戸支部の奥田宗太郎たち二九名が計画的騒擾罪で検挙されてしまう。その模様は「長尾君の失格に労働者先頭に立つて一大反対運動を起す」と報じられた（『土地と自由』第七〇号、一一月一五日）。混乱した神戸での演説会の翌日、大山は梅川たちの待つ淡路島へ渡る。淡路でも市村公会堂で演説会が計画されていた。当時の様子を梅川はつぎのように回想している。

昭和二年初冬、ちょうど今ごろだったと思う。

私は淡路島洲本港のさん橋に、じかに腰かけて、足をぶらんぶらんさせながら、同志数名と雑談しつつ、神戸から来る船を待っていた。

その船には「輝けるわれ等の委員長」大山郁夫氏が乗ってくることになっていた。当時、私は、日本農民組合淡路連合会の書記長であり、労働農民党兵庫県連合会の執行委員、また同党淡路支部の書記長でもあった。

ほら来た、私たちは尻を両手ではたきながら立ちあがった。初冬の、にぶい黄色い海面の光を砕きながら、船はさん橋に船腹を近接してくる。

黒の中折帽をかぶり、鼻眼鏡をかけた長身の紳士を私たちは甲板の上に認めた。大山委員長である。

大山さんは単身、淡路にやってきた。どうも、神戸の奴ら不親切な奴らだ、とその時、おもったのを覚えている。

（中略）

この市村の公会堂が会場だった。その夜の演説会は、空前の人出といわれた。夜の田舎の真中で、千名をこえたのだから大したものである。

労働農民党の委員長になってからすでに一年、教壇から街頭に出てすでに一年になっていた大山さんの演説は、死なれるまでのそれと同じように、はや口ではあったが、既に講義調からアジ口調に変っていた。

当時、演説会といえば、会場の入口に警官が頑張り、演壇には臨監席があり「注意！」だとか「中止！」などという言論への干渉があった。

大山さんも当夜「弁士注意！」と一度やられたものである。

演説会後、大山さんの宿舎の旅館で、党員や農民組合と懇談会が持たれた。その会の終りに締め括りとして私は「委員長の下に強く団結し、勝利の日まで命がけでやりましょう」と、今からみれば、いささか気負った言葉をはいたものである。

と、大山さんの目に涙が光った。そして粛然、大きくうなずいて「ええ大いにやりましょう。いかなる弾圧、迫害にも屈せず戦いましょう」と静かにいわれたのには、こちらがぎくっとした。この純粋な大山さんには、絶対にハッタリやウソをいってはならぬ、と思ったことであった。三十年後の今日もなお、私はそう思っている。[15]

（「大山さんのこと」）

梅川は「誰にも、柔い親近感を抱かしめた」という大山との出会いを印象的に記している。この年の一二月一〇日から一二日までの三日間、労働農民党の第二回全国大会が東京市芝区の協調会館で開催され、兵庫の代議員として他の党員七名と共に出席した梅川は大山や朝倉たちと再び顔を合わせる。普通選挙法にもとづく最初の総選挙を翌年二月に控え、朝倉は「委員長は絶対に落選させられない」という党中央の意向に従って大山を香川選挙区から擁立することに決めていた。大会の議事録を見れば、[16]二日目午前の「養蚕家救済に関する件」の審議に際して梅川が批判的な発言をしていたことが分かる。梅川によれば、執行部は「小貧農を先頭に立たしめつゝ」大衆を動員し「農民大会」「農民代表者会議」を開いて運動を激化させようとするが、もしその提案通りに「小貧農」を先頭に立たせれば、勢い運動は階級闘争として先鋭化するかもしれないが、それでは彼らとは利害を異にしている他の階層の農民たちが離れてしまうし、農村に浸透してきている「養蚕」のような商業資本との調整もつかない。具体的な戦術として提案された「農民大会」「農民代表者会議」ではなく、農村の多様な層を含む「村民大会」の場で、農民運動に対する支持を拡げなければならないという。これは階層によって農民の利害が激しく対立し、商品経済の波をかぶって農村が変容する光景を目の当たりにしていた梅川ならではの発言であったといえよう。

4

一九二八年は梅川にとって人生の重要な転機となる年であった。一月二五日、日農兵庫県連合会第二回大会が洲本町公会堂で開催された。開会の辞を述べたのは梅川で、大会議長には河合が選出される。一八項目の議案が審議されたが、そのなかでも重要なのは「農民組合合同促進に関する件」であった。長尾・行政議員失格に反対する運動で共同闘争を実現させた全日農との合同を促進する委員会の設置が決定された。官憲の弾圧が強まり、それに対する抵抗勢力の結集が図られたのである。

普通選挙法にもとづく最初の総選挙が二月二〇日に予定されていた。兵庫県では無産政党から合計五名が立候補する。第一区では日本労農党の河上丈太郎と社会民衆党の堤良明が、第二区では労働農民党の近内金光と社会民衆党の米窪満亮が、第三区では日本労働農民党の吉田賢一が出馬した。また選挙準備に合わせるように、それまで非合法下におかれていた日本共産党が公然と行動を開始する。前年末、春日庄次郎の関西地方委員会の指令によって神戸地方委員会が正式に発足していた。板野勝次（評議会）・三宅右一（サラリーマン・ユニオン）・白土五郎（海員刷新会）・奥田宗太郎（評議会）・広畑惣太郎（元三菱造船所職工）・葛野友太郎（京都大学学生）の六名の党員を中心として機関紙「赤旗」

配布による組織の拡大が図られる。二七年テーゼにもとづく大衆化路線が進められた結果、党員数も一月は九名だったのが二月から三月にかけて一八名に増加し、さらに工場労働者や農民など多数のシンパ層を獲得していた。(17)

最初の全国規模での日本共産党一斉検挙が三・一五事件で警察は捜査をカムフラージュするために選挙後の選挙違反取締の期間に一斉検挙をおこなった。神戸地方裁判所で予審を受けた被告グループの予審終結決定書が遺されている。一九二八年八月三一日、予審判事城栄太郎が予審の審理結果を「板野勝次外三四名治安維持法違反被告事件予審終結決定書」としてまとめたものである。神戸の被告グループの名前を見てみると、検挙された後の七月一九日に長尾の実弟芝先覚の養子となって「芝先文男」という名前に変わっていた梅川も含まれている。三・一五事件発生後、予審が終結するまでは一般に公表されていなかったのだが、やがて事件の被告として自分の名前が報道されることになると家族親戚に禍が及ぶのをおそれたのだろう。激しい拷問を伴う取り調べにもとづいて調書が作成されているので、内容がすべて正しく記述されているとは考えられない。留保しなければならない点もあると思われるが、(18)当時の様子を知る数少ない手がかりの一つである。そこでつぎに梅川に関する部分を引用してみよう。

被告芝先文男ハ三重県立中学校卒業後小学校教員ヲ奉職中水平運動、農民運動ニ興味ヲ持チ、教職ヲ擲チ兵庫県三原郡賀集村日本農民組合淡路連合会ノ書記及ヒ同組合兵庫県連合会ノ書記トナリ、佐野史郎ナル仮名ヲ以テ農民運動ニ携ハリ、其後旧労働農民党ニ入リ同党淡路支部書記長及兵庫県連合会ノ執行委員トナリ。

一九二六年八月二一日、洲本町公会堂で結党式がおこなわれ労働農民党淡路支部が発足した。党員は当初五〇名であったが、二カ月で二〇〇名にまで増えた。中間派と目されていた棚橋小虎が支部長、長尾が書記長に選出された。おそらくこの直後に梅川は労働農民党に入党し、長尾の後を承けて淡路支部書記長の職に就いたのだと思われる。他方、棚橋はその年の暮れに中間政党として発足する日本労農党に加わったために、労働農民党淡路支部は彼との絶縁を表明するのだが、県会議員選挙では彼を共同推薦するなど柔軟な態度を見せていた。(19)

共産主義思想ヲ抱懐スルニ至リ昭和三年二月七、八日頃神戸市関西学院下ノ某喫茶店ニ於テ被告板野勝次ト会見シタル際、同人ヨリ日本共産党ノ政治テーゼ等ノ冊子一部及複製シタルモノ二部ヲ受取リ之ヲ熟読シテ、同党ノ政綱政策ニ共鳴賛同シ同月中頃同人ヨリ推薦セラレ、同秘密結社ニ加入シ同党員トナリ松井ナル党名ヲ用ヒ、同党ノ目的達成ニ努力セムト決意シ其当時右政治テーゼ各一部ヲ芝先覚及被告高丸唯一等ニ配布シ、――

右の記述によれば、一九二八年二月七、八日頃、関西学院の下隣にあった喫茶店で日本共産党神戸地方委員会の委員長板野勝次と会見し、党の政治テーゼが記された冊子を受け取ったという。関西学院は当時神戸市東郊原田の森（現東灘区王子町）にあった。同月中旬、板野の推薦によって梅川が日本共産党に入党し「松井」という党員名を使用するようになる。板野もまた三・一五事件で検挙起訴され懲役八年の実刑判決を受けている。梅川は芝先覚や高丸唯一たちと協力しながら淡路でも党員を獲得しようと試みる。

尚被告板野勝次ヨリ同月二十日施行ノ衆議院総選挙ニ際シ、旧労働農民党ノ候補者近内金光ノ選挙運動中之ヲ動機トシテ共産主義ノ宣伝ヲナスヘク宣伝隊ノ組織ヲ命セラレ、之カ組織ニ努力シタルモ警察ノ取締厳重ナリシ為メ之ヲ組織スルニ至ラス、同月十八日及二十二日頃ノ二回日本共産党ノ宣伝ノ為メ被告板野勝次ヨリ前記同党ノ政策及中心スローガンヲ転載シタル伝単四、五百枚及短冊型ノ伝単二、三百枚黄色ノポスター約十枚ヲ郵送シ来タリ、淡路方面ニ於テ街頭ニ貼付又ハ撒布シ呉レタキ旨ノ指令ニ接シタルモ、亦警察ノ監視ヲ恐レテ之ヲ決行セス、内ポスター一枚ヲ残シ他ハ全部焼却シ其当時被告板野勝次ヨリ総選挙第二期戦ノ展開ニ就テ其他数種ノ前記関西地方委員会ノ指令及赤旗第一号第二号第三号階級戦第一号其他赤旗ノ下ニ、普選ハ遂ニ絞殺セラレタ云々ノ檄文数部宛ノ送付ヲ受ケ、其機関紙ヲ芝先覚、印部多市及被告高丸唯一ニ交付シ

——

一九二八年二月二〇日に予定されていた総選挙では、兵庫県内の第二区から労働農民党の近内金光が立候補した。選挙応援だけでなく「共産主義ノ宣伝」をするために、「赤旗」「階級戦」といった機関紙の他にビラやポスター、檄文など大量の宣伝物が板野から梅川に渡される。二月一日には近内の応援演説会が一、三〇〇名を超える聴衆を集めて洲本町で開催されたが、事務長をはじめとして弁士が総検束されてしまい、予備の弁士で演説会が続けられた。志筑小学校での演説会でも会場準備の運動員が総検束されただけでなく、会場入口が一カ所に制限され、入場者が一人ひとりチェックを受け

四名が検束される。演説がはじまってからも「中止」が連発され弁士七名の他二名が検束された(「無産者新聞」第二〇九号、二月五日)。無産政党の進出を警戒した官憲による干渉、とりわけ労働農民党の候補に対する取締は厳重を極めていたのである。

同月二十日同県津名郡洲本町市場食堂ニ近内金光、斎藤秀雄、横山宗三及被告高丸唯一ヲ招致シ、大阪ヨリ出張中ナリシ同党員浅井富次郎ヨリ日本共産党ニ関スル解説ヲ受ケ、同人等ト共ニ今後ノ活動方針ニ付協議ヲナシ、同年三月初メ頃被告高丸唯一ヲ同党員トシテ推薦シ、其後被告ノ寓居ニ於テ同人ニ対シ党員トシテ推薦シ置キタル旨通知シ、其承諾ヲ得タルヨリ其当時被告板野勝次ノ指令ニ依リ同人ト共ニ農村細胞準備会ヲ組織セムト企画シ、以テ同党員トシテ其目的タル事項ノ達成ニ努メタルモノニシテ、――

梅川が党員として推薦した高丸唯一は当時日農淡路連合会鳥飼支部長を務めていた。板野の指令によって高丸と梅川は淡路農村細胞準備会を結成し、農村部に対する党組織の浸透を図った。だが高丸も三・一五事件に遭って兵庫県連事務所で検束された後、神戸地裁で懲役二年(執行猶予付)の判決を受けた。

以上、予審終結決定書の梅川に関する部分を引用した。県内では無産政党から五名の候補者を擁立した総選挙の開票結果は、第一区の河上丈太郎が当選しただけに終わった。しかし全国的に見れば、激しい干渉にもかかわらず無産主義勢力が合計五二一、〇〇〇票余りを獲得し八名の当選者を出した。それは政府や既成政党を恐懼させるのに十分な結果であった。

5

本章では梅川文男の淡路時代を明らかにしてきた。梅川とは五〇年来の友という服部周平（元東海印刷社長）によれば、「然し、彼の偉かったのは、農民組合の書記時代、ともすれば実践運動家として陥り易い現実主義的傾向を克服するため、求めて、彼は私を京大社会科学研究会にしばしば訪ね、或いは大阪の小岩井浄氏宅で、『マルクス主義』をテキストに度々討論を重ね、常に理論武装を忘れなかったことである」という（「夕刊三重」、一九六八年四月一二日）。梅川は自己の体験にもとづいて組織的運動の方法を学びながら、その一方で「実践運動家として陥り易い現実主義的傾向」を克服するために「理論武装」することも忘れなかったのである。淡路時代、梅川が二階に寄宿した芝先覚の家は今も残っている。覚は一九五一年二月一九日に歿しており、御子息の勊《つとむ》氏が跡を継いで居住している。芝先家の隣にあった八幡組合事務所の建物はすでに壊されており、その跡地にたたずんで往年を偲ぶことだけが許される。一九二四年、長尾が私財を投じて約一〇〇坪の敷地に二階建の会館を設立した。一階には争議用に米俵が積まれ、約六〇畳もあった二階では演説会が盛んに開かれていたという。北は南辺寺《なんぺいじ》山（二七三メートル）、南は諭鶴羽《ゆづるは》山脈（平均四五〇～五〇〇メートル）に囲まれた三原平野、目の前には淳仁天皇陵があり、梅川が「私は淡路での三年間を、朝夕この陵を眺めてくらした」と回想した場所である。[20] 往時そこは旧国道が会館の前にまで伸び、少し離れたところに淡路鉄道が走るという交通の要衝の地であった。郊外型スーパーマーケットが近くにオープンし再開発の試みがなされてはいるのだが、今はただ寂寥の感を抱かせられるばかりである。

長尾や梅川たちが死命を賭けた麦年貢撤廃運動は、一九三四年になっても中川原や安坂、都志、市村、鳥飼村で地主に五割減を譲歩させただけであり、賀集村でも三割減にすぎなかった。それが全廃されるのは第二次世界対戦後のGHQによる農地解放を待たなければならない。長尾も三・一五事件で検挙起訴されて懲役四年の実刑判決を受け高松刑務所に下獄する。戦後はいち早く日農再建に乗り出し兵庫県連委員長に選出される。後に神戸市長田区に転居し全日本民主医療機関連合会（民医連）の神戸協同病院に歯科医として勤務する。かつて市村の末広歯科医院で診察してから三一年ぶりに治療をおこなった。一九七四年九月七日に七五歳で歿し遺骸は火葬されて賀集村八幡の護国寺に埋葬された。墓石の横には「南山鼓をうてば北山舞う」と刻まれた石碑が建てられている。その言葉は何を意味するのか、かつて「日本農民運動史の縮図」とまでいわれた激しい小作争議の光景が目に浮かぶ。

最後に梅川の淡路時代のエピソードを一つ紹介しておこう。一九二七年一一月二七日、労働農民党兵庫県支部連合会の第二回大会議案が審議された。当時は神戸市下山手通八丁目二九七番地にあった県連事務所で午前九時からはじまった会議では、淡路支部代表の梅川が四本の決議案を提示している。議事録に記されている順に挙げると「漁民組織に関する決議案」「麦検査改正要求運動に関する決議案」「水平社同人、部落民に対する差別撤廃運動に関する決議案」「長尾行政両県議失格反対運動に関する決議案」である。そのなかの三本目、被差別部落に対する差別の撤廃を求めた議案は、つぎのよ

うな内容のものであった。(21)

水平社同人、部落民に対する差別撤廃運動に関する決議案

・三重県津刑務所事件、福岡連隊事件、他いたる所に数へきれぬ、水平社同人反部落民諸君への差別事件！

・恥知らずの前三重刑務所長は、「エタをエタと言ふに何の不思議がある。現田中（反動的サーベル）内閣は貴様等の水平運動や農民運動を徹底的にやつゝける方針だ！」とぬかしたではないか。

・真に水平社同人、部落民諸君の——政治的自由獲得のため猛進する、全被抑圧民衆の共同戦線党であることを常に訴へ——味方は実に我が労働農民党であることを、果敢なる闘争によつて示さねばならぬ。（斯くすることによつてのみ、水平社の一部同人諸君の「労働農民党なんかは、俺達に必要はない」といふ意識、又吾党に対する誤れる認識を克服しうるであらう。）

この議案には津刑務所差別事件が関わっている。一九二七年七月二八日、松阪の労働農民党員を治安維持法違反で津刑務所に収監する際に看守二名が彼らに対して差別発言をした。彼らは刑期を終えて出獄すると、差別発言の一件を三重水平社に報告し水平社メンバーと共に同所長に詰め寄ったところ、同所長はさらに暴言を吐いたという。この議案は右の事件に触れながら書かれているのだが、これが起草されたのは日農淡路連合会鳥飼支部の差別事件に端を発している。実は同支部には被差別部落に対する差別意識を強烈に持つ者が多く、被差別部落の人々と共闘できていないことが告発された

のである。同年八月一八日、全水本部は日農本部に書簡を送って、「一昨日淡路島鳥飼水平社同人(農民組合員)が当方へ来て『自分の地方で部落民に農民組合へ這入れとの宣伝をしているが、組合員の中に差別するものが多く、幹部の中にも部落民を余り組合へ入れると他の組合員がいやがつて入つて来ないから組合員が減るなどと言うものがあるので、部落民は農民組合に対して好感を持たず、為めに幾ら宣伝しても農民組合へ這入らない』という話しをして帰りました」という苦情があったことを説明し、今後はこのような差別意識を払拭し水平社と協力して闘うことが要請された[22]。それに応えて日農本部が兵庫県連および労働農民党兵庫県連に送ったのが右の決議案であった。さらにこの決議案と共に「わが兵庫県連合会においても組合員の中に現在多く水平社同人を有し、今後更に運動の進展にしたがつて益々多くの同人を抱含せねばならぬ。かかる際、組合員には此の点について絶対に心得違いのなきようにせねばならぬ」という声明が出されている。

賀集村八幡の古森茂は梅川に薦められて日農支部に加入した青年で、淡路地方では「未解放部落の組合活動家たちの役割が大きかった」と証言している[23]。郷里の松阪で梅川は労働者・農民・被差別部落民が階級的自覚に従ってプロレタリアートとして結集した「三角同盟」が生まれる可能性を目撃していただけに、彼らが真に共闘できる日が来ることを信じていたにちがいない。

註

(1)『松阪市立第一小学校百年史』(一九七四年九月、松阪市立第一小学校百年史編纂委員会、三二〇

頁）

（2）梅川が日農淡路支部連合会書記に着任したのは「特高月報」（昭和一七年八月分）では七月とされているが、木津力松『淡路地方農民運動史』（一九九八年一二月、耕文社）では一一月とされておりズレが見られる。『おのころ島紀行』「賀集八幡」（『やっぱり風は吹くほうがいい』、一九六九年一二月、盛田書店、一八二頁）には、「ここについて生活をはじめた三日目、組合員の一人が野良着のまま、血だらけになってころがりこんできた」とある。山口勘一の暴行事件は一〇月一六日に起こった出来事であったので、逆算すると梅川の到着が一四日になる。

（3）調査報告書「兵庫県農民運動史」（法政大学経済学部農業問題研究会編集・発行、一九五七年一一月、八頁）

（4）『三原郡史』（三原郡史編纂委員会編集、一九七九年三月、兵庫県三原郡町村会発行、三一九頁）

（5）同右

（6）木津力松『淡路地方農民運動史』（一九九八年一二月、耕文社、六頁）

（7）矢吹尚「日本共産党員初の県議となった長尾有」（「暮らしと政治」、一九九二年一〇月、一三八～一四三頁）

（8）前掲（3）、一五頁

（9）同右書、一二頁

（10）前掲（6）、四九頁

（11）「土地と自由」第五九号（一九二六年一二月一五日）によれば、一一月一六日に傷害事件が起こっている。

（12）「島木健作の思い出――『癩』のもでるなど――」（「季刊関西派」、一九四九年七月、竹書房、一七

～一八頁)。なお引用文の冒頭、原文では「二十八年(昭和二)」となっているが「二十七年(昭和二)」に訂正した。
(13)日農兵庫県連合会資料(法政大学大原社会問題研究所所蔵)
(14)「大山さんのこと」(前掲(11)、一四〇頁)
(15)同右書、一三二～一三六頁
(16)『日本社会運動史料　原資料篇　無産政党資料　労働農民党(1)』(一九七六年一一月、法政大学出版会、四一五頁)
(17)『兵庫県労働運動史』(兵庫県労働運動史編纂委員会、一九六一年三月、二九七～二九八頁)
(18)以下、引用は『現代史資料』第一六巻(社会主義運動三、一九六五年一〇月三〇日、みすず書房、五一〇頁)からおこなった。
(19)前掲(15)、二四七頁
(20)『おのころ島紀行』「淳仁陵」(『やっぱり風は吹くほうがいい』、一九六九年一二月、盛田書店、一八〇頁)
(21)古家実三資料(ひょうご労働図書館所蔵)
(22)渡部徹・秋定嘉和編『部落問題・水平運動資料集成』補巻一(一九七八年八月、三一書房、六二〇頁)。高木伸夫「兵庫県水平社運動と労農運動」(秋定嘉和・朝治武編『近代日本と水平社』、二〇〇二年三月、解放出版社)参照。
(23)古森茂「淡路の農民組合運動・回想」(『歴史と神戸』第一九八号、一九九六年一〇月、二頁)
〔追記〕本章を執筆するに当たって矢吹尚氏(元洲本市市議会議員)から資料の提供をいただいて多くの

ご教示を賜りました。厚く御礼申し上げます。
・矢吹尚「梅川文男（芝先文男・佐野史郎）の歩みと背景」「河合秀夫（三重県出身）の活動とその背景」
・沖浩一「淡路地方農民運動史年表」

第三章　淡路時代（一）

1

数え年で二〇歳から二二歳にかけての三年間、梅川文男は淡路島に渡って活動した。三原郡南淡町賀集村八幡には、農民運動の優れた指導者長尾有の実弟芝先覚の屋敷があり、芝先家の二階に寝起きしながら、日本農民組合（日農）淡路連合会の書記として組合活動に昼夜を問わず従事した。一日平均二〇キロ以上も自転車を走らせるほどの多忙ぶりであった。あるとき、小作争議に際して農民組合のメンバーと共に大地主の邸宅に踏み込むと、何やら見覚えのある人物が姿を現し、そこが宇治山田中学校の恩師槌賀安平の実家だったことを知るというハプニングもあった。

ところで当時、農民運動は三つの陣営に分かれていた。一九二二（大正一一）年四月、杉山元治郎や賀川豊彦、仁科雄一、大西俊夫たちが中心となって結成された日農は、当初はキリスト教的人道主義にもとづく穏健な合法的組合を目指していたが、やがてサンジカリズムの影響を受けて全国的単一無産政党を組織し政治的闘争に乗り出そうとした。結社禁止によって一度は解散させられるのだが新党設立構想を練り直して、一九二六年三月に労働農民党を結成する。同党は当時非合法組織であった日本共産党と強い結びつきがあったために、その「極左」的運動方針に反対する平野力三や高橋亀吉たちが日農を脱退し全日本農民組合同盟（全日農同盟）を結成すると共に日本農民党を結党する。これが日農第一次分裂である（一九二六年四月）。

これに続いて、日農には日本共産党の影響力が強すぎると感じた杉山元治郎や須永好、三輪寿壮たちが中央委員会を批判して日本労農党を組織し「極左」排撃を呼びかけた。そして左右の主導権争いに敗れて中央委員会から除名されたメンバーが中心となって全日本農民組合（全日農）を結成した。これが日農第二次分裂であった（一九二七年三月）。

梅川が属した日農淡路連合会は長尾の指導にもとづいて左派の路線を堅持し続けていた。兵庫県内で最も過激な闘争を展開していた。「兵庫県連合会の活動の主体は主として淡路連合会であり、淡路連合会の運動史はそのまま兵庫県連合会の運動に連なっていた」(1)。この淡路連合会の目覚ましい活躍は日農第二次分裂に際して全日農に参加した東播連合会が「運動の停滞を招き、組織の眠りこみ」を来してしまったのとは好対照をなしている(2)。

そこで淡路連合会の書記として梅川がどのような活動をしていたのか、その一端を知るために彼が作成したビラをつぎに見ておこう。

梅川が淡路島に渡ったのは一九二六（大正一五）年一〇月頃とされている。その直後から日農淡路連合会の書記としてビラやポスターの作成をはじめ争議に関する実務に携わるようになる。つぎに引用するのは梅川が書記の仕事をはじめて間もない頃のビラで、半紙一枚に謄写版で印刷されたものである。

2

地主の負担を小作人が払わされている高い村税

今年はうんと村税が高くなつてゐる。不思議だ！　そこで労働農民党地方政治対策委員と農民組合賀集支部の委員が調査した。高い筈だ!!　地主の負担まで、小作人が払ってゐるのだ。こんなことぢや益々やり切れぬ。次の表を見てハツキリ村の政治のカラクリ——村の政治までが地主の都合のい丶やうになつてゐる。——を見ることが出来る。

——どうだ！　こんなベラボウなことがあるものか？　村長は「今年は中産以上を軽くした。——（一町—三町）賀集村全部をです」と。又「大地主も」と。その軽くなつたのを吾々無産農民が負担だ。小作料を折角まけてもらつても、地主の税金払はされては同じことだ。×××三日組合員及び労農党員は村長さんにわけをききにいつた。「表は上の官庁への申しわけのものだ」「役場の者の見立てゞきめる」だとか、しどろもどろの答弁で、サツパリわけがわからず、村長さんの誠意を認め得なかつた。村民諸君!! 君等の所得額が、役場では、どんなふうにきめられてゐるかを知つてゐるか?

組合員の中では、してもゐない副業の藁細工が三〇円ときめられて、又どこからもとつてゐない給料五〇円と勝手にきめて税が、かかつてゐる。こんな乱暴なきめ方があるか? なんぼ見立てても之はまたムチヤ、クチヤすぎるではないか? 然しこゝに一つ不思議があるのだ。彼の悪名高い地主加藤某の如きは素人にも分る程安く全所得額一万千八百七十三円だ。而も呆れたことには、傭い人一人について一〇〇円づゝ引いてあるのだ。傭い人を働かし、搾り取り又それだけの余裕があるのだ。ワザワザ百円づつも引いてやる地主への親切さはどうだ。——ところが小作の方では、働けない老人までも働ける、としての課

から十五年度まで	ナカツタ 十三年度役場ニ		大正11年	12年	14年	15年
		地　主	27円	20円	17円	10円
		小　作	27円	20円	17円	24—27円
		自　作	54円	40円	34円	41円
皆十五年度	字名	立川瀬	西田	生子	南	中
	地　主	15円	15円	31円	12円	11円
	小　作	27円	23円	25円	26円	25円
	自　作	47円	47円	56円	45円	43円

税だ。——!?　吾々はハツキリこの村税のカラクリを知らなければならぬ。地主が安く小作人が高い！　これは動かすことの出来ぬ事実だ。吾々は社会政策の美名のもとにせられた税政《ママ》整理が、かへつて無産階級の負担がうんと重くされた、ブルジヨア政府のゴマカシ策を見た。そのブルジヨア政治の末席の村政のゴマカシを今日の前に見た。これはどうしたことだ。現在の社会を見ればわかる。斯くのごとく益々吾々の無産者の生活は無理強いに、より以上の貧乏——苦しみへと突き落とされてゆく。終いにはノタレ死だ！

どうして黙つてゐられるものか！　吾々は結束して——全村民（地主を除く）起つて、地主擁護の——地主のためだけ骨折る村政と闘はねばならぬ！　農民組合員、労働農民党員だけではなしに、高い税金を払はされてゐる全村民は起て!!　来年のことを言へば鬼が笑ふ。「来年から、安くなれば…」なんて考へてゐては駄目だ。

無産者には棚からボタ餅は落ちてこない。地主のところへのみ落ちる。

起つて村税の——又村政の地主偏重を糾弾せよ!!(3)

下の表は役場で調べた。（皆一段歩に付て）

労働農民党淡路支部地方政治対策部

日本農民組合淡路連合会賀集支部

梅川は右のビラで、地主が払うべき税まで小作人に負わせている差別的な課税方式を批判している。

「彼の悪名高い地主加藤某」として登場する人物は三原郡南淡町賀集村の大地主で、島内最大の銀行であった淡路銀行の大株主加藤善太郎を指している。このビラは内容の一部が省略されて日農機関紙「土地と自由」第五九号（一九二六年一二月一五日）に転載されている。梅川の文章の特徴は鋭いロジックを用いて相手をねじ伏せようとするのではなく、農民の生活語をそのまま使って農村の不満や生活感情を的確に言語化し、権力を糾弾する力を結集させるところにある。

ところで右のビラには、当時出版物を発行する際に法的に義務付けられていた発行者および印刷者の氏名や住所、発行年月日などの事項が記載されていない。これ以後も梅川は同じことを繰り返していたために、一九二七年六月作成のビラが押収されて出版法違反の容疑で検挙されてしまう。司法省がまとめた「思想研究資料」第一四輯（昭和六年二月分）には「昭和二・三年思想犯罪輯覧」が収録されており、そのなかには梅川の裁判記録が含まれている。

犯罪事実（判決）

昭和二年六月初旬同月十七日、同月二十三日頃三原郡賀集村八幡立川瀬日本農民組合兵庫県連合会淡路出張所事務所に於て、

「麦検査反対運動情報」
「いよいよ狂暴無茶な市村警察署の弾圧」
「鳥飼に立入禁止その口頭弁論二十日だ」
「ビラ貼りに付てこの注意」
「慾の鬼ジユン井藤弁護士に一喝され」

云々の各題下に左記文書を各十六部余り謄写版にて印刷し、之を淡路に於ける該組合支部十三ヶ所及三原郡廣田村梅本叶等に頒布したるものなりしが、該各印刷物に、

第一、発行者の氏名、住所、発行の年月日を記載せず、

第二、印刷者の氏名、住所、印刷年月日を記載せず、

第三、内務省に所定の届出をなさざりしものなり。(4)

（以下略）

一九二七年六月、日農兵庫県連合会が結成されて県連淡路出張所と名称を変更していた組合事務所で梅川は「麦検査反対運動情報」「いよいよ狂暴無茶な市村警察署の弾圧」などのレポート五本を二種類のビラに書き記して一六部ずつ謄写版で印刷した。そのビラを三度にわたって組合支部に頒布したところ、それらには発行者および印刷者の氏名や住所、発行年月日が記載されておらず内務省への届け出もなされていなかったことが発覚した。この後、起訴された梅川には八月二日、担当検事の求刑通り「各事実各罰一〇円」という洲本区裁判所の一審判決が下りる。これを不服とした梅川は直ちに上告するのだが、一二月二七日の神戸地方裁判所の二審判決でも敗訴し実刑が確定した。

3

一九二七年一一月一九日、賀集村の八三町六反歩余りの土地の小作料に関して地主八二人と小作人

一八四人との間で二年にわたって続いていた争議はついに調停が成立する。神戸地方裁判所洲本支部の調停委員会は米小作料の二割、麦小作料の三割五分の減額案を提示した。(5) 賀集村で小作争議が起こった直接の原因は三年連続の風害による凶作にあったが、根本的には旧幕時代から残存していた麦年貢・麦小作料の弊習があった。島内でもとりわけ地主層が強固な支配を続けてきた賀集村は地主協会淡路連合会の拠点とされ、「地主、小作人双方を代表する勢力が正面衝突する闘争舞台」になっていた。(6) 小作料の不納同盟を結んで抵抗する小作人に対して、地主は暴力団を雇って耕作地への立入禁止や立毛差押、競売刈取などを強行し、農民組合員の多くが警官によって検束される事件が起こっていた。つぎに引用する声明書は調停の一〇日前に発表されたもので、半紙一枚に謄写版で印刷されている。

官憲告訴に関する声明書

（一）

「長いものにはまかれろ！」とこれまでは、あきらめてゐたかもしれぬ。だが然し、意張《ママ》られて、いぢめられて、馬鹿にされて、思ふまゝにされて、黙つちやゐられない。「ヘヘン！　生意気な、虎の威をかる狐の奴郎《ママ》」と拳固の一つも固めたくなるのだ！

そうだ。官憲の吾々え《ママ》の干渉、圧迫、迫害は日増しに目にたつてきた。昔は武士が、メクラメッポウに刀を振りまわし、切られても、殺されても文句一つ言えなかつた。

今はどうだ！　穀つぶしの武士はゐない。

だが然し……労働者・農民・漁民・小商人諸君！

吾々の、諸君の、生活は益々窮迫してゆく。

小作料をまけよ！　賃金をふやせ！　網を新しく許可しろ！　税金は大地主、資本家に出させろ！　長尾君の失格を取り消せ！　と不平を言ひ要求しようとし、又した時、そこにひらめくものはなんだ？

サーベルだ！　口は縫われ、目はツブされ、耳の穴はセメントづめにされる。動けば検束だ！監禁だ！

一体どこに自由があるのだ！

（二）

十月二十日、日本農民組合賀集支部に加えられた圧迫を見よ！　彼等は早稲と中稲を刈る自由までウバい、十数名を検束し、内六名は、不法にも五日間も監禁されたではないか。

夜は家の軒をウロウロと盗人の如く嗅ぎまわり、同村駐在巡査の如きは、日本農民組合兵庫県連合会淡路出張所へ、管理人の検束され不在をい丶ことにして、侵入し、二階にまで押しあがり、そこら中を掻きまわし、ビラを持ち去ったのだ！

村の平和を害し、社会の秩序をビン乱し、治安を害する張本人は実に彼等官憲ではないか！

その上ヅウヅウしくも放言する。「治安を害すると思つたから検束した」「理由なんか言ふ必要ない」「俺達の権利にあることだ！」と。

全民衆のあらゆる自由、言論、集会、団結、出版、刈り取りの自由を奪ふのが彼等の権利だ！と言ふのだ！　なんと乱暴な権利ではないか！　吾が労働農民党淡路支部第三回常任幹事会はこの不法検束、住居侵入をもはや黙つてみのがし、泣き寝入りすべきでなく、従来彼等が彼等の勝手な「権利」を振りまわし、全民衆の日常生活を圧迫してきた数多くの事実を知る吾々は、署長に損害賠償を要求し、駐在巡査を住居侵入で告訴することを決定し、すでに訴訟は起され、告訴した。

（三）

全民衆諸君!!

だが吾々は、単なる法廷での争い、告訴だけで事足れりとは断じて思つてゐない。

吾々は諸君と共に裁判所、検事局の措置を厳重に監視するのだ。そして真によく彼等を裁判し得るのは実に吾々であり、諸君であることを知りし《ママ》なければならぬ。

吾々は彼等を厳重に裁判し、彼等と闘ふと同時に彼等官憲を思ふまゝに動かしてゐる張本人と闘はねばならぬ！

そ奴は一たい誰だ！

天下り官僚知事だ！　吾々の長尾有君を県参事で失格さした奴だ！　その官僚知事は誰の手先だ！

現専制的田中反動サーベル内閣だ！

彼こそ現在吾々から、あらゆる自由を奪つて、全民衆を片輪にし、不具者にしてゐる張本人だ！

而も見よ！　今！

知事を思ふままに動かし、田舎の一巡査をもアゴで手足の如く動かしてゐる張本人は、全民衆に、言はせず、聞かせず、見させず、行はせず無茶クチヤに抑えつけておき、ウソとゴマカシで全民衆をまるめこみ、益々吾々の、諸君の生活を窮乏え《ママ》抑圧の中に叩きこまうと専制的制限議会を召集せんとしてゐる。

吾々は、もはや黙つてヂツトしちや居られない！

吾々は、益々要求し闘ふのだ！

　立毛刈り取りの自由をよこせ！

不法拘束、住居侵入の張本人をクビきれ！

天下り官僚知事を排せ！

正式裁判によらざる逮捕、監禁、勾留、処罪《ママ》に反対だ！

言論・出版・集会の自由を認めろ！

　制限議会を解散しろ(7)！

一九二七・一一・九
労働農民党淡路支部第四回常任幹事会

右のビラには奥付があり、印刷・発行・編輯人として梅川文男の名前が記されている。不法な捜査に対して告訴したことを伝え、官選県知事や田中義一内閣こそが民衆から「自由」を奪っている「張本人」であると訴えている。一九二七年九月二五日、普通選挙法による最初の府県会議員選挙がおこなわれた。三原郡選挙区では労働農民党から長尾有が立候補し、二、八三九票（得票率三〇・八パーセント）を集めて二位当選する。しかし同党の躍進に対して警戒心を一層強めた既成政党や官憲は長尾の議員失格を申し立て、兵庫県参事会は町村居住期間の不足や住民税戸数割の未納などの理由によって彼には被選挙権がなかったと主張した。これに関して右のビラと同じく労働農民党淡路支部幹事会の名前で発行されたビラがもう一枚遺っている。

京都、大阪、福岡の兄弟も
　長尾君失格反対を叫んでも起つた！
　　――淡路の僕達が黙つておれるか――
◆もつと闘はねばならぬ!!
全支部員諸君！

神戸は勿論、大阪、京都の労働者諸君も長尾君の失格反対だ！　天下り官僚知事を排せ！　県参事会を廃止しろ！

と叫んで起つた。十月二十九日、神戸の兄弟は民衆大会をひらき暴虐なる知事の手先の官僚は、これを解散した。憤慨した聴衆は官憲と殴り合ひ、大乱闘を演じ三百余名一大示威行列を行ひ、警察署に押し寄せたのだ！

大阪の兄弟も起つた！　三〇日中之島、天王寺公会堂の二会場で「長尾君失格反対だ！　普選法を改正しろ！」と大演説会をひらいたが、之又解散された。

京都はどうだ！　京都府支部連合会の常任委員会は、長尾君失格反対の声明書を発し、反対決議をサーベル内閣の頭目、吾々の敵の張本人田中義一に叩きつけた！

九州支部の兄弟も、電報をよこし、激励してきてゐる。

全支部員諸君！　京都、大阪、福岡の仲間も起つた。神戸の労働者は血まで流して闘つてゐる！

淡路の俺達がどうして黙つておれるか！

全支部員諸君！

たゞ行政訴訟に任せてゐてはならぬ！

吾々自身が起たゝずして誰がやるのだ!!

吾々が先ず起つのだ！　そして叫び要求するのだ!!

　労農党員立会のもとに再選せよ！

　長尾君の失格を取り消せ！

　専制的参事会を廃止しろ！

　天下り官僚知事を排せ！(8)

一九二七・一一――労働農民党淡路支部第四回常任委員会
やはり奥付には印刷・発行・編輯人として梅川文男の名前が記されている。一九二七年一一月九日印刷、一〇日発行、前のビラよりも発行日が一日遅い。右のビラで触れられている「民衆大会」とは、中央から大山郁夫党首を迎えて開かれた労働農民党神戸支部の大演説会のことである。「土地と自由」第七〇号（一一月一五日）によれば、長尾議員失格反対を呼びかける演説会は一〇月二八日（ビラの日付と一日異なる）に神戸下山手青年会館で開催され、多数の労働者が会場に詰めかけた。川崎造船所・三菱造船所争議が広く知られているように労働運動では、神戸地方の労働者は先駆的役割を果たしていた。この演説会の途中で臨席警官が解散を命令し多数の検束者が出た。それに対して激昂した聴衆が相生橋警察署に殺到して検束者の即時釈放を求めているうちに日本労働組合評議会神戸支部の奥田宗太郎たち二九名が計画的騒擾罪で検挙されてしまう。

4

一九二八年二月二〇日、普通選挙法にもとづく最初の総選挙がおこなわれた。それまで直接国税三円以上という納税額制限のあった選挙権が二五歳以上の一般成年男子にまで拡大され、有権者が三三四万人から一、二五四万人にまで一挙に増えた。少数与党であった政友会の田中義一内閣は無産政党の進出を恐れて不当干渉をおこない、全国各地で選挙運動に対する妨害が見られた。兵庫県では第一区で河上丈太郎（日本労農党）、堤良明（社会民衆党）、第二区で近内金光（労働農民党）、米窪満亮（社民党）、第三区で吉田賢一（日労党）が無産政党から立候補した。選挙の結果五名中当選したのは河上だけで吉田は次点に止まった。淡路地方は第二区に所属していたので梅川たちは日農顧問弁護士近内の応援に全力を尽くした。だがやはり目に余るような選挙干渉がおこなわれ、二月一日に洲本公会堂で開かれた近内の演説会では、梅川を含めた運動員が総検束される事件が起こっていた。残念ながら近内の得票数は四、九〇七票に終わったが、もし米窪との選挙協力が成功して候補者が一本化されていれば当選の可能性もあった。

この総選挙の後、最初の日本共産党全国一斉検挙となった三・一五事件が起こった。警察は捜査をカムフラージュするために選挙後の選挙違反取締の期間に一斉検挙をおこなった。一道三府二七県にわたって一、六五八名が治安維持法違反の容疑で検挙される。当時の党員数は四〇九名とされていたので、その数字は非党員の活動家にまで検挙の対象が広がっていたことを示している。中央委員では野坂参三・志賀義雄・杉浦啓一・河田賢治・山本懸蔵・水野成夫が検挙された。幸いにもこのとき検挙を逃れた鍋山貞親・三田村四郎・市川正一・佐野学・高橋貞樹も翌年の四・一六事件で検挙されてしまう。

兵庫県内では三月一五日早暁、内務省派遣の事務官を中心に神戸地方裁判所の予審判事六名および検事二〇名が捜査を指揮した。私服警官一八〇名が動員され一〇数台のトラックに分乗して現場に向かった。その日だけで六四名、最終的には一八〇名余に上る活動家が検挙された。起訴にまで及んだのは三六名で、そのなかには日本共産党の党籍を持っていた近内や長尾、梅川、高丸唯一たちが含まれていた。高丸は梅川が入党を薦めた津名郡鳥飼村出身の日農組合員で、両名が中心となって淡路農村細胞を組織しようとしていた矢先の事件であった。

官憲の暴圧に対して日農兵庫県連合会淡路出張所では、直ちにつぎのような報告書が作成される。

淡路地方情勢報告

一五日早朝　労農党支部事ム所　日農県連出張所指令情報其他の綴又は書簡等多数押収され未だ返還されず（神戸の予審判事のソウサク令状を以て神戸より刑事課の人と特高の人と市村警察の巡査七人と来る）

十二時頃終りそれより日農湊支部長宅を家宅ソウサクした

党支部書記長佐野史郎氏は県連の執行委員会に赴き其儘神戸湊川署に検束され未だ釈放されず日農県連の常任執行委員高丸唯一氏（淡路津名郡鳥飼村の人）は淡路志筑署に検束された（十九日）詳細不明、後より調査報告す。

党支部及日農各支部も微動だもせず勇敢に闘争を続けてゐる。(9)

昭和三年三月二十日

日本農民組合兵庫県連合会淡路出張所

兵庫県三原郡賀集村

労働農民党兵庫県支部連合会の事務所は現在の神戸高速鉄道新開地駅の南西にあった（神戸市兵庫区永沢町三丁目六六ノ三）。三月一日に移転したばかりで日農県連の事務所も兼ねていた。右の報告書に登場する労働農民党淡路支部書記長佐野史郎とは梅川のことで、事件当日は日農県連の執行委員会に赴いたところ、新開地一帯を所管していた神戸湊川署に検束されたとある。執行委員会に出席した後は、浜松日本楽器事件下獄者送別会に参加する予定であった。神戸湊川署での拘留期限がすぎると県警本署である相生橋警察署（神戸市中央区相生町一丁目）に移されて苛酷な取り調べを受けた。つぎに掲げるのは淡路で作成されたもう一枚の報告書である。

家宅捜査の状況

三月十五日早朝　　県連出張所及無産者新聞支局
　　　　　　　　　労農党支部事務所

二、主なる押収書類　党、組合　書類綴及ビラ書簡　新聞雑誌
三、検束
（イ）被検束者の数　　二名
（ロ）主なる検束者　　佐野史郎　高丸唯一
（ハ）被検束の理由　　神戸に於て検束されし為不明
四、検束後の模様
佐野史郎は未だ出ず　高丸氏は十五日朝県連事務所に於て検束されしも取調べの後出され帰淡後十九日再び志筑署に検束され　私宅は家宅捜査された
　理由は高丸氏の村で（鳥飼村）十四五名集つて話をしたと云ふのだが其時は何でも話であつたらしいです　志筑署四日程置かれて面会も許されず神戸の方へ廻された　家宅捜査によつて

は何にも別にあがらなかつたそうです　佐野史郎は神戸市相生警《マ》察《マ》署にあり
五、連合会の状勢
淡路地方　無風状態　結束に影響なし　逆宣伝は盛に飛ばされてゐる
六、出張所の対策
四月一日支部代表者会議（淡路地方）を開く
二十二日　洲本区裁判所に於て小作料請求事件二件あり　共に近内氏欠席の為　欠席判決あり
故障申立をしてゐる
家宅捜査後　巡査二名が早朝より郵便配達を道で待ち受け組合へ来る書状をしらべてゐるのに対し　厳重抗ギシ　一方　郵便局へ　巡査より早く行つて　巡査に鼻を明かし　配達夫もプロ故組合へ来るのは別にして巡査は問ふても　いつもはねつけられてゐる(10)
内容から見て、おそらく四月二二日以降に書かれたものだろう。梅川が検束された理由は不明とされ、引き続き相生橋警察署に拘留されていると報告しているからである。

5

神戸地方裁判所での予審は判事城栄太郎によっておこなわれた。『現代史資料』第一六巻（社会主義運動(三)）には、「板野勝次外三四名治安維持法違反被告事件予審終結決定書」として一九二八年八月三一日に終結した審理結果が収録されている。当時の裁判制度において極めて重要な役割を果たしていた予審法廷で梅川は治安維持法違反による起訴相当と審判された。予審が終結した後、新聞記事差し止めが解除されて九月八日午後一時、新聞各社は一斉に三・一五事件を号外で報じた。

ところで予審終結の直前から大阪刑務所に下獄するまでの間、梅川の様子を記した資料が河合の娘大山とし氏の許に遺されている。河合秀夫の妻いく子が梅川の父辰蔵に宛てた書簡一六通である。河合は梅川にとって宇治山田中学校の先輩であり、松阪で活動していた頃から指導を仰いでいた人物であった。河合は三・一五事件後に日農と全日農が合同し全国農民組合（全農）が設立された際に、全農兵庫県連執行委員長および同中央常任委員として選出されて組織の立て直しに奔走していた。梅川が検挙されて四カ月経った頃に記された書簡をつぎに紹介しよう。七月一九日付の封書便箋に書かれた手紙は宛先が三重県松阪町大字新町の梅川辰蔵、発信者が兵庫県武庫郡六甲村徳井（現神戸市灘区徳井）の河合秀夫である。当時は河合の自宅に全農本部事務所が設置されていた。

先頃は御ねんごろな書状を頂戴致しまして御返事も申上げず誠に失礼を致しました。御許し願ひとう存じます。

其後籍のことにつきまして淡路の役場の方で文男様の承諾の証明がなければいかぬとやかましい事を申しまして芝先さんの方でも色々交渉しました結果役場から刑務所の方へ書類を送り証明を取って貰ふように致しました。所が刑務所の方でそれを文男様へ中々渡してくれませぬので昨日刑務所長に主人が面会しまして話しました所一昨日文男様の承諾証を淡路の役場宛に送ったとい

ふて居りましたそうでござゐますので間もなく入籍の手つゞきもすみますこと、存じます。(11)

右の書簡には「淡路の役場」が梅川の「承諾の証明」を要求したとある。梅川の戸籍を見ると、七月一九日に芝先覚との養子縁組届が提出され二三日に手続きが終わっている。一九〇二（明治三五）年一月二五日生まれの芝先は梅川より四歳しか年上でないので、梅川が芝先の養子になるというのは普通の縁組ではなかったことが分かる。予審の進行状況から判断して有罪判決が下りるのが確実と思われ、実家に禍が及ぶのを避けようとしたのだと思われる。梅川の姓に戻るのは一九三六年三月三〇日に芝先家との間の協議離縁届を提出し、それが四月一〇日に受理されてからである。これは長男悠一郎が四月三日に生まれる直前のことで田畑きよとの婚姻届も同月一三日に提出している。

さらにこの書簡を引用し、当時梅川がどのような状況に置かれていたかを見てよう。

それから通信のことは、事件に関係のない手紙ならば出してもよい事になりました。面会はどうしても予審のすみます迄は許可致しませぬので致し方もござゐません。差入につきましても、着類の汚れ物等少しも下げてくれませぬのでそれも一日二日の中に下げてくれるよう話をつけました。金は先頃大阪の兄上様から頂戴致しましたのが、

・本　　三冊
・サル又　二
・シヤツ　二
・牛乳　　一ヶ月分（日一合づゝ）

右の差入れをしましたので現在十二円七十銭残って居ります。
文男様は金を少しも使はれぬので体のことも案じられますし、もっと金を使はれるように所長に伝言して貰ひましたが残って居る金で一食づゝ弁当を差入れることにするつもりでございます。

右の引用からは梅川が厳しい監視の下におかれていたことが分かる。面会も許されず汚れた衣類の取り下げもできない。送金してくれた「大阪の兄」とは次兄弘のことで、彼は三重県立工業学校（現三重県立松阪工業高等学校）を卒業した後、大阪工業研究所に勤めており、この後も救援活動を続けておこなっている。いく子夫人は梅川の両親に向かって、「御子息」は労働者や農民の解放を目指して「正しい道」を歩んでいたのであり、世間からどのように言われようともぜひ「誇り」に思って欲しいという。

御両親様の御心中を考へます時涙なしには居れませぬ。けれども今の世の中にあって一度正しい道にすゝんで居られる御子息をもたれる事はどれ程ほこりであるか分らぬと思ひます。ことに文男様のような立派な真面目な方をもって居られますことは、世間的にどう云はれませうとも御両親様のほこりでなければならぬと思はれます。
どうかいかなることがございませうとも文男様にとりましてはよき、やさしき御両親様で居って戴きますように願って居る次第でございます。
差入れのことは及ばす乍ら私方で致しますから、御心配下さいませぬようお願ひ申上げます。

右は真心あふれる書面である。苛酷な現実と闘いながら高い理想で結ばれた人間同士の関係がなければ到底このような手紙は書けないであろう。農民運動家羽原正一氏は河合夫妻の献身的な救援活動を回想して「彼の妻いくが、しばしば裁判所の門をくぐって未決に苦しむ闘士への救援物資を運ぶ姿をみた人は、誰しもが涙ぐんだといわれている」と記している（『農民解放の先駆者たち』(12)）。だがこのときの過重な負担がたたって彼女は一九三六年七月一四日、急性敗血症のために四人の子どもを遺したまま三四歳の若さで逝去してしまう。

6

梅川が検挙された後、日農兵庫県連淡路出張所では、彼の代理として芝先覚と田村留次郎が書記に就任し、検挙者に対する救援募金を集めると共に犠牲者の家族に慰問状を発送した。梅川は治安維持法違反で神戸地方裁判所から起訴され、一九二九年二月一六日に一審判決として懲役五年（検事求刑七年）が言い渡される。一審では判事友真碩太郎、検事有安堅三、弁護士小岩井浄・布施辰治他が法廷に臨んでいた。この一審判決を不服として控訴するが、同年一二月一二日の大阪控訴院判決でも刑期が短縮されず懲役五年の実刑が確定する。控訴審判事は前沢幸次郎が務めていた。だが梅川は獄中非転向を貫き刑期満了の一九三三年二月まで堺の大阪刑務所で服役する。彼がいかに勁い意志を持っていたか、それを示す資料を最後に示そう。

親愛なる淡路の同志諸君！

私は今神戸刑務所に投《ナ》げ込まれようとしてゐる
私は今数年間諸君の前から姿を没すべく余議《ママ》なくされてゐる
然し諸君！　決して心配して下さるな！　かくなることはかねての覚悟でありました。
然し、唯心残りは、諸君と共に数年間憎むべき地主、資本家支配階級と闘ふことの出来ないことです。
親愛なる淡路の同志諸君！
私は諸君が「佐野はくだらぬことをやった」と笑はれず
「よくやった。仇うちだ！」と、もっと〳〵より積極的に、やって下さることを確く信じて下獄《げごく》します。
私は長き困難な解放戦線の一兵卒として不十分ながら戦ったことを信じてゐます。
この自惚を笑はずに許して下さい。
同志諸君！　地主支配階級の攻勢と逆宣伝を一蹴し、より固い結束と組織をもつて進んで下さい。
同志諸君！
私達には恐らく面会、差入れ、読書の自由は許されないでせう
で、この不充分な一文を鼻紙に記し、私の覚悟と、諸君へのお願と致します。

淡路の同志諸君！

より叫び、より闘ほう《ママ》。
すべての悪法を撤廃しろ！
治安維持法をやめろ！
すべての人民に自由を与へろ！
働く農民に土地を保証せよ！
労働者農民の政府をつくれ！
たゆみなき解放闘争万才！
　有さんがどうなつたか、全国の同志諸君はどうだろう。
三月二十八日　相生橋留置場にて　佐野史郎(13)

右の引用に述べられているように、この三月二八日という日付が記された檄文は、相生橋警察署に留め置かれていた梅川が鼻紙に書き記して、面会に来た同志に密かに手渡したものである。この後淡路出張所に届いて印刷配布されるのだが、警察によって直ちに発見押収されてしまい、出版法違反とされて梅川と河合に対して罰金四〇円の処分が下る。三・一五事件の被告はまだ若い青年ばかりであったが、弱冠二二歳の青年がこのような激しい闘志を抱いて労働者や農民の解放運動に携わっていたことは昭和史に特筆されるべき事実であろう。

註

(1) 農民運動史研究会編『日本農民運動史』(一九六一年四月、東洋経済新報、六〇一頁)
(2) 同右書、五九八頁
(3) 引用は法政大学大原社会問題研究所編『労働農民党』第二巻(日本社会運動史料原資料篇、一九八三年三月、法政大学出版局、九三〜九四頁)からおこなった。
(4) 引用は復刻版「昭和二年昭和三年思想犯罪輯覧」(下)(社会問題資料叢書第一輯、社会問題資料研究会編、一九七九年一一月、東洋文化社、五〇三〜五一六頁)からおこなった。
(5) 農林省農務局『小作年報第三次』(昭和三年三月)、引用は復刻版(一九七九年九月、御茶の水書房、二二三六頁)からおこなった。
(6) 木津力松『淡路地方農民運動史』(一九九八年一二月、耕文社、四一頁)
(7) 引用は『労働農民党』第三巻(一九八四年三月、法政大学出版局、三〇五〜三〇六頁)からおこなった。
(8) 引用は同右書(三〇七頁)からおこなった。
(9) 法政大学大原社会問題研究所所蔵資料
(10) 同右
(11) 大山とし氏所蔵資料
(12)『農民解放の先駆者たち』(一九八六年一二月、文理閣、二三八頁)
(13) 前掲(9)と同じ。

第四章　三・一五事件（一九二八）と三・一三事件（一九三三）

1

神戸で梅川文男は三・一五事件（日本共産党員全国一斉検挙事件）に遭遇する。労働農民党神戸支部事務所に赴いたところを警察によって検束されたのであった。当時、梅川が所属していた労働農民党と日本農民組合（日農）とは農民運動の左翼に属するグループであり、いずれも一九二八（昭和三）年二月二〇日、普通選挙法にもとづく最初の総選挙に際して公然と姿を現した日本共産党によって指導されていた。選挙活動では、「我等に食と仕事を与へよ！／われらに土地と自由を与へよ！／無産者の代表に投票せよ！」（労働農民党）などのスローガンを掲げて大いに気勢を上げた。事件発生時、梅川は労働農民党淡路支部書記長および日農兵庫県連合会淡路出張所書記を兼任していた。

それから一カ月も経たないうちに三・一五事件が発生した。兵庫県内では、内務省から派遣された事務官を中心に神戸地方裁判所の予審判事六名および検事二〇名が捜査を指揮した。私服警官一八〇名が動員されて十数台のトラックに分乗、その日だけで六四名を検挙、最終的には一八〇名余の人々が党籍の有無を問わず検挙されて厳しい取り調べを受けた。その内、神戸の党委員会を構成していた板野勝次、三宅右市、白土五郎、奥田宗太郎、広畑惣太郎の五名を含む三六名が治安維持法違反の容疑で起訴に及んだ。党籍を持っていた梅川もそのなかの一人であった。神戸では予審が終結するまで新聞発表が差し止められて、九月八日午後一時になってようやく解禁された。大阪朝日新聞（神戸版）一九二八年九月九日朝刊には、「一味の素性」として被告の面々を紹介した記事が掲載されており、梅川はつぎのように報道されている。

　被告文男は農民運動をつゞけ、淡路における左傾指導者で、二月施行された選挙には兵庫県第二区から立つた労農党近内金光のために運動し、勝治《ママ》〔板野勝次〕から宣伝隊を組織すべく命ぜられたが警官の取締りにあひ、ついで送付して来た伝単も撒布の目的を遂げなかつたが、相《ママ》被告唯一〔高丸唯一〕と、もに淡路に農村細胞準備会を組織して党勢の拡張をはからんとしたもの[1]

（引用文中の〔　〕は著者による註）

淡路島の三原郡南淡町賀集村八幡を拠点に、マルクス主義にもとづく急進的な農民運動を展開していた梅川は、総選挙運動中の二月初旬、板野勝次に薦められて党籍を得て、日農顧問弁護士近内金光候補の応援に全力を注いでいた。しかし官憲による選挙妨害が激しく、選挙戦がスタートした二月一日、その日のうちに選挙事務所の事務長をはじめ運動員多数が検束されてしまう。その理由を警官に問いただしても「治安ニ害アリ」の一点張りであった[2]。

党員としての活動歴は一カ月程度のものであったが、梅川は党籍を持っていたために三・一五事件の裁判では刑が重く、一九二九年一月一六日に神戸地方裁判所で懲役五年の一審判決を受ける。この判決に不服を申し立てて控訴、しかし大阪控訴院の二審判決でも刑期が短縮されずに同年一二月一二日に懲役五年の実刑が確定する。控訴審を終えた梅川が下獄したのは、堺市田出井町への移転工事が終わって、三・一五事件の二日後に落成式が挙行されたばかりの大阪刑務所であった。一九一八（大正七）年から一〇年間、二〇六万円もの予算を投じておこなわれた刑務所の移転改築は、急速に増加した思想犯の入所に対応するための措置であった。一〇九、四三九坪の敷地内に収容定員三、一五五名、エレベーター付き四階建という当時としては最新最大の刑務所が建てられた。

大阪刑務所で服役した梅川の斜め向かいの独房には朝倉菊雄がいた。最も戦闘的な農民組合として謳われた日農香川県連合会書記の朝倉とは日農全国大会などで同席したことがあり、独房に収容されていても梅川にはそこにいるのが朝倉であることが判別できた。朝倉のペンネームは島木健作――徳永直や森山啓の推薦によって「文学評論」第一巻第二号（一九三四年四月号）に掲載された島木の小説「癩」は作品が発表されると、直ちに武田麟太郎や勝本清一郎が賞賛の批評を書き、島木は新進作家として一躍脚光を浴びることになった。ハンセン病患者が不治の病と闘いながらもなお非転向を堅持しているという不撓不屈の姿勢が読者の広い共感を集めたのだが、島木が描いた獄舎風景は梅川にとって自ら体験した世界でもあった。非転向を貫き刑期満了まで獄に留め置かれていた梅川が釈放後どのように島木の小説を読んだのか、戦後になって発表した「島木健作の思い出――『癩』のもでるなど――」（「季刊関西派」、一九四九年七月、竹書房）を取りあげながら考察してみたい。

梅川が島木に対して「彼の言動や態度や風貌のどこからも文学の「ぶ」の字の匂いも嗅ぎ出せなかった」と感じた記憶は、島木が「作家として転向したのではなく、転向して作家になった」ことに結びついている。(3)　地方に在住していた組合員には現実離れした行動を命令する党中央部への批判があり、また多くの作家には個性を軽視した画一的なプロレタリア小説ばかりが制作されていたことに不満があったことなどを考えると、地方で農民運動の最前線で闘い、さらに苦獄の時間を経験することを通じて自己意識を形成した梅川と島木との間には、転向／非転向の規準を越えて共有される作家としての価値観が存在していたことが指摘できる。

2

「癩」の主人公太田二郎は独房で一日に三、〇〇〇枚の封筒貼りをしていた。太田は肺病のために仮釈放されるのだが、梅川は刑期満了までの五年間獄に繋がれていたので、『癩』の主人公より、私の方がはるかに年期をいれた封筒はりの熟練工だつたようだ」と往時を回想している。この一文が冒頭部分におかれた「島木健作の思い出」は戦後に書かれた評論のために、梅川の記憶違いの箇所もいくつか見られる。大阪刑務所から釈放された一九三三年に島木の「癩」が発表されたと書いているが、実際は翌年四月に発表された作品である。そのような単純な記憶ちがいもあるのだが、それ以上に作品を初めて読んだときの興奮が生き生きと記されているのが面白い。

くいつく様によみながら、ぶる〳〵興奮した。この快感は、じつに久しぶりのものだつた。それは単に、そこに描かれている生活のなじみ深さからくるばかりでなく、また異常な「癩」患者とゆう《ママ》取材の特異さからのみくるものでもなかつた。作品それ自体が傑れていたからである。これは「戦旗」時代の数多くの「プロレタリア」小説とちがつて、ほんものだと唸つた。

読み終つて、ふつふつと湧き上つてくる興奮のはけ口にこまつた。

「戦旗」時代に数多く書かれたプロレタリア小説と「癩」とがちがっているという梅川の指摘は、作品の掲載に当たって徳永が、党指導にもとづいて芸術のボルシェビキー化を目指した日本プロレタリア作家同盟（ナルプ）員たちとは異なって、島木が「おそろしく『特異性』のある『受身のふかい作家』」であると評したことにも通じている(4)。そもそも、ナルプ解散とほぼ同時に創刊された「文学評論」は、ナルプ正統派の政治主義的偏向を批判した作家たちの分派活動から編み出された雑誌であった。政治的な主題の〝積極性〟のある作品を創作するのが至上命題とされた時代に、転向心理を描く島木のような「受身のふかい作家」が登場したことは、梅川に「ほんものだ」と唸らせるに足るほどの刺激に満ちた事件であった。

さらに梅川はつぎのように記している。

癩患者のもでるには心あたりがあつた。

しかし、片方の肺患者である。これにも心あたりはあつた。だが、まさかあの男が、と、どうにも裁断をくだしかねた。

すでに知られているようにハンセン病患者のモデルは三宅右市である。彼は一八八九（明治二二）年八月一五日生まれ、本籍は岡山県御津郡牧山村大字北野一五八四番地にある。明治大学法学部を卒業した後、大阪の此花区四貫島に来て労働組合の活動に従事していた。この時代の四貫島は、住友金属をはじめとして西六社と呼ばれた重化学工業の大工場が建ち並び、空は煤煙に覆われて暗く正月の三カ日以外、青空の見える日がほとんどなかった。四貫島の下宿で同居したことがある岸本邦己氏によれば、「ちょうどそのころ島木健作は日本農民組合本部の書記をしていたが『労働組合の同志中村が訪ねてきた。じつは今度クートペから同志がひとり帰ってきたので君の四貫島の間借りにその男を泊めてやってくれ』と頼まれたので、短いあいだ同居していたがやがてその男は神戸に移った」[5]という。当時日農総本部は大阪の此花区江成町にあり、総本部の書記を務めていた島木が中村という変名を使った三宅を岸本の下宿に連れてきたという。クートペ（東洋勤労者共産主義大学）帰りというのは島木の勘ちがいであり、地下活動を余儀なくされていた党関係者に関する情報は組織上部の者しか知らず、運動の現場においては混乱していたのであろう。また「癩」のなかでは、三・一五事件ではなく八月になっているが、やはり三・一五事件で検挙されており、労働農民党中央執行委員および同党兵庫県連合会常任委員を務めていた。

さらに三宅に関する特筆すべき事項として、岸本はつぎのような事実を伝えている。一九三六年八月一三日、岡山県の国立ハンセン病療養所長島愛生園で、患者の待遇改善を要求する騒擾事件が発生しハンストなどの方法を用いて一カ月以上闘いは続けられたが、官憲の弾圧と病院側の懐柔策によって終息させられる。岸本によれば、このときの指導者が三宅であったという。事件を引き起こした責任を取らされて、三宅は香川県木田郡庵治町大島の青松園に転院させられるのだが、人間が生きる上で最低限保障されなければならない権利を求めて、釈放後も彼は闘い続けたのである。その意味において、進んで行った道こそちがえども、創作上のモデルとされた宮井進一と同じように、彼もまた非転向を貫いた活動家であった。

ここで梅川の文章に戻ろう。梅川は肺病患者の方には心当たりがあったものの、「まさかあの男が」という気持ちから裁断を下しかねたと書いている。それはなぜだろうか。彼が抱いていた島木の印象は冷たく、「島木健作と朝倉菊雄の二枚の映像をあわせ、すかしてみると、どうにも朝倉が冷めたくつて、とげの様に神経質で、こむずかしくぴつたりあわない」のと同時に「いまの朝倉には小説など落ちついて書いている時間的余裕もなかろう」と考えられたからである。梅川は「島木健作の思い出」のなかで、つぎのようなエピソードを伝えている。一九二七年二月二〇日から三日間、日農第六回大会が大阪天王寺公会堂で開催された。その二日目の夜、各府県連合会の書記会議があり、そこで梅川は島木と同席する。

　このとき私の横に、痩せて神経質に肩いからせ、冷たく非妥協的で、糞真面目な面構えの、目だけ熱情的に光らせた廿四、五歳の同志がいた。自己紹介の時、香川県連合会の書記、朝倉菊雄と名乗つた。

島木は第一印象からして悪い。だが、当時の香川県連合会は二万人以上の組合員を擁する戦闘的連合会として他府県を圧倒し、あらゆる会合で絶大な発言力を持っていた。書記会議の席上、島木は公式的で融通の効かない発言をする。それに対して梅川が本音で発言した。島木は慌てて自らの意見を修正するのだが、その後の討議でも理路整然と付け入る隙のない発言を繰り返し、周囲の者たちに「自信以上の傲慢さ」を印象付けたという。それは、高見順が島木に対して「無愛想というより、これでよく農民運動ができたものだと不思議に思われるほどの狷介さ」を感じていたのに通じよう。(6)

また梅川が「いまの朝倉には小説など落ちついて書いている時間的余裕もなかろう」と考えていたのは注意すべき点である。なぜなら島木は「過去の自分の道に誤謬のあつたことを認め、再び政治運動に携はる意志はない」と転向を声明し仮釈放されたのだが、梅川には、出所した後の島木が政治運動に復帰していたにちがいないという確信があり、そのために小説を書く余裕などなかったはずだと考えられていたからである。島木にとって非転向の同志宮井進一は、島木が出所後に、党の機関誌「インター」を配達していたことが警察に発覚して本富士署で酷い拷問を受けたことや、そのとき彼を官憲に売り渡したのが党中央委員の大泉兼蔵というスパイであったことをなどを後年になって明かしている。(7)そこでつぎに梅川はなぜ島木が政治運動に復帰していたと考えていたのか、その理由を示してみよう。

3

左右の路線対立から全日本農民組合同盟（全日農同盟）と全日本農民組合（全日農）、日農との三派

に分かれていた農民組合は三・一五事件によって幹部の大半が戦線から奪われると、組織の建て直しのために全日農と日農とが合同して全国農民組合（全農）を結成した。一九二八年五月二七日に結成大会を開催し、会長には杉山元治郎を選出した。これによって農民組合は短期間ながらも統一を維持して「昭和恐慌下の農民運動の第二次高揚を迎えて農民組合の活動も活発化」した。(8)

しかし大山郁夫が合法的左翼無産政党として新労農党の結成を呼びかけると、それは前衛政党の必要性を否定するものであるとして旧労働農民党支持者たちが反対した。「労働組合や農民組合のなかに〈革命的反対派〉を形成することによって社会民主主義グループに打撃を与えよ」という赤色労働組合インターナショナル（プロフィンテルン）のロゾフスキー路線に従って、彼らは分派活動を展開し次第に勢力を結集して行った。全農総本部から極左偏向の理由で除名されたメンバーは臨時書記局を設けて「全農改革労農政党支持強制反対全国会議」、すなわち全農全国会議派（全農全会派）を立ち上げた。宮城・山梨・茨城・富山・愛知・長野・大阪・兵庫・千葉・三重の一〇府県連合会および関東・北陸地方協議会・全農総本部青年部などの総本部派から除名された組織を中心として一九三一年八月一五、一六日、第一回全国代表者会議を開催した。全農内の革命的反対派の立場を取りながら争議の現場では「農民委員会」運動方針、すなわち小作人を主体とした闘争から貧農を主体とした闘争へと転換し、農村内のプロレタリアートを結集した農民委員会を立ち上げることによって農民運動の階級的性格を鮮明にするという戦術が提起された。ちなみに初代委員長として選出されたのは三重県の上田音市であった。

梅川と同じ松阪市に生まれた上田は、全国水平社が創立される前年の一九二一年四月、北村庄太郎や中里喜行たちと共に徹真同志社を結成し全国に先駆けて被差別部落の解放運動をはじめた運動家である。労働運動・農民運動・水平社運動の連携を積極的に進め、農村労働者を結集しながら失業者同盟を組織するなどの差別糾弾闘争を階級闘争として捉え直すことで勢力の拡大強化を図っていた。全国水平社（全水）中央常任委員会（一九三三年三月二日）で上田は三重県連を代表し「部落勤労大衆が、労働者農民との強力なる階級的結合なくして部落民の完全なる解放はあり得ない」という立場から「水平社の組織と闘争機能を余すところなく階級組織の中へ解消」させる「全水解消意見書」を提出した。上田をはじめ総本部派から除名された河合秀夫などの指導もあって三重県の農民運動はつねに左派の路線を堅持し続けていたのである。

一九三二年九月、日本共産党の党オルグ梶田茂穂が三重県を訪れて全農全会三重県評議会常任書記に就任する。それ以来、党と強い結びつきのあった農民組合や労働組合が県内で急速に再組織化される。具体的には全農全会派と日本労働組合全国協議会（全協）であった。だが県特高課はその動きを察知して一九三三年三月一三日早暁、一斉検挙に乗り出した。津・松阪・宇治山田・四日市の四都市にわたって一四五名が検挙された。約九カ月に及ぶ新聞記事差し止めが解禁された後、「伊勢新聞」は三・一三事件について、つぎのように伝えている。

県下四市の赤化分子百四十五名検挙

三月十三日未明の捕物陣　うち七名起訴さる

本県特高課が本年三月十三日、県下津市、松阪、宇治山田、四日市の四都市に巣食ふ共産党狩りは県下一斉に県特高課並びに管轄警察署総動員の下に鉄帽鉄衣の決死隊を組織し、十三日深更より未明にかけて各グループの根城を襲撃し一網打尽的に百四十五名の党関係者総検挙を行ひ、その後各署に留置すると共に党の運動関係に就て県特高課並に検事局の厳正なる取調べを行ひつゝあつたが、その中次の通り七名を起訴するに決定し一段落した――

（「伊勢新聞」夕刊、一九三三年一二月二一日）

普及や学習、組織強化のために約三〇〇部増刷されていた「三二年テーゼ」や「赤旗」が厳しい捜査によって多数発見され、県警を愕然とさせた。治安維持法違反の容疑で最終的に起訴にまで及んだ者として梶田を含め坂下善也や小椋重昌、木村繁夫、国分精一、岩瀬仲蔵の名前が「特高月報」に挙げられている。この弾圧によって県内の各組合はまさに壊滅的な打撃を受けたのである。

この三・一三事件は大阪刑務所から釈放されて帰郷したばかりの梅川にも衝撃を与えた。梅川は大阪刑務所から松阪に帰る車窓の風景の美しさに感動し、後年になってその感動を「大和路は白壁多し白壁に秋の陽映へて旅ゆたかなり」という歌に詠んでいる。三・一三事件はその感動を忘れさせるほど規模の大きなもので、梅川自身は出獄後まだ一カ月しか経っていなかったために家宅捜索を受けただけで済んだが、静養して体力を回復させる暇もなく、組織を再建するために奔走しなければならなかった。やや長くなるが、再び「島木健作の思い出」から引用してみよう。

足かけ六年、運動から置いてけぼりをくい、情勢を把握しかねていた私は、その間にでた新聞、雑誌の厖大な綴りこみを繰つたり、同志から話をきゝながら、六年の空白をうめ、六年を追跡するのに懸命だつた。半年は、まず静養と、肚をきめていた私も、目の前で組織が破壊され、崩れてゆくのを、ぢつと見ているわけにはゆかなかつた。疲労しきつていた身体を、いたわつてばかりもおれなかつた。すわらされつゞけて来たため、少し歩けば、がくがくして膝をつきそうなほどに弱つていた。しかし、やらねばならなかつた。検挙もれの同志と、また引つぱられるのを覚悟で村々をまわつて、おびえている組合員を励まし、支部組織の整備と、連合会の再建に動きはじめた。

動きはじめた私のところに、中央部からこつそり使者が来た。上京して、中央部の仕事をしろ、とゆう《ママ》のである。私は、ことわつた。勇気をだしてことわつた。

右のような切迫した事態は、目の前で組織が破壊されるのを黙って見ているわけにはいかないという危機感を梅川にもたらした。農民組合や労働組合の指導者が根こそぎ検挙された後、梅川は松阪市内にあった被差別部落の人々と協力して組織の再建をはじめた。三重県の社会運動研究者大山峻峰氏によれば、「三・一三の大弾圧のなかから、萌え出てくる若芽のように起ちあがって、組織を再建し得たのも、松阪地方の集団的な部落の人々の組織的な力によるものであった」という(9)。出獄後、梅川が再び運動に復帰しようとしたのは島木の場合と同じであったが、上京して働くことを求める「中央部」からの要請を梅川は拒否している。体力がまだ回復していないことや県の農民組織の再建が急務であったことなどが表面上の理由だが、「中央部」には警視庁のスパイが潜入していて上京後一週間と経たない間に逮捕されるといわれていたように、「中央部への不信」が本当の理由であった。このとき三重県ではすでに、農民の日常闘争を革命的な方向に導きながら貧農を主体とした農民委員会を通じて革命的組織を結集するという全農全会派の「極左的偏向に満ちた」行動綱領では、とても運動の大衆化は望めないという批判が起こっていた(10)。

島木がスパイに売り渡されたことを考えれば、梅川の判断は結果的には正しかったといえよう。だが上京して働くことを拒否した梅川の許に、再び「中央部」から説得役の幹部がやって来るという連絡がもたらされる。その部分をつぎに引用しよう。

こうゆう《ママ》ような事情のなかで、それは「癩」の登載された文学評論が出るすこし前のこと、私は、ひまを作つてKさん〔河合秀夫〕のいる静岡市にゆき、一週間ほど滞在した。静岡につくなり私は、全会派の中央部から、口説き役が来ること。その口説き役が他ならぬ朝倉菊雄であることをきかされた。朝倉君なら懐しい。要件はともかくとして、ゆつくり懇談してみよう、と待つた。

朝倉菊雄は、実兄の経営する赤門前の、社会科学書専門の古本屋、島崎書院にいて商売を手伝つているとのことだつた。

こゝではじめて私は、彼が、その深度は別として、全会派の仕事に秘密に参加していることを知つた。そして彼が参加している位なら全会派の中央部は充分信用してもよいと考えた。ところが待つていた彼は来なくて、他の同志が来た。朝倉君は、また喀血して、寝ているとのことだつた。私はがつかりした。

（引用文中の〔 〕は著者による註）

説得役の幹部とは、他ならぬ島木であった。島木は仮釈放で出獄後は兄八郎の許に寄寓して古書店の名番頭を務めていたとされている。だが一九三三年に全会派に復帰していたかどうかについては梅川の話を裏付ける証拠はない。梅川を安心させようとして島木の名前が騙られたのかも知れない。しかし右のような経緯から梅川は島木が政治運動に復帰していたと考えており、「あぶない全会派の地下組織の仕事に関与している多忙の身で、ゆつくり、これほどのものは書けないと思われた」のである。梅川にとって、これが「癩」の作者島木健作と朝倉菊雄が一致しない理由であった。

4

これまで島木の「癩」に関連した事柄に論及してきた。島木が新進作家として脚光を浴びた「癩」は、それに続いて発表された「盲目」（「中央公論」臨時増刊、一九三四年七月）、「苦悶」（「中央公論」、同年一〇月）、「医者」（「文学評論」第一巻第九号、同年一一月）、そして書き下ろしの短編「転落」と共に単行本『獄』に所収されて、一九三四年一〇月に「文学評論」の出版社と同じナウカ社から発行された。他方、梅川も自らの獄中体験を素材にした小説「老人」を郷里の文芸雑誌「三重文学」に二回に分けて発表する（一九三六年二月号および四月号）。作品の性質、評価ともに大きな差はあるのだが、島木、梅川共にマルクス主義者の獄中心理を描いた小説を創作している。ではつぎにそれぞれの作品を検証してみよう。

まずは島木の「癩」――大都市に近い町の高い丘の上にある新築後間もない刑務所に思想犯の太田二郎が服役している。目に映るのは「灰色の壁と鉄格子の窓を通して見る空の色」だけであるが、耳を澄ますと、様々な音が聞こえてくる。廊下を通る男たちの草履の音や、役人の靴音と佩刀の音、建物の外から聞こえてくる雀の声……、「だが、何にも増して彼が心をひかれ、そしてそれのみが唯一の力とも慰めともなつたところのものは、やはり人間の声であり、同志たちの声であつた」。懲役五年、節を曲げず人間らしさを保ち続けて生きようと心に誓う。ところがある日突然、大きな血塊を吐瀉し、肺病と診断されて隔離病舎の独房に移される。そこは実はハンセン病患者を収容していた病舎であり、「社会から隔離され忘れられてゐる牢獄のなかにあつて、更に隔離され全く忘れ去られてゐる世界」であった。患者たちの壮絶な欲望を目撃したり、発病した現実を受け入れられず錯乱する服役囚に接したりすることによって、太田の胸中に「いつしか自分でも捕捉に苦しむ得体の知れない暗いかげ」がきざしはじめ、ついに「冷酷な現実の重圧」に打ちひしがれて強度の精神衰弱に見舞われる。共産主義者としての彼はまだ若いインテリで、「実際生活の苦汁をなめつくし、その真只中から自分の確信を鍛え上げた」わけではなく「一度たとへやうもない複雑な、そして冷酷な人生の苦味につき当ると、自分の抱いてゐた思想は全く無力なものになり終わり、現実の重圧に只押しつぶされさうな哀れな自己をのみ感じてくる」のであった。

ところがある日、昔の同志岡田良造と出会う。検挙前に農民組合本部書記をしていた太田は、遠縁に当たる親戚の家の部屋を借りて四貫島に住んでいた。しばらくそこで岡田と寝食を共にし、太田が地方に転任した後も、農民運動の困難で複雑な問題を解決するために岡田に指導を仰ぐなどの密接なつき合いがあった。ハンセン病に冒されて変わり果てた岡田の姿を目撃した太田は、彼に近づいて今の心境を尋ねる。すると「只これだけのことははつきりと今でも君に言へる。僕は身体が半分腐つて来た今でも決して昔の考へはすててはゐないよ」と答える。岡田はなおも非転向の立場を守り続けているのであった。彼の生き方に畏敬と羨望を感じながらも太田は、その心境に到達することができない。やがて肺病が悪化して重体に陥った太田は担架に乗せられ獄外に運び出される。看護夫が囚衣を脱がせて新しい浴衣を着せたとき、「朦朧とした意識の底で、太田は本能的にその浴衣に故郷の老母のにほひをかいだ」。太田は刑の執行停止を宣告されるのだが、そこには転向寸前の人間の心理が象徴的に描かれている。

転向と非転向との間で揺れる太田の心理を島木自身のものと考え、「重病の肺患ゆえに転向しなければならなかったからこそ、島木は自己とおなじ身体的条件の過酷な、癩や盲目の思想犯を通じて非転向者の心境を追究しようとした」とする大久保典夫氏の読みがある。[11] 作品から島木の「作者の激烈な再転向への意志」を感じ取る大久保氏の解釈は「一度は崩れおちながらもそれをいわば逆エネルギーとして再建をはかった島木の、主体的潜熱《ママ》に由来する」という小笠原克氏の見解に通じる。[12] また宮井進一や梅川などの証言にもあったように、島木は出獄した後も政治活動に復帰しようとしていたのは確かであって、高見順も「出獄と転向の間に古い闘争経歴のこの持主が謄写版運びというような仕事までして、『第一義の道』に復帰しようと苦しんだ一時期のあること」を指摘している。(13)

つぎに梅川がペンネーム堀坂山行を使って書いた「老人」――六八歳になる老人は息子修が×××《ママ》事件で検挙され懲役五年の判決を受けてからは、修が釈放される日まで一日も長生きしようと考えて、酒も煙草も止めている。狭い接見部屋で面会したのはもう一年前のことで、最初は彼一人のために家族中がどれほど苦しんでいるかを責め立てるつもりであったのだが、実際に顔を会わせてみると、口を衝いて出たのはいたわりの言葉であった。それに応えて修は「私のやったことは正しいと確信してをります」という。そのときの息子の態度は「今まで肩に手をかけてさすつゐてやつた老人を、ぐんと突き飛ばし、一足ずさつて冷然と見下ろす近より難い情ない気持」にさせた。なぜそのような言葉を父に投げつけたのか、修が弟に宛てた手紙にはその理由が記されていた。

　世間的に賢こく利巧に立ち廻り苦労しわれ〳〵を育てゝくれた一個の世間人たる父が、自分に何を求め、どんな態度に出ることを期待していたかを知らないほど自分は馬鹿ではない。だからこそ、惨酷だとは思つたが、敢て言つた。其の場限りの出まかせを言つて、一時的に父を安心させ欺くことが恐ろしい。若し父が、母や家の者のことを考へない不遜なものだと言つて怒るなら、俺はその怒りを甘受する。今の自分には安価な満足を与へる欺きを敢てする勇気がない。いつか、真意が分つてもらえる日があることを確信してゐる。いつの日か？　自分にも分らない。一日も早く将来させる方法は知つてゐても……

息子の態度を今では許容できる気がしている老人も、自分の家族が世間の冷たい視線を浴びているのに気付くと、やはり腹立たしさを感じざるを得ない。農民運動や水平社運動の活動家たちが老人を訪ねていたわり、無産派の市会議員西尾が励ましの言葉を掛けてくれる。非転向で獄中にいる息子を支える家族や支援者の姿が作品のなかに登場しており、修の心理を梅川自身のものと考えて読むことを可能にさせる。

「老人」の末尾には「一九三五・一一・二二」とある。父と息子との葛藤を描いた中野重治の「村の家」は同年五月に発表されている。梅川もおそらく自己の体験を素材として獄中小説の執筆を試みたのであろう。作品執筆時の梅川は松阪市平生町で古書店を営みながら社会運動に復帰していた。実父で「老人」のモデル辰蔵は一九三九年一月二二日まで存命であり、息子の出獄を迎えることができた。一九三三年二月、松阪では市制実施に伴って市会議員選挙がおこなわれた。無産派からは町議会議員を務めていた上田音市や松村政造、小林勝五郎の三名が立候補したのだが、全農全会派三重県協議会や松阪失業者同盟の支持にもかかわらず当選者は上田だけであった。小説に登場する無産派の市会議員西尾のモデルを特定することは難しいが、梅川の郷里には彼を支援する人々のグループが存在していたことは確かである。

文学に関心のあった梅川はナルプ解散後、新井徹・後藤郁子夫妻を中心にして小熊秀雄や遠地輝武、田木繁、鈴木泰治などの若き詩人たちが集まった「詩精神」の同人となって、詩や評論を発表していた。一九四一年一二月、アメリカに対して日本が宣戦布告した翌日の九日、非常措置にもとづいて三重県内では、梅川や野口健二、駒田重義、松井久吉が検挙されるが、「特高月報」（昭和一七年八月分）には梅川の犯罪事実として「昭和九年至昭和十年約一年間、東京市前奏者《ママ》発行の『詩精神』及伊勢新聞記者渡辺光二発行の『三重文学』等に堀坂山行のペンネームを以て『闘士』『老人』等を掲載して労働者農民の階級意識昂揚を図り」とある。足かけ二年のわずかな期間しか創作活動はおこなわれていなかったが、梅川の作品は特高警察の監視対象になっていたのである。

島木の「癩」を読んで「ほんものだ」と唸ったように梅川は非転向者でありながら転向者の心理を理解できた。政治的信条で作品を判断するのではなく、過酷な情況下におかれた人間がどのように行動するか、その心理を追体験させるリアリズムの強さによって作品の是非を問うことができる。この意味からすれば島木の小説を評価した梅川は、転向／非転向の規準を超えて自己の価値観を持ち、創作活動の面においても「第一義の道」を歩んだ文学者と呼ぶにふさわしい。ただし梅川の「老人」は決して優れた小説とはいえないが、父との心理的葛藤を主題として描いた点では、ナルプ時代のプロレタリア小説とは一線を画する作品であり、また非転向者の心理を扱った点では、当時数多く発表されていた転向小説のなかでも異色といえる作品であった。

5

着替えの浴衣に老母の匂いを嗅いだ太田と老父を冷然と見下ろす修。昭和のプロレタリア文学者たちが遭遇した〈血と宿命〉の問題を、島木と梅川は対照的に描いたといえよう。もちろん「おそらく、転向過程を、分析的に客観的に描きだしたのは、島木健作が唯一ではないか」（大久保典夫氏）と高く評価された「癩」と、中央文壇からは一顧だにされなかった「老人」とを同列に論じることはできない。しかし日農県連書記として農民運動の最前線で活動し、大阪刑務所でも斜め向かいの独房で服役するなどの経歴の上では両者の共通点は多い。「癩」のなかで、非転向のハンセン病患者岡田に対して注がれていたのが「畏敬と羨望」の眼差しであったことに「作者の激烈な再転向の意志」を読み取ることができるように、島木は文学活動に転じながら表現のリアリズムを通して「第一義の道」を歩もうとしていた。他方、岡田のモデルとされた宮井進一や三宅右市と同じく梅川も政治活動において「第一義の道」を歩み続けた人間であり、それと同時に、創作に費やされた時間は短いものであったにもかかわらず、文学活動においても転向／非転向の規準を超えて自己の価値観に従った非転向の文学者といえよう。三・一五事件当時の獄中体験を梅川はつぎのように回想している。

独座面壁、囚人と云うものは、記憶ばかりをくつて生きているものである。この様な渦巻く社会から隔絶された環境におかれた時にこそ、人はまつたく、云いわけや強がりをぬきにして、うぶな謙虚さをもつて、過去の自分にたちむかえるものである。私もまた、投獄されるまでの、自分のやり口を巨細に検討し、自己批判をつゞけた。つゞけながら、いかに機械的で、粗雑生硬なものであつたか、と顔を手で蔽いたく、又思わず赤面することもしばしばであつた。私は、この、ながい自己批判の成果の上に、どんと尻をおちつけて、農民組合運動を、も一度やり直したかつた。

（「島木健作の思い出――『癩』のもでるなど――」）

右の引用のなかで梅川は冷静に往時を振り返って記述しているが、実際は五年間も拘禁状態におかれて多大な精神的苦痛を強いられていたはずである。「癩」の太田も精神衰弱が激しくなって心悸亢進などの症状が表れていた。治安維持法による「拘禁精神病」(detention psychosis Haftpsychose)を研究している秋元波留夫氏によれば、思想犯の囚人のなかには「陽性症状を呈して急性に発病する分裂症に酷似」した症状を訴える者たちが多数いたという。[14] 拷問による身体的・肉体的苦痛はいうまでもなく、自分の信念と肉親への情愛との葛藤、将来への不安などの複合的な要素が原因となって、拘禁されて半年もすれば重度の「心的外傷後ストレス障害」(post-traumatic stress disorder)が生じ、「感覚脱失、運動麻痺、けいれん発作のようなヒステリー症状（身体表現性障害）、あるいはガンザー症候群（仮性痴呆）、道化症候群、昏迷などの解離障害、反応性躁状態、無罪妄想、好訴妄想」を発症させてしまうのである。[15]

人権が封殺されていた時代、人間の解放を求めて闘った作家たちが妥協と変節を迫られながらも幾度も態勢を立て直し「第一義の道」にとどまり続けようとした足跡には、今なお検証の余地が残されているといえよう。

註

（1）引用記事中、労働農民党候補者近内金光の名前は原文では伏字になっている。
（2）『労働農民党』第四巻（一九八五年六月、法政大学出版局、二七〇頁）
（3）「転向文学論ノオト」（「現代文学序説」創刊号、一九六二年一〇月、九頁）
（4）「島木健作君について」（「文学評論」第一巻第二号、一九三四年四月、ナウカ社、一二九頁）
（5）「三宅右市のこと」（『兵庫県党のあゆみ』、一九七二年七月、日本共産党兵庫県委員会、一二三～一二四頁）
（6）『昭和文学盛衰史』下巻（一九五八年一一月、文藝春秋新社、一六八頁）
（7）「島木健作と私　党および農民運動を背景として」（「現代文学序説」第四号、一九六六年五月、落合書店、一三頁）
（8）農民運動史研究会編『日本農民運動史』（一九六一年四月、東洋経済新報、三一九頁）
（9）『三重県水平社労農運動史』（一九七七年八月、三一書房、二三一頁）
（10）前掲（8）、六五〇頁
（11）「島木健作ノオト（三）――転向文学論（その二）」（「文学者」第三巻一〇号、一九六〇年一〇月、七〇頁）
（12）『島木健作』（一九六五年一〇月、明治書院、五〇頁）
（13）『昭和文学盛衰史』上巻（一九五八年三月、文藝春秋新社、二七一頁）
（14）『実践精神医学講義』（二〇〇二年二月、日本文化科学社、七七五頁）
（15）同右書、七七七頁

第五章　「詩精神」時代（一）

1

プロレタリア文学運動を指導してきたナルプ（日本プロレタリア作家同盟）は一九三四（昭和九）年二月二二日に解体を決定する。結成以来、工場や農村にサークルを組織させ農民や労働者に作品の創作を奨励すると同時に、広汎な大衆運動を組織するための中央指導部を設立させた。しかし満州事変をきっかけにして急激にファッショ化が進み治安当局による弾圧が繰り広げられる。白色テロが公然とおこなわれるようになると、中央指導部には「唯物弁証法的創作方法」のスローガンの下で運動を集中させるだけの力が失われ、ナルプの戦線から離脱して独自に創作をおこなおうとする作家も現れはじめた。ナルプ脱退者が中心となった「文化集団」が創刊されたのを嚆矢として、分派活動ともいえる雑誌の発刊が相次いだ。「文学建設者」「文学評論」「関西文学」――前年には日本共産党中央委員の佐野学・鍋山貞親が獄中から転向声明を発表し政治の舞台でも〈転向の季節〉を迎えていた。

北村透谷の遺稿「夢中の詩人」を巻頭に置いて雑誌創刊の辞に代えたのは「詩精神」であった。神崎清の斡旋によって、朱色のペン書き書簡を美那子夫人から借りて掲載したという。「拝啓、僕、まだ脳病の魔王に、にらめつけられて、とても筆を持つ事などは、出来ず」という書き出しは、透谷が「アンビションの梯子」から転落して鬱ぎ込んでいた頃の心境を表している。自由民権運動との訣別、商業活動の失敗の後、美那子との恋愛を通じてキリスト教に入信することで、透谷が自らの魂を甦らせた〈転向体験〉――創刊号の巻頭に透谷の書簡をおいたのは、「詩精神」に集まった若い詩人たちが自ら再生する願いを託したものだと考えられる。伊藤信吉氏によれば、それは「マルキシズム文学の政治的〈優位〉論もしくは政治的金縛りからの自己解放」であったという。(1)

「詩精神」は一九三四年二月、新井徹と後藤郁子が中心となって創刊された。彼らが編集や経理などの実務を担当し多彩な執筆者に寄稿を呼びかけた。遠地輝武や小熊秀雄、大江満雄、田木繁などのマルキシズムの詩人はもとより、草野心平や小野十三郎、萩原恭次郎などのアナーキズムの詩人も次々に作品を発表している。さらに百田宗治や尾崎喜八、井上康文などの民衆詩派のグループが参加、彼らもまた透谷から強く影響を受けながら、労働者や農民の生活を歌った詩人たちであった。このようにプロレタリア詩人が結集したという点において「詩精神」は、「プロレタリア詩雑誌の〈正系〉といえる位置を占めた雑誌である。(2)

梅川文男は三・一五事件で受けた五年の懲役を刑期満了まで務めた後、松阪に帰郷し「堀坂山行《ほつさかさんこう》」「佐野史郎《さのしろう》」のペンネームを用いて「詩精神」に寄稿している。彼を含めた「詩精神」の同人は、民衆の自由と解放を謳った透谷の精神を嗣ぐ詩人たちであった。同誌に発表された梅川の詩を、透谷から「詩精神」に繋がる日本近代詩史の一系譜に位置付けてみることによって、梅川の文芸活動の特徴を明らかにしたい。

2

「詩精神」創刊号の巻頭には、遺稿「夢中の詩人」に続いて「藤村氏に透谷をきく」「透谷について」など、まさに北村透谷特集とでもいうべき記事が並べられている。「藤村氏に透谷をきく」は、新井徹が井上康文に案内されて飯倉片町の藤村邸を訪問しインタビューした内容がまとめられている。新井によれば、透谷は「日本資本主義が胚胎した浪漫主義文学の先駆者」でありながら「余りに早くも将来された現実の破綻に限りない苦悶と傷心を抱き、その生理的に薄弱なるインテリゲントの肉体はいたましくもくづれおれて」縊死するに至った。その短い生涯で咲かせた「新詩の花」を継承した藤村の許を訪れて、「新しい詩の先覚者」としての透谷の精神を聴こうとしたのである。

インタビューで印象的なのは、藤村が透谷の読書方法に触れて「結局は自分の中にあるものを読んだ」のではないか、と繰り返し述べている点である。「北村氏もセクスピヤを読み杜子美を読んでも結局は自分自身を読んだに過ぎないのではないですかね」。藤村が語るように、透谷は自己の内面に忠実で、その世界を拡張しようとするロマン主義詩人であった。さらに藤村の発言で興味深いのは、つぎのようなくだりである。

一度短刀で咽喉を突いて弱つてゐる時、巌本君が自分では駄目だからと云つて押川方義先生（東北学院長であつた人）を見舞ひに行つた。何とかして救ひたいと思つたわけだが、透谷は「自分には信ずる力がなくなつてゐる」と云つて、信仰が自分を立直すやうにならなかつた。これは一方仏教的なところがあつたのではないか。

明治キリスト教界の指導者押川が透谷の病床を見舞ったエピソードはよく知られている。もはや信仰心が薄れてしまっていたという発言を受けて、藤村は、近代との闘いに敗れた透谷が晩年、西洋的キリスト教から東洋的仏教の境地へ回帰したと考える〈敗北の透谷像〉を描き出した。このとき藤村もまた「夜明け前」の日本に回帰していたことを考慮すべきであろう。終生信仰を失わなかった美那子が、彼女の導きに従って透谷は信仰を持ち続けていたと語っているのとは対照的である。(3)

新井は藤村の話を聴いて「新しい基督教の福音にその憧憬の瞳を燃やしてゐたのもいつしか厳冷な現実の姿に打消されてゆき、遂には宗教をも人世をも見失つていつた透谷の経路がこゝに示される」という感想を記している。

つぎに掲載された記事は中野重治「透谷に就て」である。当時中野は、一九三二年四月四日のコップ（日本プロレタリア文化連盟）弾圧に遭って豊多摩刑務所に収容され、治安維持法違反の容疑をめぐって公判中であった。「透谷に就て」は、新井が獄中の中野に郵送した質問状に対する返信である。最後に「一九三三年一二月一二日新井徹宛」と書かれている。内容から推測すると新井は、透谷から何を学ぶべきか、という質問を中野に投げかけていたようで、それに対して中野は「透谷のことだが、実際のところ僕はよく知らぬ」といい、「『透谷から何をまなぶべきか？』といふことも、だから僕には荷のかちすぎる問題で、僕としては、透谷から何をまなぶべきかは僕はしらないが、透谷が如何にあつたかをしらべれば何をまなぶべきかゞわかるだらうとでも言ふ外はない」と韜晦気味に答えている。

しかし中野は、明治キリスト教が新しい宗教として魅力的な哲学や世界観を近代日本社会にもたらしたことや、日清戦争の開戦が差し迫った頃、徳富蘇峰が鮮やかに旋回して大衆迎合したのに比べて透谷はそれができずに「眼を地上から天上にむけた」が最後は自殺に追い込まれたことなどを指摘している。

そんなわけで透谷は眼を地上から天上へむけた。その辺の事情は彼の「明治文学管見」によく現れてゐると思ひます。あのなかで彼は明治文学を追つて行つて、当時の批評家の夢にも問題にしなかつた命題を取り出して、「乞ふ、百年の後を見よ。」などゝ言つてゐる。しかしそのあたりへ行くと彼もかなり窮してゐる。勿論彼の不名誉ではない。しかしとにかくそんな具合で、あの「明治文学管見」の道行きと彼の自殺への道行きとは深い関係があるやうに思ひます。そのことを考へると僕はやはり彼はえらかつたこと――といふと、とにかく高くかけつたことが分かると思ふ。

中野は、政治の上でも文学の上でも透谷が窮していたことを指摘しつつ、彼が巷間に埋もれず高く翔ったことを礼賛している。そして右のように述べたうえで「明治の文学の成長とその曲り具合、明治の政治の成長とその曲り具合、それからキリスト教、そんなもの丶間で彼はいはゞ『軌《きし》』つた（硯に砂がはいつたやうに）のだと思ひます」と結論する。透谷のことはよく知らないと最初に断ったにもかかわらず、中野の言葉は透谷の生涯を的確にとらえている。ちなみに中野はこの手紙を記して五カ月余に転向上申書を提出して釈放され、彼もまた内部に〈軋み〉を抱え込むことになる。

高く翔った透谷の精神を嗣ごうとするかのように、「詩精神」の若い詩人たちは、政治的敗北を乗り越え自分の声で詩を歌いはじめる。伊藤信吉氏は彼らの創作態度について、つぎのように説明している。

　ただ全体を通じていえることは、政治的優位の〈枠〉から離れたことによって、当然のことながら詩人における主体的営為――その自律性が濃くなり、同時に芸術的形象化の意識が濃くなったということである。そこに主題形成の多様化と表現意識の強化がもたらされたといってよく、小熊秀雄の開放的表現や、田木繁の生産場面詩篇などの業績は、それまでにない注目すべき成果であった。[4]

伊藤氏によれば、ナルプ解散という政治的敗北は結果として詩人たちに「主題形成の多様化と表現意識の強化」をもたらしたという。事実、「詩精神」創刊号を見るとそれまでの詩誌では考えられなかったような多彩な執筆者が顔を覗かせている。詩を寄稿しているのは千家元麿、後藤郁子、遠地輝武、大江満雄、森谷茂、松田解子、神保光太郎、新井徹、田中英士、鈴木泰治[5]、植村諦、小熊秀雄、詩論は森三千代、槇本楠郎、北川冬彦、草野心平、尾崎喜八、後藤郁子、林房雄、郡山弘史、井上康文である。さらに「小説家はどんな詩を読み、詩をどんなに考へてゐるか」というアンケートをおこなって、その返信を掲載している。アンケートに応じているのは細田源吉、宇野浩二、葉山嘉樹、藤森成吉、徳永直、本庄睦男、平林たい子、鈴木清、貴司山治たちである。

このような多彩な顔ぶれが揃った「詩精神」創刊の経費は、新井・後藤夫妻の小資本によって賄われた。奥付には、彼らが出資して設立した前奏社が雑誌の発行所として記されている。第一巻第四号から同人社友制に切り替えて経営基盤の強化が図られるのだが、最後は同人が三四名まで増えたにもかかわらず資本力の不足から廃刊に追い込まれる。合計すると一九三四年二月（第一巻第一号）から一九三五年一二月（第二巻第一〇号）まで二一号が出版された。

ところで最終号では、「詩精神」の発展を振り返って新井が「詩作家六十四人論」を執筆している。誌上で活躍した六四名を取りあげ、インテリ詩人、勤労詩人、労働詩人、農民詩人の四つに分類して「鳥瞰図」を描いて見せた。そのなかで注目したいのは農民詩人に区分された「堀坂山行」である。三重県松阪市にある雄大な堀坂山《ほっさかさん》にちなんだペンネームを付けたこの詩人梅川文男は、当時「三角同盟」と呼ばれた労働運動・農民運動・水平社運動が連携する松阪独特の無産主義運動の最前線に立って激しく闘争していた。詩の専門的な技法は劣るかも知れないが、松阪方言を使った彼の作品は小作人や被差別部落民の声を忠実に代弁するものであった。では新井はどのように梅川を紹介しているのかを、つぎに引用してみよう。

堀坂山行　農民組合運動のさ中にある詩人、『メッセージを託す』といふ水平社の同志に送つた作品は元気一杯のものであつた。簡明直截な手法で不要の修飾は一切つけないといふ実用型だ。『奈良漬』など素朴なよさがある。『無題』にはふてぶてしい力強さがあふれてゐる。小説に於て被圧迫部落を取扱つた『酒』を書いたこの作者が、本年度に於てぴたりと筆をとめたのは淋しいことであつた。

新井は、梅川が農民組合運動や部落解放運動に従事し、それらの実践にもとづいた詩や評論を執筆している点に触れている。彼が「簡明直截な手法」で創作した作品は「元気一杯のもの」であり、他の作品にも「素朴なよさ」「ふてぶてしい力強さ」があるが、一九三五年になって筆が止まっているのは惜しいという。ちょうどその年に度会郡四郷村大字朝熊（現伊勢市朝熊）で発生した朝熊区政差別に関わる糾弾闘争に参加したことや、社会大衆党南勢支部が結成され執行委員長に就いたことなどの理由で、創作する時間が奪われてしまったためと考えられる。ではつぎに梅川の創作活動を具体的に検討してみよう。

3

大阪刑務所を出獄した梅川が松阪に帰郷したのは一九三三年二月である。同月には小林多喜二虐殺、六月には佐野学・鍋山貞親の転向声明などに象徴されるように、世は〈転向の季節〉を迎えていたが、梅川は獄中非転向を貫き五年の懲役を刑期満了まで務めた。しかし帰郷した梅川を待ち受けていたのは三月一三日未明の県内一斉検挙事件であった。このときのことを梅川はつぎのように回想している。

　私が出獄帰郷してから約一ヶ月目の三月十三日未明、三重の党組織を中心として各団体は、武装警官に襲われ、弾圧、検挙された。農民団体の三重県連合会（全国農民組合全国会議派・著者註）の受けた被害も大きかつた。各支部、数十名の組合員は拘引され、組織は破壊された（三・一三事件と云われる）。私は家宅捜索を受けただけですんだ。

　足かけ六年、運動から置い《マ》てけぼ《マ》りをくい、情勢を把握しかねていた私は、その間にでた新聞、雑誌の厖大な綴りこみを繰つたり、同志から話をきゝながら、六年の空白をうめ、六年を追跡するのに懸命だつた。半年は、まず静養と、肚をきめていた私も、目の前で組織が破壊され、崩れてゆくのを、ぢつと見ているわけにはゆかなかつた。疲労しきつていた身体を、いたわつてばかりもおれなかつた。すわらされつゞけて来たため、少し歩けば、がくがくして膝をつきそうなほどに弱つていた。しかし、やらねばならなかつた。検挙もれの同志と、また引つぱられるのを覚悟で村々をまわつて、おびえている組合員を励まし、支部組織の整備と、連合会の再建に動きはじめた[6]。

　全国農民組合（全農）が左右に分裂した後、三重県連合会は左派の全農全国会議派（全会派）に属した。東大新人会の出身河合秀夫の指導によって早くから小作争議を階級闘争の一局面と見なし、調停主義を排して貧農を結集して革命組織を結成する「農民委員会」活動方針を採っていた。三重県連合会が運動を強化するために常任書記の派遣を要請すると日本共産党中央からオルグ梶田茂穂が来県した。梶田は早速、岩瀬仲蔵と小椋重昌を入党させ、岩瀬には日本労働組合全国協議会（全協）、小椋には日本共産青年同盟（共青）の県内組織の整備拡張を命令した。基本的には全農全会派の線を頼りに「赤旗」配布網を広げ、「赤旗」読者グループを確立させた。その結果、松阪を中心として北は四日市、南は尾鷲、西は伊賀上野まで勢力を伸ばすことに成功する。いわゆる三・一三事件は、当時非合法とされた無産主義勢力の拡張を警戒した治安当局が運動の圧殺を試みたのである。一五二名が取り調べを受け、送局された五一名の内、起訴七名、起訴留保五名、起訴猶予二五名であった(7)。

この弾圧によって県内の党および全協、共青の組織はほぼ壊滅してしまう。そもそもそれらは非合法であっただけにはじめから弱体であった。それに比して三重県の場合、農民組合や水平社は歴史も古くまた根深かった。大山峻峰氏によれば、それらは「強靭な部落大衆の生活のなかに守られていた」のであり、「三・一三の大弾圧のなかから、萌え出てくる若芽のように起ちあがって、組織を再建し得たのも、松阪地方の集団的な部落の人々の組織的な力によるものであった」という(8)。これと同様の指摘は『日本農民運動史』のなかでもなされている。

昭和八年の弾圧後の全農県連再建運動は兵庫県連淡路島より刑を終えて帰郷した梅川文男氏と日野町二丁目、東・西岸江、花岡の人びとによって行われた。この当時すでに全農全国会議の高度な運動方針、行動綱領をもって農民の日常闘争を革命的な方向に導き、貧農を革命的組織に結集するという方針は極左的偏向ではないか、それでは組織の大衆化は望めない、という意見が胎動し、このままではいたずらに犠牲を多くするというので全農復帰運動が起こり、昭和九年（一九三四）全農第七回大会において大阪府連、奈良県連が、そして昭和一〇年には三重県連も総本部に復帰した(9)。

三・一三事件後の組織再建、そして総本部派への復帰という難しい局面を梅川は被差別部落の民衆と共に乗り越えたという。その頃に対峙していた情況の厳しさを考えるならば、彼らの闘いは特筆されるべきことである。そして梅川が「詩精神」に詩や評論などの作品を発表したのは、まさにその時期に当たり、争議に追われながら寸暇を惜しんで執筆していたことが推測される。ではつぎに梅川の作品を具体的に見てみよう。

4

「詩精神」に最初に発表された梅川の作品は、一九三四年五月号（第一巻第四号）掲載の「春になつたゾ！　――獄中の一同志に――」である。三・一五事件および四・一六事件で有罪判決を受けて服役中の仲間に捧げられた詩である。発表当時はタイトルを含めて作品中の「同志」という表現には伏字が施されていたが、それらをすべて復元したものをつぎに引用する。

春になつたゾ！　――獄中の一同志に――

同志よ！
春になつたゾ！

鉄窓ちかく
まがりくねつた枝をのばした桐の木に
ポックリポックリ嫩葉が
くつゝき出したにちがひない。
――もう
凍傷はなほつたか?

左手の中指とくすり指の
そこのみ皮膚はうすく
こまかく皺よりなめらかな光沢をもつた
凍傷の傷跡は
一年まえまでつゞいた生活の記憶に
かゝらうとする靄を払ひのけ
昨日のことのやうに生々しくおもひ出させる!
鉄窓の外はまだうす暗くこゞえてゐた朝
あの熱い味噌汁がすこしもはやく吸ひたくて
グッと食器口に手を突きこんだ時だつた

暗紫色に腐れ腫れあがつてゐたこの指は
よく熟れた水蜜桃の皮をむくやうに
グッチヤリつぶれて肉を露出した。
冷気の底の監房で
申しわけにくれる薬をつけたつてなに、なる
だが同志よ、運動場の柳に緑が
やつと光り出した頃だつた
腐つた指にうつすら皮がうかび
紫色がかすかに消え去るのを発見した僕は
やうやく幅ひろく長時間監房に
とどまり出した陽の中に
腕さしあげ指をのばし
春を歓呼した。
同志よ
十月ごろから、君を、
なやましはじめた凍傷は、もう
なほつたのであらう

同志よ！　われわれには
あす、あさつての安全は保しがたい
僕が出たら君はゐなかつた
君が出るとき僕はどこにゐるだらう。

同志よ！　君は
凍傷のいえた手をふり
鉄窓から流れこむこの春の陽に胸を張れ
僕は、かつて君の苦闘地豊中支部へ
自転車とばすまでのこの三十分を
五年ぶりの春の陽の中に
のびのび四肢を投げ出し
楽しまう！

引用するに当たって、作品中伏字が施されていた第二連一五行目「申し××にくれる」、第三連四行目「君の苦×地」を復元した。また第一連五行目「嫩葉（わかば）」は俗字を直し、第三連五行目「自転車とばずまで」は誤字が含まれているので訂正した。「春になつたゾ！　――獄中の一同志に――」は梅川と同じく思想犯として大阪刑務所に服役していた仲間に捧げられた詩である。「同志よ！　われわれには／あす、あさつての安全は保しがたい／僕が出たら君はゐなかつた／君が出るとき僕はどこにゐるだらう」と語りかけている。大阪刑務所で四人が服役している姿は、梅川と斜め向かいの独房にいた朝倉菊雄、すなわち転向作家島木健作が第一創作集『獄』（一九三四年一〇月、ナウカ社）に所収される「癩」「盲目」「転落」「医者」などで克明に描いている。

つぎに「詩精神」一九三四年六月号（第一巻第五号）掲載の「メッセーヂを託す――水平社の同志におくる――」を紹介する。全国水平社（全水）第一二回大会は一九三四年四月一三、一四日に京都の東山区二条通東大路東入にある岡崎公会堂を会場にして開催された。水平社の創立大会が開かれたのと同じ、まさに記念すべき場所での大会であった。三府二一県の代議員一五三名が集まり、二日目の審議には傍聴者二百余名も詰めかけて活発な討議がおこなわれた。

メッセーヂを託す――水平社の同志におくる――

京都まで
三十里
――旅費をどうする?
執行委員会の進行は
小首をかたげて停止した
しかも君等は

昂然と提議、決定したといふ
――自転車で行くんだ！
あゝ、京都までは
三十里！

一九二二年三月三日
――エタであることの誇り得るときがきたのだ、と
千年来、冷嘲、虐待の荊棘の中を
ひきずり廻した奴らののど元しめあげ
憤怒をもつて
公然たる組織的闘争を宣言し
「よき日」への希望と感激に
泣いて歓呼した
おゝ、創立大会の地
京都へ！

「非常時」ゆえにいよくのしかゝる身分制を背おひ

十二ケ年間の血みどろの闘争歴史に體《からだ》をひきしめ
決意かたくハンドルをにぎり
熱意をこめてペタる《ママ》をふみしめふみしめ
桜にうかれ酒と女を擁し
　クラゲのやうな奴らのプ《ママ》ツ飛ばす無体な自動車の
もうもうとまきあげる砂煙
君等は眉まで白くあびながら
長駆参加する
全国水平社第十二回全国大会

　だが同志よ——
「全国大会情報」と、この国の地図をひろげてみよう
おゝ、君等と同じく
福岡から山口から岡山から
裏日本の福井から、全国隅々の陋巷から
君等の誇りいふ精悍なる——
エタ魂をきらめかせ

霞の底を貫きのびた蜒々たる
文化、産業の動脈
山陽山陰、東海中山道を
陽にやけ汗と埃にまみれた面《つら》をきツとあげ
全国大会目ざして自転車で
お丶、駆せくる駆せくる馳せ集まる！
　三十里！
　たつた三十里！　一息だ！
同志よ！
これを託す！　メツセーヂだ！
窮乏と飢餓の泥沼の中に蹴とぱ《ママ》され
こねまはされてゐるわれ〱貧農の
生活現状をブチまけ
君等被圧迫部落民との
「よき日」への協力を誓ひ
熱意をこめておくる、この、
メツセーヂ！

届けてくれ！
全国六千部落三百万の兄弟に！

同志よ！
途中の道に気をつけて行つてくれ
使命を果し元気で帰るのを待つてゐる

——では
握手だ！

——一九三四・四・三——

引用するに当たって、作品中伏字が施されていた第三連四行目「×××しめあげ」、第五連二一行目「君等被××民」を復元した。また濁音、半濁音の区別があいまいな箇所もあったが、初出の原文に従って引用した。梅川が県連の同志にメッセージを託したというこの大会では、二日目の審議に際して中央委員会から重要な議案が提出されている。北原泰作や朝田善之助たちは部落解放運動を階級闘争の一局面と見なし全国水平社を日本共産党の立場や利害に従属させようとして一九三二年三月に「全国水平社解消闘争委員会」を結成した。革命運動への全国水平社の合流と解消を求め、全協や全農全会派などの非合法的地下運動と連携しながら共産主義的色彩を濃くしていた。いわゆる解消派と呼ばれるグループには大阪、京都、福岡、岡山、三重、愛知、広島、愛媛にまたがる二四団体、二六六名が加盟した。三重県では、一九三二年九月頃から全農全会派の線を頼りにして赤旗配布網を広げ赤旗読者グループを確立させ、党の目的遂行の行為を果たす。しかし三・一三事件が発生し全水三重県連の七九名が検挙、二六名が送局されることになった。[10]

このような大弾圧が全国的におこなわれるのを目の当たりにして、中央委員会は解消派の「誤謬を精算」することを求め、第一二回大会で「一九三四年度闘争方針大綱に関する件」を提出する。それが二日目の重要な議案で、「全水解消論の誤謬を精算し、全水を拡大強化すると共に、被圧迫部落民の不平不満と要求を余す処なく取上げ闘争を激発し之を組織すべきである」[11]というものであった。

5

梅川が創作の筆を執ったのはナルプ解体後、それまで文化運動に関わっていたものたちが政治の現場から離れ文学の閉域に入り込んだ時期であった。当時大阪で活動していた宮西直輝は、亀井勝一郎の『政治主義』を批判しつつ私どもは政治そのものから目をそむけてしまつた。文学の領域内でのみ文学を解決しようとしていた」[12]という自己批判の文章を引きながら、ナルプ大阪支部のほとんど全員が「解体を契機に政治から眼をそむけ、なだれをうつが如く一斉に『文学』へ転向して行った」と語っている。それまで彼らの行動原理となっていた「政治の優位」が崩れ去った瞬間である。[13]

他方、プロレタリア文学の壊滅を「政治の呪縛からの解放」として肯定的に捉えた作家もいた。林房雄や武田麟太郎らは小林秀雄と共に「文学界」を創刊、ナルプから見れば分派活動ともいえる雑誌が簇出して〈文芸復興〉が謳歌されはじめる。そのような時代に書かれた梅川の作品はどれも政治的色彩が濃厚で、新しい文芸の潮流から見れば旧態依然としたものであったかもしれない。しかしそれだからこそ自分の素志を抱き続けた希有な作品ともいえる。詩を二篇しか紹介できなかったが、「詩精神」に掲載された梅川の全作品は後掲する表の通りである。それを見ると、作品の数こそ少ないが、苦難の道をたどりながら創作の筆を執り続けた詩人梅川文男の姿に、近代のとば口で艶れた〈透谷の影〉を見出せるのではないだろうか——。近代社会の〈軋み〉を的確に言い当てながら〈軋み〉を自己の内部に抱え込でしまった透谷、近代社会になお残る封建的差別観と闘いその〈軋み〉のなかで苦難を強いられた梅川、彼らの文学から学び取るべきものはまだ多く残されている。

年	月号	巻号	種類	作品名
三四年	五月号	第一巻第四号	詩	春になつたゾ！　――獄中の一同志に――
	六月号	第一巻第五号	詩	メッセーヂを託す――水平社の同志におくる――
	七月号	第一巻第六号	詩	奈良漬
	八月号	第一巻第七号	随筆	白いまゝとラヂオ（佐野史郎の筆名で発表）
	九月号	第一巻第八号	詩	ハムレット
	一〇月号	第一巻第九号	小説	酒
	一一月号	第一巻第一〇号	詩	無題
	一二月号	第一巻第一一号	評論	部落民文学に就いて
三五年	二月号	第二巻第二号	評論	詩精神作品評
	一一・一二月合併号	第二巻第一〇号	詩	選挙

註

（1）「一つの詩史」（『詩精神』解題・回想記」、一九七八年一一月、久山社、二頁）
（2）同右書、四頁

（3）　Michael C Brownstein 'Kitamura Tokoku and Christian Missionaries'（「学習院大学文学部研究年報」第三六輯、一九九〇年三月、六〇頁）
（4）　前掲（1）と同書、五頁
（5）　鈴木泰悟は三重県四日市市の出身。泰悟が本名で、澄丸、泰治がペンネーム。詳しくは拙書『プロレタリア詩人・鈴木泰治――作品と生涯』。
（6）　「島木健作の思い出――『癩』のもでるなど――」（「季刊関西派」、一九四九年七月、竹書房、一五～一六頁）
（7）　大山峻峰『三重県水平社労農運動史』（一九七七年八月、三一書房、一八頁）
（8）　同右書、二三一頁
（9）　農民運動史研究会編『日本農民運動史』（一九六一年四月、東洋経済新報、六五〇頁）
（10）　『部落問題・水平運動資料集成』第三巻（一九七四年六月、三一書房、一五頁）参照。
（11）　同右書、二三三頁
（12）　「文学と政治――文学における意志的情熱の相（三）」（「現実」、一九三四年六月）、引用は『亀井勝一郎全集』第一巻（一九七一年四月、講談社、五〇頁）からおこなった。
（13）　「ナルプ解体と多数派」（『運動史研究』第一巻、一九七八年二月、三一書房、一六一頁）

第六章　「詩精神」時代（二）

1

戦前の松阪は水平社運動を中心とした無産主義運動の激戦地であった。全国水平社（全水）三重県連合会の上田音市たちは、部落解放運動を階級闘争の一局面と見なし、社会主義革命によって部落解放が実現すると考える全国水平社解消闘争委員会に加わっていた。その方針に従って全水三重県連は、日本労働組合全国協議会（全協）や全国農民組合全国会議派（全農全会派）などの非合法的地下運動と連携しながら共産主義的色彩を濃くしていた。

一九三四年五月二四日から三日間、全国控訴院の思想係検事と地方裁判所次席検事が司法大臣官邸協議室に集まって思想事務会合が開かれた。小山松吉司法大臣の訓示に続いて、木村尚達刑事局長が議長となって、控訴院思想係検事による思想運動の現勢報告や諮問事項の協議がおこなわれた。東京、大阪のつぎに名古屋の原田松雄が名古屋控訴院管内の情勢を説明したが、彼の発言のなかには治安当局が松阪の水平社運動をどのように見ていたのかを知ることができる重要な内容が含まれている。やや長くなるが、その部分を引用しよう。

尚ほ名古屋控訴院管内で今一つ御報告申上げて置きたいと存ずるのは三重県に於ける水平運動の傾向であります。三重県に於ける水平運動の中心地は松阪市でございます。松阪市は人口が三万四千あるのでございます。然るに其市民の中の五千五百九十八名と云ふものが所謂部落民であります。市民の一割五分を部落民が占めて居るのでございます。此部落民は松阪市の中の日野町東岸江西岸江と云ふ一廓に蟠居して居ります。而も小さい家を無秩序にごてごて建てて其中に多数住んで居るのでございます。屢々そこに出入りして居る者すら時には人の家を訪ねて行くのに間違つてしまうことが往々にあるやうに無秩序になつて居るさうでございます。其生活程度は非常に低いのであります。随つて従来一般民衆から甚だしく賤視せられて居つたのでございます。大正十一年でございましたか全国水平社が結成せらるると同時に、此日野町二丁目を中心と致しまして全国水平社三重県本部を結成し爾来水平運動に熱心であつたのでございます。此部落は部落民挙つて一般民衆に対して反感を持つて居りますので漸次水平運動の盛んなると共に部落民全部が之に加担するやうな傾向になつて来たのであります。而かも水平運動は御承知の通り行詰りを来したのでございます。そこで三重県水平社も又従来の運動を継続して行くことが出来ず階級運動或は階級解放運動に解消するの傾向となつて、松阪市に於ける水平部落の者が主宰となつて農民組合を組織し遂には全協系の労働組合を造つて、農民運動乃至は労働運動の如きも此水平部落民を中心として起るやうになつたのでございます。斯の如くして三重県に於ける階級運動は松阪市の水平社が中心となつてしまつたのでございます。全協系の労働組合と左翼の団体は殆んど全部が松阪市の日野町に其本部を有するのでございます。斯様な次第で党同盟の組織も自然此水平運動、水平社の社員を母体として参りました左翼の農民組合若くは労働組合の線に沿うて組織されることになつて居ります。之に対しましても昨年来弾圧を加へまして漸く其組織を破壊して居るのでございます。(1)

（『昭和九年五月思想事務会同議事録』）

現代の人権意識からすれば、右の発言は決して許されるものではない。本来は引用するのもはばかられるのだが、時代背景を知る手がかりにするために、あえて引用した。梅川文男が解放運動に従事するようになったのは、彼が松阪市立第二尋常小学校で代用教員をしていた頃、生徒のなかにあまりにも貧しい身なりをした子どもがいたことに心を痛めたからであった。彼らはみな被差別部落に住んでいた。控訴院検事が指摘するように、市民から賤視されていた松阪の水平社グループが中心となって、県内の全協系労働組合や全農全会派農民組合との連携を深めて階級闘争を推し進めた。だがそれらは当時非合法とされた日本共産党の指導を受けていた組織であったために、治安当局から激しい弾圧が加えられた。一九三三年には三重県で三・一三事件が発生し県内全域にわたって一斉検挙がおこなわれた。その結果、水平社グループの人々は根こそぎ検挙されてしまう。彼らのなかには厳しい取り調べを受けて転向を表明する者も出てきた。創立時から県内の水平社運動を指導して全国的にも名を馳せていた上田音市ですら一一カ月の留置場生活を送る間に転向したという噂も流れた。(2)転向問題に注意してきた治安当局の態度を見るために、先に引用した控訴院検事の発言の続きを見よう。

此部落民の一般民に対する反感は延いて官憲に対する反感となつて居るのでございます。部落民殆んど全部が所謂階級意識に目覚めて居るのではないかと思はれる程でありまして、折角転向して居る者も家に帰してやるのは却つて非常に危険が伴うのでございます。此保護方法に付いて検事は常に困難を感じて居るやうな次第でございます。此三重県に於ける部落民、之を如何にするか又部落民の犯罪を如何に為すべきかと云ふことに就きましては深甚なる考慮を要すべき事柄ではあるまいかと信じて居る次第でございます。(3)

この発言によれば、転向して釈放された者でも、住民のほぼ全員が「官憲に対する反感」を抱いて「階級意識」に目覚めていたような被差別部落に戻れば、運動に復帰する「危険」が高いという。彼らにとって故郷とは心安らかに過ごせる場所ではなく、インテリ出身の転向者が故郷を懐かしんで嘆いたようなセンチメンタルな心情とは対照的な気分にさせられるのであった。

三・一三事件によって壊滅的打撃を受けた組合を梅川が再建しようとしたとき、彼に惜しみない協力を捧げたのは被差別部落の人々であった。『日本農民運動史』によれば「昭和八年の弾圧後の全農県連再建運動は兵庫県連淡路島より刑を終えて帰郷した梅川文男氏と日野町二丁目、東・西岸江、花岡の人びとによって行われた」という。(4)梅川は闘争の最前線に立つと同時に「堀坂山行」というペンネームを使って詩や評論を創作していた。それらの代表作としてプロレタリア詩雑誌「詩精神」（第一巻第一一号、一九三四年一二月）に発表した「部落民文学について」という評論がある。作品の冒頭で梅川は最近はじめて島崎藤村の「破戒」を読んだとし、「一九〇五年頃の『破戒』に迫るやうな作品が、何故、現在ないかを考えざるを得なかつた」という。その言葉には梅川の実感が込められていると思われる。日本近代文学の一つの限界について指摘することからはじめられた彼の評論作品をつぎに検討してみよう。

2

「部落民文学」では、なぜ「破戒」に続く作品が生まれなかったのかという問題提起にもとづいて、まず林房雄の「お答へ申します」（「文藝通信」第二巻第七号、一九三四年七月）が取りあげられる。林が「文藝」に連載していた小説「N男爵の平凡な半生」に対して「何か不確実なもの」を感じさせる（舟橋聖一）、「詩もなく唄もなく感傷もない」（矢崎弾）、「興味本位」（板垣直子）という辛辣な批評が浴びせられた。林は彼らに反論する目的で「お答へ申します」を執筆し、「ある華族の自伝をもととし、現代社会の一類型でありながら、しかも作家たちが手をつけようともしない日本の貴族を描きださうと試みた」と断っておきながら、「歴史家の眼と科学者の分析がなければ、手をつける気さへおこらない題材」を果敢に扱ったのだと主張した。

このような林の反論に着目して、梅川は「この貴族と対蹠的な地位」にある「被圧迫部落民」を描こうとすれば、やはり林が指摘するような「歴史家の眼と科学者の分析」がなければならないと述べる。では、本来「歴史家の眼と科学者の分析」を備えているはずのプロレタリア作家は、なぜそれを描かなかったのか。梅川はその原因をつぎのように分析する。

　おそらく、それの第一の原因は、この国政《ママ》治運動の水平運動、ひろげて言へば部落民運動に対する軽視、その特殊性の認識不足であらう。

　第二は、水平運動それ自身の、第一の原因と相俟つての行詰まりと衰頽であらう。

　第三は被圧迫部落民の大多数が、貧農中の貧農であり、都市にあっては細民である。故に、その特殊性が抹殺され、貧農一般、細民一般の中に解消させられた。

　これは吾々の側の作家、詩人の被圧迫部落民への関心と、正しい認識を阻害した。部落民を単純に貧農一般、細民一般に解消してはその歴史的、社会的特殊性を割り切ることはできない。

　梅川によれば、プロレタリア作家が被差別部落を描かなかった原因は、日本社会において水平社運動が「軽視」されて被差別部落の「特殊性の認識不足」が存してきたことにある。そして「軽視」と「特殊性の認識不足」に伴なって水平社運動自体も「行き詰まりと衰頽」を見せていたことにもある。被差別部落民の大多数が「貧農」と「細民」であったために一層「特殊性が抹殺され、貧農一般、細民一般の中に解消」させられた結果、プロレタリア作家の「関心」と「正しい認識」が「阻害」されてしまっていたという。三重県解放運動史の研究者黒川みどり氏によれば、全水三重県連が加盟していた全国水平社解消闘争委員会の行動綱領からは「けっして差別問題を軽視するものでなかったことが見てとれるが、にもかかわらず、その課題は労働組合・農民組合に託されていった」という。実際に県内では労働者と農民が彼らに連帯した共同闘争委員会が設置されて成功したケースもあったために、水平社内部に「楽観論が支配」していた側面があったという。(5)

このように分析したうえで梅川は島田和夫の小説「草履」(「文学建設者」創刊号)を取りあげる。「文学建設者」は一九三四年二月に橋本正一や金親清、田中英士たちが中心となって創刊された文芸誌であった。「創刊の辞」には「あばけ、生ける現実の一角、一角を。いさゝかも甘皮を被せることなく」描くことを目指した言葉が掲げられ、ナルプ解体後のプロレタリア文学の沈滞を打破しようという意気込みが見られた。梅川も「文学建設者」には「燻ってるぞ!」という詩を発表している(第一巻第五号、一九三四年六月)。

島田の「草履」は、H市の被差別部落に住む村山常吉・しまの老夫婦が主人公である。彼らには一人息子一郎がいたのだが治安維持法違反の容疑で投獄され、一郎の身の上を案じるばかりで、生計を立てるための草履作りにもあまり身が入らない。ちょうどそのとき市議会議員選挙があり、H地方無産党から太田為蔵が立候補した。三二歳の太田は石炭を荷揚げする沖仲士の出身で、被差別部落の人々が多数働いていた「塵芥取人夫」「馬車挽」組合の会長を務めていた。部落にある正専寺の本堂で開催された太田の演説会では、弁士が部落解放を声高に叫び、立錐の余地もないほどの大盛況となる。しかし常吉は恐ろしい形相で「一郎《アレ》は、太田どもの仲間ぢやねえ。それが証拠にや、無産党の奴等ア誰一人やつて来んじやねえか!」という。なぜなら彼には「倅が監獄に入つても、太田たちの無産党は振り向いてもくれなかつた」という苦い経験があったからである。小説では詳しく描かれていないが、彼の言葉からは、非合法の無産主義政党を支持するか、支持しないかをめぐってH地方水平社の内部で意見の対立があったことを想像させる。

そして時は過ぎ、小説の舞台は初夏から初秋へと移る。生き甲斐としていた息子がまだ帰らず、常吉はますます仕事に集中できなくなる。獄中から手紙が届き、手紙には自分が健康であることや、「鈴木」から衣類や書籍、金の差入れがあったことなどが書かれていた。一郎が手紙で触れた「鈴木」とは、同じ村の出身者で今は町で靴工場を経営している男であった。かつて一郎が木材工場の労働争議によって馘首され、つぎに就職した鋳物工場でも再び労働争議によって馘首され失業していたとき、彼の工場で働かせてくれたことがあった。

しまは、常吉が手紙を読み終わると、鈴木の意外な親切を心から感謝するやうに、涙をいっぱい堪えて言つた。

「なあお父つあんや。やつぱり、地の者でないことにや」

だが、常吉は女房の泣いてゐるのが腹立しかつた。彼は口を歪めて、嘲るやうに冷たく笑つて、

「ふん。地の者も人間によりけりだよ」と言つた。

冷笑を交えて語った常吉の言葉に梅川は強く共感し、「歴史家の眼と科学者の分析力」を持っているはずのプロレタリア作家でさえ被差別部落の問題を創作の対象としなかった「第四の原因」がそこにあると考える。

作者は「彼は口を歪めて嘲るやうに冷たく笑つて、ふん。地の者にもよりけりだよ」と部落内

に於る矛盾――同じ身分制の重圧のもとにありながら、その内部に対立する階級層が存在してゐる――を鋭く描いてゐる。この矛盾、特殊性、こゝに被圧迫部落民を描くことの困難さがある。農民小説や詩が、その対象の複雑さの故に多くの困難を伴ふ、より以上の困難さがある。この困難さこそは、部落民を対象とした作品の生れなかつた第四の原因ではなかつたか？

梅川によれば、被差別部落にも「同じ身分制の重圧」の下にありながら「内部に対立する階級層」が存在している。この「矛盾」と「特殊性」を見極めることの困難さに、「部落民を対象とした作品」が生まれなかった「第四の原因」があったという。さらに、これを先の三つの原因に合わせて「われわれの側の作家のみ」がそれを克服して創作できるとし、「真にすぐれた被圧迫部落民文学は、同時に真にすぐれたプロレタリア文学であろう」と結論する。梅川は水平社運動が無産主義運動において労働組合や農民組合との連携を試みながらも、彼らには被差別部落に対する差別観が根強くあることを自己の経験から知悉しており、「複雑多様な特殊性に対する正しい認識」にもとづいて描かれた文学作品が広く読まれることによって、その解決の糸口をつかめると考えたのである。

3

梅川の批評に対して、島田和夫は「堀坂氏の感想文に対する感想」という一文を「詩精神」（第二巻第二号、一九三五年二月）に寄せている。島田は「僕の『草履』など取りあげてもらつて寧ろはずかしい代物」であるとし、梅川の「部落民文学について」を褒めて「この種の文章は、おそらく堀坂氏のこれが最初であらう」という。その一方で、島田は自分の小説を「全く失敗の作」だとする。作品の最後に常吉が天井を睨んで大粒の涙をこぼす場面がある。警察から釈放されてきた青年に、なぜ息子を見捨てて先に帰って来たのかと怒声を浴せ、一郎ならそんな不人情なことはしないといって殴りつける。次第に興奮が収まって淋しい気持ちに襲われると思わず落涙する。一見すれば感動的な場面なのだが、島田は常吉の涙の意味を十分に思慮しないまま、感傷に流されてラストシーンを描いてしまったという。

恥かしい話だが、あの涙は未熟な作者が対象に負けて思はずこぼした感傷の涙でしかないのだ。そこにこの作品の失敗たる所以がある。これは逆説的にひゞくかも知れないが、長い屈辱の歴史を背負つてきた部落民に、あんな感傷的な涙があり得やう筈がないだろう。

島田によれば、「長い屈辱の歴史を背負つてきた部落民」に「あんな感傷の涙」があるはずがない。作家には決して感傷に流されることのない正しい分析力を身につけておくことが必要であるという。ナルプに属した島田はこの後、漁村を舞台にした小説「四壁暗けれど」（「文学評論」、一九三五年一月）や「漁火」（同誌、一九三六年一月）などの作品を発表する。他方、梅川は島田の作品を批評する前に、被差別部落を描いた小説「酒」（「詩精神」第一巻第九号、一九三四年一〇月）を発表していた。鋭い批評眼を見せた梅川自身はどのような「部落民文学」を創作していたのかを、藤森成吉が高い評価を与えた「酒」を取りあげて考えてみよう。

全農三重県連合会常任執行委員・全水三重県連合会執行委員の筧重二は、いつも会合が開かれる二〇分前に出席する。その時間を利用して、若い同志に闘争経験を語って聞かせるのである。今日の話題は二、三日前に発生した「一寸変つた差別事件」であった。ある晩、被差別部落の男たちが居酒屋に集まって酒を飲んでいた。するとそこに岡山長吉がやってくる。長吉は毎朝三時から働く真面目な農民なのだが生活は貧しくなるばかりで三人の妻にも逃げられた。不幸続きの彼にさらに災難が襲う。四カ月前、大阪から帰ったばかりの男に騙されて売上金を詐取されてしまう。そこで長吉は、その男と同じ被差別部落の出身であった居酒屋の男たちに復讐を企む。酒をおごって飲ませ、泥酔が近づいた頃になって、つぎのような雑言を浴びせる。

――あんたらは水平社やな。

――ううう、ん

惣一が、今更改まつて、妙なことぬかすと思つたが、面倒やから曖昧な返事をした。いつもならピンとくるんやが、ぐなくなや、全く酒のみてだらしがないからのう。

男たちが泥酔しているのをよいことに、長吉は言いたい放題、差別意識を剝き出しにして語る。

――これは明らかに君等の増長ぢや。つけあがつとる。昔のこと思つたら、今の世の中に感謝して、もつと遠慮せんならん。アルコールでもやくしとる頭へも、こゝまで言はれたら一寸は反応ある筈や。まあ、太平洋の真中に、小さな空気袋突きこんでみる程度やろけど。

居酒屋で長吉の話を立ち聞きしていた青年がすぐに筧重二の許に走り、差別事件の発生を急報する。

現場に駆けつけた箟は長吉が話すの止めさせる。しかしそれと同時に、長吉の話に相づちを打ちながら聞いていた男たちの愚かさには心底あきれ果ててしまう。箟は「わしも水平運動はじまつて以来、差別事件の徹底的糺弾闘争には随分関係したが、こんどのやうに、酒で盛り潰して、その上差別するなんて念の入つた事件てはじめてや」という。長吉は普段から賤蔑していた被差別部落の男に、まんまと詐欺をされてしまったことが口惜しくて仕方なかったのである。貧しい農民から金をだまし取ろうとする醜さ、酒に負けてしまう心の弱さ、相手に理非が分からなくなってから本音を話し出す狡さ——この小説には人間の内部に棲む様々な〈魔〉が描き出されている。そして梅川は作品の結論として、貧農のなかに被差別部落の人々に対する差別観が根強くある以上、農民組合と水平社が連携することは極めて難しいという現実を明らかにするのであった。

4

梅川は文学作品を通して部落差別が一般民衆のなかでいかに根深いものなのかを剔出した。「貧農」や「細民」と階級的連帯を進めようとした水平社の運動方針が容易に実現できるものでなかったことは闘争現場にいた梅川の実感であっただろう。だが梅川はそれに絶望して何もせずにいたのではない。実際はその全く逆で、松阪では水平社グループが中心となって県内の全協系労働組合や全農全会派農民組合との連携を深めて階級闘争を推し進めていたのである。

島木健作に「黎明」(『改造』第一七巻第二号、一九三五年二月)という小説がある。三・一五事件以前、日本農民組合香川県連合会書記をしていた島木も水平社運動との連携は難しいと感じていた。「黎明」では、農民組合書記太田健造が被差別部落の組織化を試みるのだが、常日頃から彼らを賤視していた組合員たちが強く反対し、太田は「組合内の貧農の部落民にたいする差別観念の打破」が必要であることを思い知らされる。(6) 被差別部落の歴史的・社会的背景を正確に理解したうえで、不当な差別を批判してそれを広く読者の心に訴えることは島田や島木、梅川の時代から解決されずに今日まで残されてきた〈日本文学の死角〉ともいえよう。

註

(1) 刑事局思想部『昭和九年五月思想事務会同議事録』(東京大学社会科学研究所蔵、一九三四年一〇月、四七頁)

(2) 「上田音市氏転向説/悪質のデマと解さる」(『社会運動通信』第一〇七一号、一九三三年六月五日)。黒川みどり氏は、上田音市から以下の話を聴き取っている。「特高課長からの誘いを受けて共愛会設立に当初から参加したというが、そこには、特高側が提示する、共産主義によらず合法的に運動を行うならば起訴留保にするとの条件を受け容れることで、刑務所への拘留を免れ、部落の生活権援護のための運動を持続できるとの判断があった」(『異化と同化の間』、一九九九年四月、青木書店、二二三八頁)。

(3) 前掲(1)、四八頁

（4）　農民運動史研究会編『日本農民運動史』（一九六一年四月、東洋経済新報、六五〇頁）

（5）　前掲（2）、一二四頁。黒川氏によれば、楽観論が支配的になった結果、「特殊性」の打破という目標が軽視される傾向が生じたが、それまでの差別糾弾闘争が一般民衆からの孤立を招いていたことを考えれば、全国水平社解消闘争委員会が「身分問題だけでなく民族・性・年齢による平等への配慮の上に立つ『開かれた』運動の方向性を内包」していたのは注目すべき特徴であったという。

（6）　引用は『島木健作全集』第一巻（一九七六年二月、国書刊行会、二五七頁）からおこなった。

第七章　反ファッショ人民戦線（一九三三〜一九三八）

1

一九三三年三月一三日に発生した三・一三事件によって三重県内の無産主義運動は壊滅的な打撃を受ける。検挙の発端となったのは、撒布されていた印刷物に新しい字体が混じるようになったのを県特高課が発見し、党オルグの潜入を探知したことからだといわれている[1]。四日市・松阪・宇治山田での検挙者は一二〇名に上り、日本共産党三重地方組織・日本労働組合全国協議会（全協）三重支部協議会は再建が不能になった。当時非合法であったそれらの組織とはちがって、農民組合や水平社は「組織も古く根も深く、強靭な部落大衆の生活のなかに守られていた」ために大検挙の後も「松阪地方の集団的な部落の人々の組織的な力」によって「萌え出てくる若芽のように起ちあがった[2]」。これまでしばしば指摘されてきたように、戦前三重の解放運動の特徴として被差別部落の農民が運動の主たる担い手となっていたことが挙げられる。県内で誰よりも重い桎梏を課せられていた彼らは、全国農民組合（全農）においては全国会議派（全会派）、全国水平社（全水）においては解消派と、いずれも共産主義的な極左グループに属して闘争した。水平社運動史に詳しい井上清氏によれば「全会派の組織の中では、部落農民が一般農民よりも多かったといわれる。事実、全会派の拠点になった埼玉、長野、三重、岡山、福岡、佐賀等の全会派組織はほとんどみな部落であった」という[3]。だが彼らが日本共産党の拡大強化のために部落の労働者や農民を全協や全会派などの赤色組合に強いて加入させたことは、すでに全協が党の三二年テーゼに従って行動綱領に「君主制打倒」を採択したために治安維持法によって完全な非合法団体とされ、「一握りの地下の活動家を除いては、事実上部落労働者を警察に売渡すと同然であり、現実性の全くない夢想でしかなかった」[4]。それによって従来、極左的方針をとり続けてきた姿勢を転換せざるを得ない状況に陥ったのは当然の結果だったといえよう。

三・一三事件で三八名の検挙者を出した松阪では、全農全会派委員長上田音市以下、官憲による訊問を受けている間に転向を表明し起訴猶予処分となる者が続出した。同年六月に日本共産党中央委員の佐野学・鍋山貞親が転向声明を発して以来、堰を切ったように〈転向〉の波が押し寄せていた。しかし官憲にとっては釈放の前提として、彼らが再び運動に戻らないように身辺を保護する身元引受人を見付ける必要があった。松阪ではそれまで被差別部落が運動の拠点となっていただけに、その任に就く者は部落外の一般住民が相応しいと考えられた。それと同時に行政当局には釈放された人々への扶助を通じて「部落民ト一般民トノ間ノ融和ヲ計ラントノ意嚮」もあった[5]。そこで県特高課と検事局は松阪市に呼びかけ地元有志を集めて、一九三四年一一月一六日に「思想転向者の輔導」を目的とした融和団体「松阪共愛会」を設立させる。「特高月報」（昭和一一年三月分）によれば、当時三重県内で検事局に送局されていた治安維持法違反者五八名の内、転向者は四九名に上っていた。松阪共愛会に加入した転向者の数は一三名とされており、保釈前から転向の噂が囁かれていた上田音市もこのなかに含まれていた(6)。上田は松阪市会議員に当選した翌朝、三・一三事件に遭って検挙されていたが、解放運動の同志に推されて松阪市日野町二丁目区長選挙に立候補し、獄中から当選を果たしていた。九カ月の拘留を終えて釈放された上田の様子は「伊勢新聞」が『市民のため忠実に働く』／きっぱり赤を転向」という見出しを掲げて報じている（「伊勢新聞」夕刊、一九三三年一二月一四日）。

融和の試みは松阪共愛会の設立以外にも、松阪地方の政財界の有力者が出席した座談会に見られる。たとえば「社会運動通信」によれば「前町会議員木村一朗氏や北村大吉、中里幸七、山田清之助氏等の提唱」によって一九三三年三月一九日に松阪信用組合ビルで会合が開かれた。出席者は「野島県社会課長」に加えて「臨時助役長谷川勘四郎、市会議員安保庸三、同松井亀治郎、商工会長齋田準之助、信用組合長東谷泰、県会議員岡恵の諸氏その他二〇名」と「改善地区からも約二〇名」が出席したという（一九三三年三月二三日）。「思想浄化運動」の一環として開かれた座談会はこの後も開催され、一九三七年三月には松阪と宇治山田で名古屋保護観察所が転向者と懇談する席を設けている(7)。

融和団体の設立や座談会の開催に見られるように、それまで極左的な激しい闘争を繰り広げていた活動家たちの抵抗意識を弱め、釈放後の速やかな社会復帰を促す措置がおこなわれたことによって三重の無産主義運動の戦線にも異変が生じた。厳しい弾圧のために組織の維持が困難となった状況を直視し、活動の方針を合法的なものに修正せざるを得なかった。すなわち三・一三事件以後は、全農では総本部派への復帰、全水では解消派の消滅というように、自分たちがそれまで「社会ファシスト」として罵倒してきた社会民主主義の政治方針に帰順するより他に術がなかったのである。選挙で広汎な大衆の支持を得て議席を飛躍的に増やしていた社会大衆党の動きに同調して同党県連を設立し、農民組合と水平社のメンバーをそこに結集させて解放運動の共同戦線を組織し直した。

合法的な全国単一無産政党を目指して、社会民衆党と全国労農大衆党が合同して結党した社会大衆党は反共産主義の色彩が強い反面、軍部ファシズムの脅威に対して無感覚な幹部が含まれており、三重県連設立のためには共産主義グループを説得するのと同時に反ファシズムの主張を明確にする必要があった。地方への指導力が弱いという党の特質を利用して梅川文男が県連設立のために水面下での交渉をおこなった。梅川をはじめとして県内外の活動家が反ファシズム人民戦線に助力を惜しまなかった結果、三重の水平社運動の歴史を代表する朝熊区政差別問題においては全農・全水県連の力を結集し大規模な闘争を展開させることができた。それは社会大衆党中央が人民戦線を「共産党の全面的進出方略として妥協政策」であると見なして終始「反党的傾向人民戦線的傾向は断乎排撃せねばならぬ」という姿勢を崩さなかったのとは対照的に、地方が厳しい現実を前にして自分たちに相応しい戦術を選び取ったことによるものであり、全国的にも高く評価される三重の解放運動史の一齣である。(8)

軍部ファシズムを決定付けた一九三六年の二・二六事件の発生、一九三七年の盧溝橋事件が導火線となって引き起こされた日中戦争——日本とアジアの人民が戦禍に巻き込まれて行く過程で、梅川文男はどのような活動をしていたのか、つぎに詳述してみたい。

2

全農全国会議中部地方委員会が一九三三年六月一八日に愛知県評議会本部で開かれた。主な議事は三重の書記派遣や獄中の犠牲者救援といった弾圧後の対応を協議して組織を再建させるためのものだった。三重からは松村政造が出席していた。このときすでに三重では合法事務所を確立させるように働きかけて全会派の政治方針を合法的なものに転換させる動きがはじまっていた。全会派は比較的再建が容易であった関西地方組織を中心として、全農全国会議再建運動準備代表者会議を極秘裡に開催するが、彼らを取り巻く状況の厳しさからも多数の支持を集めるのは困難を極めた。一九三四年の一年間で大阪・奈良・栃木・京都・千葉の全会派グループが次々に全農総本部に復帰している。そこで全会派は厳しい弾圧に続いて噴出した内外からの批判に応えて合法的な全国農民団体懇談会を新たに組織し、治安当局の取締を免れさせることによって地方組織の円滑な進展を図ろうとした。そのような会合の開催を提唱したのは兵庫県連合会で、兵庫県連代表はかつて梅川と淡路で農民運動を展開して三・一五事件で共に検挙された長尾有であった。

一九三五年一月二七日、神戸市下山手通六丁目にある神戸基督教青年会館を会場にして全国農民団体懇談会のはじめての会合が開かれた。「特高月報」（昭和一〇年一月分）によれば、二四名の出席者の内、三重からは佐野史郎と小林勝五郎の両名が参加していた。「佐野史郎」という名前は淡路時代から用いていた梅川の変名で、彼の参加は旧知の長尾からの呼びかけによるものであったと思われる。梅川は県連の状勢報告をした後に「中途退席」したと「特高月報」が伝えている。退席の理由については何も書かれていない。この懇談会の直後の四月六日から三日間、大阪市北区天神橋筋六丁目にある大阪北市民会館で開催された全農第一四回全国大会において、三重は北海道や埼玉と共に全農総本部に復帰を認められている。すでに前年の九月、全農総本部に対して復帰を要望しており、「全会中部地方の牙城／三重も遂に転向／総本部派と合同要望」と大きく報道されていた（「社会運動通信」、一九三四年三月一九日）。復帰の時期が遅れたのは「政党支持問題」が原因で、全農総本部内に社会大衆党を支持するグループと政党支持の自由を唱えるグループとの確執があったからである。日本共産党の影響が強かった三重では、県連が組合員に対して「農民組合は一ツの政党の独占物でもない」、「社大党であらうと他のどんな政党であらうと今後もわれ〳〵の組合を独占物視する傾向に対しては吾々は闘はねばならぬ」と呼びかけていたし、同様の傾向は兵庫や京都でも見られた（同紙、一九三四年四月二一日）。そのために彼らが復帰を要望した際に社会大衆党支持を打ち出していた新潟県連などがそれに強く反対して彼らの復帰を遅らせていたのであった。他方、共産主義グループの側もすでに壊滅的な打撃を受けていたとはいえ、社会民主主義グループの方針に対して「社大党によつて代表されているフアシスト的戦線分裂政策」と罵倒を繰り返したのである。

三重県連は全農総本部に復帰し、すでに復帰を果たしていた全農奈良県連から藤本忠良と遠藤陽之助を常任書記として迎え、彼らを組織の中心に据えて運動の本格的な再建を図る。一九三五年一二月末現在、県連の支部数は二九、組合員数は五七二であった。藤本は活動の手はじめとして、松阪市内で市会議員が検挙された事件の真相を糾明する会合を企画している。資料「特秘（一）発第八四三四号／昭和一〇年九月五日／三重県知事富田愛次郎」によれば、一九三五年九月一日午後七時四五分から松阪信用組合ビルで「市会議員に市政の内容を訊く会」が開かれた(9)。この会は藤本を中心として特別要視察人（特要共甲）芝先文男と借家人同盟（特要共甲）石垣国一、全農三重県連執行委員長小林勝五郎、全水三重県連執行委員長木村菊之助が主催者となって、会合には市会議員を務めていた上田音市が招かれている。松阪における解放運動の特徴として、この場合も農民組合と水平社が協力していることが分かる。

右の資料のなかで、この会合の主催者の一人として準備のために自宅を提供していた芝先文男とは梅川文男のことであった。なぜ芝先姓なのかといえば、梅川は三・一五事件の被告として神戸地方裁判所での公判中、長尾有の実弟芝先覚の養子になっていたからである。彼が梅川家に復籍するのは一九三六年四月一〇日であり、その三日後には田畑きよとの婚姻届を提出している。田畑善蔵・とらの娘きよは飯南郡大河内村大字笹川の出身、一九一二（大正元）年一一月二〇日生まれで梅川よりも六歳年下の女性であった。きよは醇朴な田舎娘、二人は見合いで結ばれた。梅川はきよとはじめて対面した感想として「なかなかはっきりした娘だ」と話したという。きよの義姉の兄弟には、三・一五事件に遭って松阪で検挙された農民組合運動家松田松太郎・一雄がいた。梅川は結婚後きよと共に松阪市平生町で梅川書店という店名の古書店を営み、一九三六年四月には悠一郎が誕生する。困難に満ちた運動のかたわらでささやかな喜びを分かち合ったことであろう。書店の出店に際して、嘱託の保護司であった庄司桂一に更生支援団体の明徳会から一、〇〇〇円を出資する便宜を図ってもらい、大阪の天牛書店で修行した後に松阪市日野町で奎文堂という店名の古書店を営んでいた弟荘男からの手助けを得た。生涯を通じて梅川の支援者であった庄司は、当時は吉津造船の社長も務め、治安維持法違反で服役した石垣国一などの出獄者を職工として雇用するなど思想犯の更正支援を積極的におこなっていた。一九二三年には戦後公選初の松阪市長に選ばれた。

3

上田音市をはじめ北原泰作や朝田善之助、小林清一、井元麟之、松田喜一たち全水内の共産主義グループは、コミンテルンの社会ファシズム論（一九二九年第二回拡大執行委員会総会で採択）にもとづいて社会の基本を階級組織として捉え、階級闘争を通じてのみ社会矛盾を克服できると考えていた。彼らにとっては、被差別部落を解放して「部落民」という身分から人々を解放するために全水がそれまで進めてきた身分闘争は革命を妨害するものでしかなく、「部落労働者の階級的進出を身分的組織の下に縛りつけて阻止している全国水平社を解消しなければならない」と主張したのである。(10)彼ら全水解消派は大阪・京都・福岡・三重・岡山・奈良・愛知・広島・山口・愛媛の二府八県にまたがる二四団体、二、六六一名を糾合した。三重からは上田音市・山口恒郎・岸部栄松の三名が解消派の中心メンバーとして名前を連ねていた。もっとも全水三重県連の組合員が総じて参加したのかといえば決してそうではなく、県連の執行委員長新田彦蔵は旧本部派に留まっている。

一九三二年七月に解消派は全水解消闘争全国会議を結成して全協や全農全会派やコップと連携しながら運動を左傾化させようとする。一九三三年八月の全水第一一回全国大会では、解消決議を一気におこなおうと策動するもののそれを果たせずに、大勢不利を察して態度を一時軟化させる。そこで大会終了後に開かれた新中央委員会において発展的解消主義という妥協案を闘争方針として採択した。同年一二月、解消派の中心メンバーで日本共産党員の北原泰作は、党による指導にもとづいて「水平社身分闘争に関するテーゼ草案」を作成していた。テーゼの行動要綱のなかに「ブルジョア地主的天皇政府の欺瞞的部落改善施設及び融和事業反対」「封建的身分制の元兇天皇制の廃止」というスローガンがあるのは、天皇制打破を主唱した党の三二年テーゼに応じたものであったが、それは全く実現不可能な目標であり、そのスローガンを掲げるのは厳しい弾圧に曝されることを意味した。実際、北原はテーゼ草案作成直後の一九三四年一月二八日に検挙されている。

ただこのテーゼ草案で注目したいのは「部落民の解放は部落民自身の行動でという考えは、部落民を封建的身分関係の一面からのみ把握して、階級関係を全く無視した右翼的傾向」であると全水旧本部派を批判すると共に、解消派の「部落民を階級関係の一面からのみ捉えて身分関係を過少評価し、全国水平社を解消せよと主張する左翼的偏向」を非難していたことである。(11) 解消派を非難した理由は「身分的共通利害と共通意識は、現段階に於ては部落民大衆を身分関係に反対する闘争のために結束せしめる強靭な紐帯」であり、決してそれを軽視できないからであった。[12]「左翼的偏向」に陥っているとして党から批判された解消派は、北原が検挙されたこともあってその後は急速に弱体化し、一九三四年四月頃より解消闘争委員会は自然消滅した。[13]全水内部で主導権を獲得するには至らなかったものの解消派の成果として挙げられるのは、解消決議を一挙におこなおうとして失敗した全水第一一回全国大会で「部落委員会活動」を全水の新運動方針として採択させたことであった。「新運動方針書」（『融和事業年鑑（昭和九年版）』）によれば、部落委員会活動とは、当時中央融和事業協会が進めていた部落経済更正運動や地方改善応急施設費給付などの「欺瞞的正体を暴露」して未組織の「広汎な部落勤労大衆」を獲得し、彼らの日常生活の要求を封建的身分制廃止のスローガンに結び付けて「大衆闘争」を展開することに本当の狙いがおかれていた。[14]解消派のメンバーは水平社を一気に解消しようとするのではなく、このような部落委員会活動を通じて大衆動員戦術を進めながら全水の「漸進的解消」を目指すという方針に転換したのであった。[15]水平運動史の研究にもとづいて厳密にいえば、部落委員会活動の創案は解消派だけに帰せられる業績ではなく、旧本部派もすでに日常の闘争のなかで新しい形態の闘争を模索しており、解消派の影響を強く受けながら両者が合意して新運動方針の採択がおこなわれたと考えるべきである。封建的遺制からの解放を目指すという旧来の水平社の方針を継承しながら、資本主義の搾取によって貧窮に追いやられた部落民の生活要求を組織化する闘争をスタートさせたことは、戦前の水平社運動史において画期的な進展であった。

4

全農奈良県連から派遣された藤本忠良や遠藤陽之助たちに協力して県内の組織再建を試みていた梅川の許に新しい運動の方法がもたらされる。一九三五年四月に創刊された「労働雑誌」は、労働組合内にあった左右の路線対立の壁を越えようとして小岩井浄や加藤勘十、杉山元治郎たちが発起人となって創刊した「超党派的な労働者教育雑誌」で、「労働組合を背景にして、労働運動の体験者が刊行するという日本最初の雑誌である点、今日でも注目に値するもの」と評価されている(16)。

共産主義の影響を強く受けていた小岩井は日本農民組合（日農）顧問弁護士を務め、三・一五事件直後の全農結成に指導力を発揮した。日本赤色救援会（赤救）大阪委員長であった一九三一年四月に検挙されるが、大阪刑務所に勾留中、府会議員選挙に立候補して見事当選した。獄中で転向を表明し懲役二年執行猶予三年の判決を受けて釈放される。一九三三年二月、大阪北河内郡諸堤村横堤で自由農民学校を開き、同村の全農全会派の青年組合員たちに教育をおこなうが、警察の取締が予想以上に厳しく閉校に追い込まれた。そこで家族を横堤に残して東京に赴く。一九三四年夏に単身上京した小岩井が直面したのは、袴田里見や宮本顕治による指導の下で反戦・反ファシズム闘争を展開しながら従来のセクト主義を克服しようとしていた党の姿であった。それに応じて党を支持していた全協や日本プロレタリア作家同盟（ナルプ）も新しい戦術を採りはじめ、それまで排撃していた社会民主主義的なグループとの接近を試みていた。

そこで小岩井は日本労働組合全国評議会（全評）の加藤勘十と高野実からの提案を受け、労働組合左派の加藤と農民組合右派の杉山元治郎との三人が発起人となって「労働雑誌」を創刊した。雑誌の編集作業は、獄中転向を表明し起訴猶予処分となって釈放されたばかりの元全協刷新同盟員内野壮児がおこなった。「労働雑誌」の具体的な編集方針として超党派的大衆の啓蒙や労働者農民の具体的事実の報道、政治経済問題の解説、国際労働者運動の速報などが掲げられていた。それらは労農運動の現場で積み重ねてきた経験に即して小岩井が労働者や農民たちにとって真に必要なものと判断したテーマばかりで、厳しい社会情勢への対応として反ファッショ統一戦線の結成が呼びかけられた。「労働雑誌」第一巻第九号（一九三五年十二月）誌上では「戦線統一特輯」が組まれ、「歴史的転換点に立つ我国労働組合の全的合同はどう進んでいるか？」という論文を掲載して組合の「全的統一」を働きかけた。

このような人民戦線の戦術は、一九三五年七月二五日から八月二〇日までモスクワで開催されたコミンテルン（第三インターナショナル）第七回大会でブルガリアのディミトロフやイタリアのトリアッティの提唱によって公式に承認され、フランスやスペイン、イタリアにおいて次々に実践に移されていた。翌年二月、コミンテルン大会に出席していた野坂参三と山本懸蔵が「日本の共産主義者へのてがみ」を発表し、新しい運動の指針を日本に報じたのである。これを考えれば「労働雑誌」の取り組みは先駆的なものであったといえる。日本の人民戦線史の研究者岩村登志夫氏によれば当時の大阪は

「軍需インフレの進行下に激増する重工業労働者と、その窮乏化という条件のもとで、西大阪の臨海工業地帯で全国にさきがけて労働戦線統一の動きが表面化したのは、決してふしぎなことでなかった」という。(17)そして一九三三年八月の大阪鉄工所争議、一九三五年四月の港南地方全労総同盟合同促進協議会結成、一九三六年二月の衆議院議員選挙における田万清臣の当選の意義をふまえながら「和田四三四らの日本共産党関西地方委員会が果たした労働戦線統一運動における指導的役割、これと結びついた小岩井浄らの『労働雑誌』『大衆政治経済』などによる人民戦線論の積極的役割」を強調する。(18)人民戦線を紹介した雑誌は小岩井が執筆に関わった「労働雑誌」「社会評論」「大衆政治経済」以外にも、京都で同志社大学予科教授新村猛や真下信一、大阪相愛女専講師中井正一を中心として創刊された「世界文化」や「土曜日」、「学生評論」などがあり、一九三七年末に執筆者グループが検挙されて廃刊に追い込まれるまで人民戦線が盛んに議論されたのである。

大阪で先駆的に芽生えた人民戦線の活動は「労働雑誌」誌上で逐次報告され、その配布を通じて全国に広がって行く。大阪をはじめ神戸、名古屋、京浜、埼玉、新潟などの地方において「労働雑誌」を活用して読者グループが作られて組織再建の手だてとされた。渡辺悦次氏は「発行部数ののびは第一〇冊目（一九三五年一〇月号）の農村特輯号の頃が最もめざましかった。その要因は編集内容の充実ということもあるがそれ以上に運動の前進ということが大きかった」と指摘している。(19)「労働雑誌」の発行部数が一九三五年一〇月号から飛躍的に拡大したという渡辺氏の論及をふまえて三重の状況に目をやれば、当時全農の再建に尽力していた梅川が「昭和十年十月より同十一年四月頃迄労働雑誌三重地方取次頒布責任者となり〔同〕志野口健二他数名に之頒布し」という記述が「特高月報」（昭和一七年一二月分）にある（〔 〕は原文の脱落箇所を補った）。全国的に「労働雑誌」が読まれるようになったのと同じ時期に三重でも読者グループが作られたのである。なお右の引用文中に登場する野口健二とは元東京日日新聞記者の共産主義者で、在京時代にアナーキズム系の作家江口渙や小川未明、尾瀬敬正たちから影響を受け、アナーキズムを基調とするプロレタリア文学に関心を寄せていた。その後、帰郷して岩瀬仲蔵や石垣国一たちから共産主義思想を教えられ、赤救および全協の三重県連に所属して運動に参加するようになる。三・一三事件で検挙されるが起訴猶予処分で釈放され、梅川と共に「三重文学」を創刊して反ファッショをテーマとする作品を発表していた。

ところで、なぜ梅川が雑誌の取次頒布を依頼されたのか、その経緯については「特高月報」（昭和一七年八月号）に「労働雑誌主幹小岩井浄の依頼を受け『労働雑誌』の取次販売を依頼」されたという記述がある。直接の面識があったかどうか分からないが、梅川と小岩井は日農および労働農民党結成からの農民運動の同志であり、三・一五事件では小岩井は布施辰治と共に弁護団を率いて梅川たち被告の弁護に当たっていた。さらに「労働雑誌」を編集していた内野壮児は、梅川が堀坂山行というペンネームを使って自分の文学作品を発表していた詩雑誌「詩精神」編集発行者の内野健児（ペンネーム新井徹）の兄であったので、内野健児から要請があったのかもしれない。

先に指摘したように日本共産党の影響が濃かった三重では、全農三重県連が組合員に対して「農民組合は一ツの政党の独占物でもない」「社大党であらうと他のどんな政党であらうと今後もわれ〳〵

の組合を独占物視する傾向に対しては吾々は闘はねばならぬ」と呼びかけていた。そのため県内で社会大衆党の支部を結成するには、多くの反対意見が寄せられたであろう。しかし「労働雑誌」が三重に持ち込まれ読者グループが広がったことによって、反ファッショ人民戦線こそがブルジョア民主主義革命を遂行するという新しい考え方が県内の活動家の間に徐々に理解されて行った。治安当局の側も「労働雑誌」の頒布拡大に対して「悉く共産主義思想の宣伝煽動と、最近の共産主義運動の新方針たる労働者農民の戦線統一をアジプロせるものにして、之が大衆に与ふる影響は極めて大なるもの」と警戒していた。(20)

5

一九三六年二月、野坂参三と山本懸蔵が「日本の共産主義者へのてがみ」を発表し、労働者や農民、都市小ブルジョア、知識人たちを指導して反ファッショ人民戦線を結成するように説いた。一部の活動家たちは従来のセクト的誤りを正して社会民主主義者たちと連帯しようとしたが、日本共産党中央準備委員会は「人民戦線を全勤労大衆の広範な階級闘争の陣営から社会民主主義者の協定に堕せしめる危険をもつている」と警戒して（「赤旗」、一九三六年八月一日号）、コミンテルンから「社会民主主義者に対する態度において依然として第七回世界大会前のセクト的傾向を残している」と批判される一幕もあった。(21)

他方、社会大衆党も一九三六年五月に岡山地方無産団体協議会が党支部結成準備会の席上、反ファッショ人民戦線をスローガンの一つとしたのに続いて、七月には党大阪府連・奈良県連も同様のスローガンを掲げた。八月、労農無産団体協議会（労協）に属する合法左翼の四労働組合（日本労働組合全国評議会、東京交通労働組合、東京市従業員組合、東京自動車労働組合）は、社会大衆党に対して反ファッショ統一戦線結成のために無条件に門戸を開放し組合員の入党を受けるように申し入れた。だが社会大衆党は一二月二〇日から三日間、芝協調会館で開催された第五回全国大会において「日本における無産階級運動当面の問題は人民戦線を論じる前に其主体的勢力完成の為に闘ふべきである。従つてあらゆる労農団体は此の際社会大衆党の旗の下に結成すべきである」として彼らの要求を拒否した。(22)

そのように社会大衆党が拒絶したのは、人民戦線戦術の提起は共産主義グループの策動であるという判断と、それに加えて（一）満州事変以来、急速に勢力を伸張させてきた軍部ファシズムに対する抵抗意識が薄弱であったこと、（二）同年二月二〇日の普選第四次総選挙で大躍進を遂げたことなどの理由が挙げられる。党の歴史をさかのぼってみれば、一九三三年六月に党連合委員会がまとめた「転換期日本の建設政策」には、それまで無産陣営における唯一の合法政党として社会大衆党が党是としてきた階級闘争主義を緩和し、実際的かつ建設的な姿勢をもって広汎な国民中間層に支持を拡げようとする意向が見られた。また陸軍省新聞班作成の「国防の本義とその強化の提唱」、いわゆる陸軍パンフレットに対して党書記長麻生久はその資本主義批判に同調して、軍部の勢力と結託することによって現状を打破しようとした。麻生によれば「日本の国情に於ては資本主義打倒の社会改革に於て軍隊と無産階級の合理的結合を必然ならしめてゐる」のであって「単なる軍服を着せるが故に之を恐るゝは自由民権時代の虚妄である」とまで断言した。(23) 党内には麻生の意見に対する反論もあったが、一九三六年から一九三七年にかけて二・二六事件や人民戦線検挙事件、盧溝橋事件などの急激な情勢変化が生じると、社会大衆党は体制に追従するしか術のない政党になってしまうのである。

だが党の能力とは別に、社会大衆党は選挙では広汎な支持が得られるようになっていた。選挙法改正と選挙粛正運動の効果もあって第二〇回総選挙（普選第四次選挙）では、社会大衆党は三〇名の立候補者中一八名が当選、その内の一二名は最高得票者となる大躍進を遂げたのであった。社会大衆党が合計五一八、八四四票を獲得した裏には、既成政党に対する大衆の信頼喪失や国家主義を標榜していた政党団体の不振もあった。選挙を終えて党執行部は「無産政治戦線は我党に統一集中され、我党は今や唯一絶対の革新政治勢力となりつゝある」と自信を深めていたために、労協からの要求を一蹴したのであった。(24) 労協の委員長は「労働雑誌」発起人の加藤勘十で、左翼的立場の彼は党の方針をめぐって社会大衆党から除名されていた。

社会大衆党の大躍進は労農運動の戦線に様々な軋轢をもたらすことになったが、それまで同党の支持をためらっていた地方組織に支持をうながす効果を及ぼした。一九三六年八月八日、近畿地方労農無産団体協議会は「社大党を中心として全国的政治戦線統一強化のため戦ふと共に、社大党並に労農協議会に対し、無産政治戦線の速やかなる統一の協力を要請し積極的行動を以て其の完成の為に邁進す」という申し合わせをおこなった。(25) この近畿地方労農無産団体協議会には、大阪労農無産団体協議会をはじめ多くの労農組合（全評神戸協議会・京都協議会、全農奈良県連・兵庫県連、神戸市電従業委員組合、名古屋合同労働組合、松阪無産団体協議会）が参加し、会議当日に松阪から遠藤陽之助が出席していた。この後、社会大衆党と労協との統一が不調に終わると、北海道・鹿児島・三重・長野などの各地方では全農を中心にして無産団体協議会から社会大衆党支部の結成へと運動を進展させた。(26)

他方、全水も一九三六年には「全水が社大党に加盟するか否かは言明出来かねるが、同党及び全農とは協調して行かねばならぬ」として「反ファッショの為の大衆的戦線統一運動は是非起さねばならぬ」と考えていた。翌年の三月三日に東京市芝協調会館で開催された全水第一四回全国大会において、それまで綱領第一項にあった「明確なる階級意識の上にその運動を進展せしむ」という表現を削除し、「集団的闘争」という言葉を新たに使うことによって、これからの運動を階級闘争ではなく身分闘争に限定する方針を明確にした。このような綱領改正をおこないながら中央委員長松本治一郎は社会大衆党に加盟して第二一回総選挙（普通第五次選挙）に同党公認候補として立候補して見事当選を果たすのであった。

6

従来から全農と全水の協力関係にもとづいて解放運動を進めてきた三重では、「労働雑誌」読者グループの確立によって活動家の間に反ファッショ人民戦線が理解されはじめ、さらに中央からの働きかけもあって人民戦線の砦となる社会大衆党支部が設立される運びとなる。先に見たように党中央は人民戦線を否定していたが、地方においてはそれにかける期待が大きかった。中央と地方との疎隔について「社大党の支持団体は、完全な独自性を保持する一方、社大党の地方組織は相当に自由な活動のできる独自性をもっている。現に大阪府連合会、党中央部の左翼排撃政策にもかかわらず左翼を含めた広汎な反ファッショ大衆戦線の樹立を決議し、その実行に着手」していたという指摘がある（中山真一「労農無産協議会と社大党への加盟問題」、一九三六年八月二日）[27]。三重においても一九三六年四月、社会大衆党三重支部の結成準備会が結成される。「社会運動通信」はその様子をつぎのように伝えている。

松阪地方の無産団体の有志で社大党支部結成準備が昨年から進められてゐたが愈近く声明書を発表して具体化することになつた。全農としては個人参加の形式で協力提携することに決定した。各支部の有志、未組織の有志も協力されん事を希望する。目下山田市、桑名、津方面に於ても有志に依つて運動が進められてゐる。

（「社会運動通信」、一九三六年四月二日）

右の記事からは全農書記の遠藤や藤本、そして梅川の働きによって社会大衆党の支部が準備されつつあったことが窺えるのだが、全農三重県連が組織ごと加盟するのではなく「個人参加の形式で協力連携」することを決めたとされることにも注意を払う必要がある。おそらくメンバーの内部で社会大衆党の支持をめぐって賛成派と反対派との意見が調整できていなかったのであろう。それを示す記事が「伊勢新聞」に掲載されているので、つぎに引用してみよう。

去る六月準備委員会を組織して以来一路結党に邁進して来た社会大衆党松阪支部は、愈々来る三十日午後一時より全農三重県連合会事務所に於て結党式を挙げる事となつた。右は複雑な社会情勢と目前に迫る市町村会議員改選の選挙戦に備へる為本年中に結成を見んとしてゐる社大党三重県連合会の母体となるべきもので、永年左翼の地盤として苦難な歴史を持つ三重県無産運動が合法運動への転向第一歩として広汎な新興無産大衆に如何に働きかけるか多大なる興味を以て見られてゐる。

（「伊勢新聞」、一九三六年一一月二四日）

右の報道によれば、社会大衆党松阪支部の結党式が一一月三〇日に全農三重県連事務所で開かれることに決まり、それは将来、県連合会の「母体」となるものだとされた。「三重県無産運動」が「永年左翼の地盤として苦難な歴史」を持つ組織であっただけに「合法運動への転向第一歩」を踏み出すためにはさらに時間を要したのであろう。実際には松阪支部ではなく南勢支部として発足したことによって朝熊区政差別糾弾闘争に取り組んでいた宇治山田の全農・全水活動家を結集することができた。南勢支部が発展解消して松阪・宇治山田・度会《わたらい》・多気の各支部準備会が発足するのは一九三七年六月であった。県内ではすでに一九三六年三月二二日に北勢支部が結成されており、一九三六年末現在、支部長若松実太郎の下で党員一〇五名を数えるまでに発展していた（なお同じ時点で南勢支部は党員数が二八と報告されている）。

社会大衆党南勢支部の発足に奔走した梅川は同支部長に選ばれ、県支部連合会の組織準備委員会の委員長にも就任し統一戦線の結成に向けて合法舞台での活動に徹していた。そのような梅川の行動を治安当局はどのように見ていたのかを知る手がかりとなる資料がある。「特秘（一）発第二八〇九号／昭和一一年八月一一日／三重県知事富田愛次郎」の「管下ニ居住中ノ昭和一一年七月一日現在ニ於ケル治安維持法違反者ノ動静」によれば、梅川は「共産主義ヲ信奉シ左翼分子トノ交際ヲ続ケ居ルモ家業ニ熱心ナル為メ一見穏健トナリタルモノ、如ク見ユ」とされる。(28)警察の目には彼が平穏な家庭生活を送っているように見えたのであろう。梅川の住所が「松阪市大字湊町平生町」、所持金「五十円位」、職業「古本営業」、思想「非転向」と記されている。同じ資料中の「治安維持法違反者思想態様並性別調」には県内の治安維持法違反者六四名（男五六、女八）の内、転向四七、準転向六、動揺中四、非転向七という員数が報告され、彼らが特高警察による厳しい監視下におかれていたことが分かる。

一九三七年三月一一日には松阪市会議員選挙、四月三〇日には第二一回総選挙（普選第五次）がおこなわれた。党南勢支部は選挙に先立って「吾党の勝利はファッシヨに警鐘」と題する声明書を発表して「独善的フアッシヨ市政反対／勤労市民的議会主義の擁護」を訴えた。(29)松阪市会議員選挙は定員三〇名のところ四三名が立候補して大激戦となった。社会大衆党からは上田音市（現職）と小林勝五郎（新人）、石垣国一（新人）の三名が立候補した。投票日の二日前には全農中央委員長杉山元治郎と全水中央委員松田喜一、同党所属大阪府会議員久保田鶴松、同党岡山県常任委員野崎清二の四名が松阪を訪れ、二日間にわたって市内一〇数カ所で応援演説をおこなって「白熱的気勢」をあげた。(30)全力を尽くして選挙運動を進めた結果、見事三名全員の当選を果たし、一般大衆から広汎な支持を集められる合法政党の力をあらためて認識させられることになった。さらに松阪市会議員選挙で大勝した余勢を駆って翌月の総選挙に臨んだ。当初は資金難のため候補者の擁立は難しいと考えていたのだが、元全農三重県連書記で当時東京に住んでいた河合秀夫から供託金二、〇〇〇円が国債券の形で梅川の手を通して借り受けられ、また全水中央委員長松本治一郎から一、〇〇〇円が恵与される見通しも立ったので、社会大衆党からの公認をもらって候補者を擁立することになった。[31]

全農と全水、社会大衆党の統一戦線を結成して選挙戦を展開するのに相応しい候補者として上田音市が選ばれ、三重第一選挙区から立候補した。上田が居住していた松阪は三重第二選挙区に所属しており、本来ならばそこから立候補するはずであったのだが、退役軍人でファシストの巨頭川村尚武が第一区から出馬することを聞き、川村の当選を阻止するために選挙区を変更したのだという。[32]そこで松阪の無産団体協議会は津市分部町に移動して上田の選挙対策事務所を開設し、実質的な選挙事務長として梅川が選ばれた。それまで第一区から無産主義陣営から立候補者を擁立したことがなかったので、上田が同区から立候補したことだけでも陣営の積極的な姿勢を意味した。中央からの支援を受けつつ全農・全水県連の総力を挙げて選挙戦に臨んだが、残念ながら定員五名のところ七位で落選した。しかし運動の成果として、反ファッショを唱えて言論戦を展開したことによって組織の基礎票を大きく上回る得票が集まったことや、川村は激しい批判の矢面にさらされて落選したことなどが得られた。それによって反ファッショ人民戦線の砦となる社会大衆党三重支部連合会の結成を促すムードが醸成されたのであった。総選挙の結果を全国的に見ても、社会大衆党は六六名の立候補者の内、三七名が当選して議席を前回の二倍に増やすという大躍進を遂げ、党への期待が日増しに高まっていた。

7

総選挙で敗北を喫したものの人民戦線を志向していた松阪無産団体協議会は県内の支援団体の間に強い紐帯を作ることができた。いよいよ機が熟したと判断した支部員たちは、社会大衆党三重県支部連合会の結成に向けて動き出す。幸いにも彼らが開いた会合の議事録が遺されており、結成に至る過程が分かる(33)。その議事録によれば、一九三七年六月九日に松阪市信用組合ビルで開催された組織準備懇談会には二〇名が参加した。残念ながら桑名と四日市のメンバーは欠席したが、松阪を中心として宇治山田、度会、一志、河芸《かわげ》、津、尾鷲《おわせ》など県内の広い地域からの出席者があった。とりわけ松阪の大山峻峰・小林勝五郎・上田音市・梅川文男、宇治山田の野口健二は中心的存在であった。議長に上田を選出して進められた会合では、まず組織準備委員長として梅川が推された後に各地域の委員が任命され、県支部連合会の結成を八月上旬として声明書を発表することを決めた。南勢支部を発展解消させて松阪・宇治山田・度会・多気の各支部準備会を発足させた。興味深いことに、この議事録には断り書きとして、津岸和田紡績ストライキに組織を挙げて応援していたために議事録の作成が遅れたことが記されている。この争議は全農・全水県連の幹部が加わって指揮し、賃上げなどの要求を貫徹して解決され、争議団はそのまま日本紡績労働組合に加盟した。「三重県の左翼は日本紡績労働組合が総同盟に属する右翼組合であることを良く知っていたが、この組合を黙認して、この組織を通じて労働組合の全県的統一と未組織労働者の組織化を狙った」といわれる。(34)

八月上旬に予定していた創立大会は、七月七日に勃発した盧溝橋事件の影響を受けて、時局に配慮するという理由から開催を見送らざるを得なかった。盧溝橋事件は北京郊外一〇キロメートルの盧溝橋附近で日本の駐屯軍一部隊が夜間演習中に数発の実弾の射撃を受けて兵士一名が行方不明になったという疑惑に端を発した。それはアジアに侵略を重ねてきた日本が破滅に向かう決定的な一歩を踏み出した瞬間であった。国内では総力戦に備えて国民動員が本格化し、時局に配慮することが国民として当然の義務とされた。開戦後、近衛内閣は銃後の国民協力の指針として「国民精神総動員法」を策定している。創立大会の開催を見送った社会大衆党三重支部連合会は、一〇月一日に組織委員会を前回と同じ松阪信用組合ビルで開いた。(35)役員と規約が決められ執行委員長に梅川文男、書記長に遠藤陽之助、会計に石垣国一が就任した。梅川たちが中心となって結成した組織は反ファシズム人民戦線の理論にもとづいた県内の最初にして最後の政党支部となった。

この年は全国で党組織が拡大して鹿児島や岡山に連合会が結成され、長崎・福岡・香川・滋賀・福井・富山・静岡・三重・北海道に支部が創立された。他方、東京・大阪・兵庫・京都・神奈川では党組織の著しい発展が見られた。中央で統一戦線の結成を模索していた労協は、黒田寿男と松本治一郎による斡旋にもかかわらず社会大衆党との合同協議が決裂し、四月に日本無産党を結成していた。党勢拡大の上げ潮ムードのなかで社会大衆党第六回全国大会は一一月一五日に芝協調会館で開かれた。大会では戦時体制に応じるために綱領を改正して「我党は国体の本義に基き日本国民の進歩発達を図り以て人類文化の向上を期す」とした。ファシズムに迎合する措置であったにもかかわらず、党としてはつぎのような見解を発表した。

党は従来の綱領を何故改正したか。一言にして言へば党が発展したからである。一部では綱領改正を以て党の転向であると為してゐるが、転向では断じてない発展である。従前の党綱領の精神を貫くものは無産階級の階級結成と階級的発展、更にそれを通ずる資本主義の革新であつた。党の目標は資本主義の改革である。然し初期無産政党運動はその革新を行ふ可き、革新勢力の結成即ち主体的勢力の結成が中心問題である。

（「社会大衆新聞」、一九三七年一二月一五日）

ファシズムへの協力を党の「転向」ではなく「発展」だとするのは、総力戦体制に便乗して政局の主導権を握ることによって、「初期無産政党運動」の「中心問題」であった「革新勢力の結成即ち主体的勢力の結成」を可能にして、「党の目標」である「資本主義の改革」を実現できると考えていたからである。社会大衆党やその支持団体が大陸への移民政策に熱心だったことも、同党が他国を侵略することにいかに無感覚であったのかが分かる。同大会において党はさらに戦時革新政策を発表して（一）戦時体制の堅実化（厚生的政策の尊重）、（二）国民経済の計画化（日満北支を一体として）、（三）挙国一致の積極化（内外を通ずる革新への国民協力）という「戦時政策の三原則」を提唱した。「革新」

を謳った政策転換の結果、階級闘争を全面的に放棄しただけではなく、国家社会主義下のドイツに見られる全体主義的精神を標榜するようになるのであった。なお同大会には三重から梅川と河村章三郎が出席しており、上田音市が大会選出全国委員に任命されている（「社会大衆新聞」、一九三七年一一月三〇日）。

党中央がファシズムに追従する姿勢を見せるのとは対照的に、地方組織はそれへの抵抗を示した。岩村によれば、「ことに社大党の反ファシズム的抵抗を検討するには、大阪、三重、岡山などの府県連合会をぬきにすることはできない」とする。[36] その証拠として大山峻峰氏の『三重県労働運動史』にある、つぎのような記述に着目している。

三・一三（一九三三年）の弾圧は三重県における活動家に警戒心を強めさせ、左翼の運動が従来と同様な方法でおこなわれるならば、労働者、農民の利益を守る闘争は、検挙と弾圧によって封じ込められるであろうという考え方が台頭した。そしてそこには合法政党であってもよい、何らかの形で地方の労農運動を拡大し、その指導権を確立するため政党組織が必要であると痛感された。そこで社会大衆党本部に指導権を委ねないで、地方の共産主義者によって労農運動の指導と権威を打ちたてることができるという見通しにたって、左翼運動家は一歩後退した姿で社会大衆党支部結成へとふみきったのである。そういう点ではたしかに「右翼的偏向」ではあるが、この動きは現実主義的に運動を転回させることになった。[37]

全農県連書記・党県連執行委員であった大山氏は人民戦線の中心メンバーであっただけに右の証言

は説得力を持つ。そこで三重の人民戦線運動の金字塔として内外から高く評価された朝熊《あさま》区政差別糺弾闘争について、つぎに説明しよう。

8

度会郡四郷村大字朝熊区は町の中央を流れる朝熊川によって町が北部と南部に分けられている。三七年現在、北部一二〇戸、南部一四〇戸の住民が生活していた。一九二六年の区有財産整理に際して、それまで南北の住民が共有していた区有林を四郷村が買い上げ、一部を村有とし残部を縁故者特売した。だが当時区長であった小川長次郎他二名の個人名義を用いて南部の住民が区有林を独占した。それに対して北部の住民は共有財産平等権を主張し、全水や労働農民党の応援を得ながら抗議活動をおこなった。県内の飯南郡射和《いざわ》村大字庄や多気郡佐奈字前村でも区政差別糺弾闘争が発生したのに合わせて、全水三重支部連合会が地方自治体による行政差別撤廃を闘争方針として定め、朝熊でも激しい闘争が繰り広げられることになった。

だが四郷村長西野幸吉と宇治山田警察署長上野芳松による強圧的な仲裁がおこなわれ、山林四町五段八畝六歩と一、〇〇〇円を北部に譲渡するという協定が結ばれた。協定書の第二項に「大字朝熊川南部の所謂共有財産と称せらるる総ての財産に関しては北部住民は従来何等の関係なきは勿論、将来に於ても権利を主張し一切関与せざるべきこと」とあり、この協定では差別の根本的な解決にはならなかった。しかし治安当局が強権を発動しかねない状況の下で、北部住民はやむなく協定書に調印した。

一旦は終息したように見えた闘争も、一九三五年に朝熊尋常高等小学校で教員による差別発言が発生したことから再燃することになった。北部にある三宝寺説教所に植木徹之助（僧名・徹誠）が住職として迎えられた時、彼は子どもを同小学校に通わせたのだが、他の児童と区別して授業をまともに受けさせてもらえなかった。母親が抗議したところ、担任は植木が被差別部落の出身者ではないことに気付いて急に態度を変え、「あそこを知ってきたのか」と尋ねた。母親が「知ってきた」と答えると「あそこは特殊部落でコソ泥の集合地ですよ」と放言したという。(38) それを母親が北部の区民に話したところ全員が激昂し、全水・全農県連の応援を得て差別糾弾闘争を開始した。当時全水県連は、「万朝報」に差別記事を書いた佐藤清勝中将に対する糾弾闘争で意気が揚がっており、朝熊闘争にも積極的に参加した。全水県連執行委員長新田彦蔵が県社会課に出向き抗議すると同時に、全水中央から常任書記井元麟之を招いて区民大会を開催し運動の高揚に努めた。一九三五年七月三〇日に区制および区有財産の差別の撤廃を求めて、北部区民総会の名前で一七カ条の要求書を作成し、四郷村長山口林造と朝熊区長（南部）川口寅吉に手交した。さらに九月一〇日に一一〇名の署名を添えた陳情書を県知事と内務大臣に発送すると同時に、第六九回帝国議会において全水中央委員長松本治一郎が内務大臣に質問し善処を要望した。

一九三六年九月に北部の住民は朝熊区政差別糾弾闘争委員会を結成して県や村当局、南部の住民たちとの会合を重ねたが、「村長の消極的態度と南部住民の封建的思想に基く態度」のために解決の糸口すら見えない状況であった。(39) 翌年の六月三〇日に県社会課と全水県連の共同主催の懇談会が開かれ、社会課長から本件に関する斡旋の提案が示された。その内容は朝熊区を南部と北部に分離して、北部は独立の祝い金を南部に贈与するというもので、これでは差別の根本的解決にはならなかった。そこで全水県連のメンバーは懇談会を打ち切って、その直後に部落代表者会議を開き、今後は行政の力を借りることなく水平社の自主的活動によって問題の解決を図る方針を決めた。翌日、新田彦蔵・遠藤陽之助・小林勝五郎・松村政造・中世古基《もとい》たち一五名が四郷村長山口の許を訪れて一七カ条の要求書について糾したが、区制および区有財産の問題は協定書の締結によってすでに解決済みだとして北部の要求を拒否する回答がなされた。

そこで闘争委員会は小学校児童の同盟休校を敢行した。最初の二日間は六年生以上の児童三七名が休み、ストライキの効果を上げるために三日目からは一年生から五年生までの一〇五名が同盟休校に加わった。その事態に驚いた県学務課は、同社会課と村当局に働きかけて混乱の収拾を図った。六日間続いた児童同盟休校は、県社会課が誠意にもとづく解決策を提示するという約束をすることで打ち切られ、以後全水県連の新田や遠藤が闘争委員会の代表として県当局と協議することになる。世論を喚起するために県内三三カ所で演説会や座談会を開いて、一、一四九名の参加者および八一円七一銭の寄付が集まるのだが、激しい抗議活動にもかかわらず一向に事態が好転しないことから北部の住民の間にも不協和音が響きはじめる。「北部区民は最初全水幹部の言を信頼し、勝利的解決を期待しつつありたるが、其後何等の進捗も見ず、只基金を浪費するのみにして、時日の経過と共に幹部の態度に疑惑の念をいだき、漸次幹部より離間せんとする気運醸成しつつあり」という危機的な状況であった。(40) さらに七月七日の盧溝橋事件の勃発によって日中戦争が本格的にはじまったことは闘争の継続を困難にした。

そこで窮状を打開すべく遠藤と全水朝熊支部中西長次郎は区政差別については一時留保し、区有山林入会権の問題に闘争の目標を絞ることになった。県小作官から小作調停裁判に持ち込むことを慫慂された両名は小作農民を集めて全農朝熊支部を結成し、一一月一五日に山本粂次郎他一二〇名の署名を添えて安濃津区裁判所に調停裁判申立書を提出した。ここでも全農・全水県連の間で統一戦線が実現して共同闘争の場面が作られたのである。遠藤や中西、山本、植木は野口健二に協力して社会大衆党山田支部結成の準備を進めていたのだが、この一カ月後の一二月二〇日に人民戦線運動事件が発生して新田彦蔵・遠藤陽之助・大山峻峰・(検挙時は奈良に帰っていた) 藤本忠良などの全農・全水県連の関係者四五名が検挙された。さらに翌年一月一八日には第二次人民戦線運動事件が発生して山本粂次郎・中西長次郎・山本平重・植木徹之助などの朝熊区北部の住民三八名が検挙され、ついに朝熊区政差別糾弾闘争は息の根を止められてしまうのであった。大山氏は前掲『三重県労働運動史』のなかで、つぎのように述べている。

ここに組織された社会大衆党三重県支部連合会には、社会民主主義者を含むとはいえ、その主力としてかつての左翼運動にたずさわった有能な経験家が多数をしめ、三重の無産階級政治運動の中心勢力は依然として共産主義勢力によってしめられていたのである。

（中略）

なおこの一二月の弾圧は、社会大衆党支部にむけられたというよりは、その強力な一翼をなす農民組合と全水三重県連（朝熊区入会権をめぐって闘争中）にむけられ、これによって左翼的政治運動をはじめ、いっさいの無産運動を封じようとした官憲の措置であった。(41)

大山氏が指摘するように、旧共産主義グループが中心となって取り組まれた三重県内の人民戦線運動は二度に及ぶ検挙事件を通じて潰え去ったのである。梅川はこのとき差別糾弾の現場で闘争するというよりも、後方に退いてそれを組織的に支援する社会大衆党県支部の発展に専念していたために検挙から逃れることができたと思われる。この弾圧は社会大衆党の壊滅を目論んでおこなわれたものではなく、党中央でも衆議院議員黒田寿男や中央委員大西俊夫など人民戦線に理解のある労農派のメンバーだけが検挙の対象となった。事件直後の一二月二二日に中央執行委員会は「反党的傾向人民戦線的傾向は断乎排撃」するという党方針に違反したとして黒田と大西を除名し粛党工作を強めるとする声明を発表することによって組織の防衛を図った。その結果、ファシズムに抵抗するグループは獄中に連れ去られ、社会大衆党は「国民の党」という愚かな自己規定にもとづいて挙国一致体制と銃後活動への協力に邁進することになったのである。

註

（1）「伊勢新聞」（一九三三年一二月二二日）

（2）大山峻峰『三重県水平社労農運動史』（一九七七年八月、三一書房、二三一頁）
（3）『部落の歴史と解放理論』（一九六九年一二月、田畑書店、一九六頁）
（4）渡部徹「全国水平社解消論と部落委員会」（「人文学報」、一九七九年三月、京都大学人文科学研究所、三一六頁）
（5）三重県厚生会編『三重県部落史料集（近代編）』（一九七四年一二月、三一書房、五八三頁）
（6）「上田音市氏転向説／悪質のデマと解さる」（「社会運動通信」、一九三三年六月五日）
（7）「伊勢新聞」（一九三七年一二月一九日）
（8）社会大衆党第六回全国大会（一九三七年一一月一五日、東京市芝協調会館）。引用は『日本労働年鑑』（昭和一二年）第一八巻（一九三八年三月、二九三頁）からおこなった。
（9）前掲（5）、六〇四頁
（10）全水第一〇回大会（一九三一年一二月一〇日）における全九州連合会常任理事会から示された全国水平社解消の提議。引用は渡部徹・秋定嘉和編『部落問題・水平運動資料集成』第二巻（一九七三年三月、三一書房、五九五頁）からおこなった。
（11）渡部徹・秋定嘉和編『部落問題・水平運動資料集成』第三巻（一九七四年六月、三一書房、二一三頁）
（12）同右
（13）同右書、二五四頁
（14）同右書、二三三～二四頁
（15）前掲（4）、三二三頁
（16）ねずまさし「『労働雑誌』の歴史」（2）（「月刊さんいち」第四巻第一一号、一九六一年一一月、三

一書房、一五〜一七頁）
(17)『大阪百年史』（一九六八年六月、大阪府編集発行、八九〇頁）
(18)「日本人民戦線史をめぐる諸問題」（『歴史評論』第二三九号、一九七〇年七月、一五〜一六頁）
(19)「解題にかえて」、（復刻版）『労働雑誌』（一九八〇年六月、柏書房、二〇頁）
(20)『社会運動の状況』（昭和一一年版）、四三頁
(21)『野坂参三選集（戦時編）』（一九六七年八月、日本共産党中央委員会出版局、一九三頁）
(22) 社会大衆党第五回全国大会における一般運動方針。引用は前掲（8）、二九九頁
(23)『日本労働年鑑』（昭和九年）第一五巻（四四〇頁）からおこなった。
(24) 前掲（8）、二八九頁
(25) 同右書、二八六頁
(26) 同右書、二八七頁
(27) 警保局保安課『海外よりの左翼宣伝印刷物集』（一九三六年九月、四三四頁）。引用は『現代史資料』第一四巻（一九六四年一一月、みすず書房、八三一頁）からおこなった。
(28) 西川洋三重大学人文学部教授からの資料提供にもとづく。
(29)「社会運動通信」（一九三七年三月二四日）
(30)「伊勢新聞」（一九三七年三月九日）
(31) 前掲（5）、六三七〜六三八頁
(32) 前掲（2）、二五六頁
(33)『三重県史』（資料編・近代四）（一九九一年一二月二五日、七六〇〜七六八頁）
(34) 前掲（2）、二六〇頁

(35)　前掲（33）、七六八～七七一頁
(36)　前掲（18）、二一三頁
(37)　三重県労働運動史研究会編『三重県労働運動史』（一九六三年二月、二八五～二八六頁）
(38)　「水平新聞」第九号（一九三五年七月五日）。引用は前掲（5）、六〇三頁
(39)　「水平社運動の状況」の「差別糾弾運動其他の状況」「特高外事月報」（昭和一二年八月）。引用は前掲（5）、六四二頁
(40)　前掲（11）、五一五頁
(41)　前掲（37）、二八七頁

第八章　非常措置事件（一九四一）

1

イタリアやフランス、スペインにおいてファシズム勢力の拡大に対抗するために、共産党がイニシアチブをとって社会民主主義や自由主義の人々と共に結束した人民戦線運動戦術が日本でも展開された。一九三五年七月二五日から八月二〇日までモスクワで開催されたコミンテルン第七回大会では、ブルガリアのディミトロフやイタリアのトリアッティが提唱した反ファシズム労働階級統一戦線が決議され、翌年二月、同大会に出席しモスクワに滞在していた野坂参三と山本懸蔵が連名で記した「日本の共産主義者へのてがみ」が日本で公開された。すでにその戦術は日本でも「労働雑誌」「社会評論」などで紹介されており、大阪では統一戦線の結成を目指した港南地方全労総同盟合同促進協議会が組織されて、その理論が実践されはじめていた。

三重においても社会大衆党三重県連合会を中心として全国農民組合（全農）と全国水平社（全水）が連携して解放運動を進展させていた。とりわけ朝熊区政差別糾弾闘争では、右の三団体が一致結束して活動し一定の成果を収めつつあった。だが一九三七年一二月二〇日の第一次人民戦線運動事件では新田彦蔵・遠藤陽之助・大山峻峰・藤本忠良など四五名が検挙され、三重郡鵜川原村池底の全農県連北勢地区委員会と松阪市清生の全農三重県連が警官隊によって襲われた。さらに翌年一月一八日には第二次人民戦線運動事件が発生して山本粂次郎・中西長次郎・山本平重・植木徹之助などの朝熊区北部の住民三八名が検挙された。このときは度会郡四郷村朝熊の全農県連朝熊支部が襲われ、区政差別糾弾闘争を展開していたすべての者が逮捕された。「特高月報」（昭和一三年一月分）の「治安維持法違反被疑者検挙者調」には、人民戦線運動と〈反戦的造言飛語〉に加わった三重県の関係者として廣田勇四郎・森藤吉・堀内兎酉松・小林弘・遠藤陽之助・大山峻峰・廣田勇次郎（以上第一次）、植木徹之助・中西長次郎・山本粂次郎・山本平重・和歌国雄（以上第二次）の一二名の名前が挙げられている。

糾弾闘争を開始した当初、三重県社会課長は「闘争の有る所融和なし」として自重を求めたのに対して、行政当局の対応は信頼できないと判断した運動の指導者たちは児童同盟休校などを断行して激しい闘争を繰り広げた。この運動の当事者である大山峻峰氏は、二度にわたる人民戦線運動事件をつぎのように整理している。

昭和五年（一九三〇）の宇治山田署長の強引な介入によって調印された、朝熊北部の入会権（実は区民権）をめぐる協定調印に至る経緯の内状暴露を未然に防ぎ、伊勢神宮の膝元でも騒擾事件に発展する可能性を閉ざすばかりでなく、さらに進んで皇祖神伊勢神宮の神威イコール天皇の権威を示すのがこの弾圧の目的であった。そして警察的忠誠を発揮するための好餌となったのが朝熊区政差別闘争委員会であった。つまりこの昭和一二年の弾圧は、昭和八年までの弾圧とはその趣きを異にしている。それは絶対主義的天皇制の狂暴を丸だしにした弾圧であったと云えよう。(1)

大山氏の整理によれば、三二年テーゼによって正体を暴かれた絶対主義天皇制がその報復を目的として警察権力の刃を振り下ろしたのがこの弾圧で、二度にわたる人民戦線運動事件によって朝熊区政差別糾弾闘争は息の根を止められてしまう。直接的には官憲による弾圧が運動の継続を阻止したのだが、当時の資料には「北部区民は最初全水幹部の言を信頼し、勝利的解決を期待しつつありたるが、其後何等の進捗も見ず、只基金を浪費するのみにして、時日の経過と共に幹部の態度に疑惑の念をいだき、漸次幹部より離間せんとする気運醸成しつつあり」とある。(2) 闘争を激発させながらはかばかしい成果が得られないことへの苛立ちと指導者に対する不信感が北部住民の間に募っていたのである。

政府による関与の下で創立された中央融和事業協会（中融）は国から地方改善応急施設費を支出させて経済更正運動を進めていた。この事業がスタートした一九三二年度には、政府負担の一五〇万円のうえに地方負担の約二九万円が加えられた合計一七九万円が経済更正運動の予算として計上された。やがて予算は削減されて行くのだが、巨額の費用が投じられた結果、融和政策・融和運動は被差別部落大衆の間に浸透し支持を集めるようになった。中融の予算ばらまき政策は水平社運動を分断するものだとして批判する一方、全水はその大攻勢に危機感を抱き運動の孤立化を防ごうとした。これはまさに「融和政策・融和運動の攻勢、社会運動全体への弾圧の強化のなか、全水への広範な大衆の理解を求めなければならなくなっていた」（藤野豊氏）といえよう。[3]
　また「昭和十二年における三重県下の情勢」（『社会運動の状況』九）によれば、一斉検挙事件直前の朝熊闘争は「支那事変勃発後の時局に鑑み北部幹部中にも自重論を唱ふるもの出て、部落民の歩調不一致を来したる」状況であったと伝えられている。七月七日に盧溝橋事件が発生し日中戦争が本格化してから、好戦的な世論のなかで孤立するのを恐れた全水は糾弾闘争を自重する傾向が強くなっていた。九月一一日に全水は第一回拡大中央委員会を開催し、日中戦争について「われわれは勿論東洋平和と日支両民族の共存共栄のためにこれを遺憾とするものであるが、事ここに至った以上は、国民としての非常時局に対する認識を正当に把握し、『挙国一致』に積極的に参加せねばならぬ」という声明を発表した。[4]このような方針に沿って朝熊闘争の指導者は自重論を唱えたのだと思われるが、それは住民間の「歩調不一致を来したる」結果をもたらしたとされるように、彼らに従って闘争を激発させてきた北部住民の不信を招くものであった。時局への配慮は全水を孤立させないための一つの方策だったかもしれないが、それは同時に運動が内部崩壊する危険を招いたのである。融和運動の攻勢、日中戦争への対応などをめぐって水平運動は深刻なジレンマに陥っていたといえよう。

2

　人民戦線運動事件は全国的には日本無産党や日本労働組合全国評議会（全評）などの合法左翼運動

がターゲットにされた弾圧であった。第一次事件は一八府県にわたって四四六名が検挙され、日本無産党と全評が結社禁止になった。検挙者のなかには加藤勘十や黒田寿男社会大衆党代議士をはじめ山川均や荒畑寒村、鈴木茂三郎などの労農派の理論家や合法左翼の活動家が含まれていた。他方、翌年の二次事件は二月一日に九府県にわたって大内兵衛や有沢広巳、脇村義太郎などの大学教授を中心として三八人が検挙された教授グループ事件や、この前後になされた「新興仏教青年同盟」「世界文化」などの一連の検挙事件を含めると、検挙者数は一、五二一名に及んだ。

この事態を受けて社会大衆党は直ちに対応を協議し、第一次事件発生直後の一九三七年一二月二二日には、黒田寿男代議士と大西俊夫書記局員を党方針に違反した者として除名するという声明書を中央執行委員会が発表した。さらに第二次事件に際しては一九三八年二月七日に党本部で全国府県連代表者会議を開催して対応を協議し粛党活動の強化を決議した。この会議には全国の県連会長と書記長が前年一一月一一日に東京芝区西久保桜川町へ移転を終えたばかりの党本部会館の会議室に集まった。「社会大衆新聞」(一九三八年二月一八日号)には、この会議の消息が伝えられており、黒田や大西をはじめ二八名が除名され粛党活動を強化することが決議されている。同紙によれば、三重の関係者として石垣国一松阪市議が除名されており、三重代表として会議に出席していた梅川文男が県内の状況を説明したと思われる。社会大衆党本部とは異なって反共産主義の傾向が弱かった三重では、全農と全水、社会大衆党が協力して人民戦線運動を展開して一定の成果を挙げていたのだが、人民戦線戦術を展開した梅川の立場は本来、党本部から許容されないものであったにちがいない。だが地方の批判勢力にとっても、前年四月三〇日の第二一回総選挙（普選第五次）で約九三万票を獲得して六六名の立候補者の内、三七名を当選させるなどの大衆動員力を示した社会大衆党の力を借りる他はなく、結党以来体制の画一化を図ってきた党中央に対しては「もはやほとんど沈黙を守ること」しかない状態が続いていたのである。(5)

人民戦線運動事件後の一九三八年四月二四日、社会大衆党三重県連は議会報告演説会（現状維持既成勢力の爆撃、既成政党の醜状暴露、西尾問題の真相発表、新党運動批判、挙国一致体制の強化）を開催した。「社会大衆新聞」（一九三八年四月三〇日号）によれば、河上丈太郎・前川正一・水谷長三郎・西尾末広が松阪市信用組合ビル講堂で一、二〇〇名の聴衆を集めて講演し、また杉山元治郎・加藤鐐造・永江一夫・西尾が宇治山田市大世古町公会堂で一、二〇〇名の聴衆を集めて講演した。同紙には「河上、前川、西尾、杉山、加藤、永江は演説会開会に先立ち同日午後四時同県連幹部諸君と打ち揃ひ、伊勢大廟に参拝、暴支応懲の聖戦に日夜奮戦しつゝある我が皇軍将士の武運長久を祈願した」とある。

無産陣営唯一の合法政党であった社会大衆党が憲政党や政友会という既成政党を批判することには世論が味方した。だがファシズムに対する抵抗勢力となるべく期待されて躍進したにもかかわらず、それを無視して党の防衛だけに奔走し、ファシズムに迎合したことには失望させられる。一九三八年一一月二〇、二一日に芝協調会館で開催された社会大衆党第七回大会では、党は全体主義の原則の上に立ち、国家の一元的組織化を目標とする「国民の党および国民の組織」となることが明確にされ、社会大衆党の全体主義化に拍車がかけられた。

他方、全農も全水も人民戦線運動事件の対応に苦慮する。第一次検挙で黒田寿男・大西俊夫・岡田宗司などの検挙者を出した全農は一九三七年一二月二九日に声明書を発表して「我等は過去の運動方針を再検討し、小作組合型を放棄して銃後農業生産力の拡充と農民生活安定の為めに、勤労農民全体の運動に再出発せんとす」と述べ、指導方針の転換と反共産主義・反人民戦線の立場からの社会大衆党の支持を再度表明した(6)。そして翌年、社会大衆党の三輪寿壮の斡旋で日本農民組合総同盟との合同をおこなって大日本農民組合となり、二三府県にわたって約一五、〇〇〇名が参加したが、三重県連は加盟を見合わせた。

全水は一九三八年六月一五日に大阪市浪速区芦原町芦原市場集会所で中央委員会を開催した。「被差別部落の解放を期す」という従来の綱領を「吾等は国体の本義に徹し国家の興隆に貢献し、国民融和の完成を期す」と改正して、それまで批判を加えてきた中融の融和政策に迎合する姿勢を見せた。この全水の右傾化に乗じるように全水三重県連北勢支部は六月一日に国家主義団体の三重勤労報国同志会に好意を寄せていた増山英一支部長の判断によって支部解散を決定した(「特高月報」昭和一三年六月分)。また松田喜一が委員長を務めていた全水大阪府連が国家主義団体の大日本青年党との合同を協議しはじめたことは、水平社創立のメンバーの西光万吉や阪本清一郎、米田富たちが右翼に転じたことと共に水平社運動に大きな影響を与えた。

3

一九三八、三九年頃に梅川文男がどのような思想を持っていたかを示す資料が二つ遺されている。第一の資料は、名古屋保護観察所がまとめた『農村厚生講習会の概況』（一九三八年六月七日発行）という報告書である。思想犯の転向を促進しそれを確保することを目的として名古屋保護観察所が三重農村厚生指導者養成講習会を計画した。三月一九日から二三日の五日間、一志郡久居町の厚生会館を会場にして三重の解放運動の活動家三一名と他県からの参加者七名が集められ講習会が開催された。全農・全水の関係者では池端勘七、新田彦蔵、小林勝五郎、岩瀬仲蔵と梅川が参加している。巻末に付された名簿には、当時表向きは古書店を経営していたため梅川の職業は「商業」とされている。また当局側の奉仕員として上田音市や松井久吉たちの名前が記されている。この報告書には講演会の講師との質疑応答も記録されているので、そこから参加者たちの思想の一端が窺える。

梅川の行動を知る手がかりとなる第二の資料は、かねてから協議されていた通り全水大阪府連が大日本青年党との合同を決定したことについて、三重県警が上田音市と梅川の意向を本人から聴取した記録である。警察の訊問に対して彼がどのように答えたかは『三重県部落史料集（近代編）』のなかに「三重県警察文書」として収められている。当時の梅川の思想を明らかにするには、右の二つの資料はいずれも重要なものといえるので、先ず前者から紹介しよう。

河村泰三名古屋保護観察所長が委員長となった三重農村厚生指導者養生講習会は、思想転向者輔導団体明徳会三重支部の共催、さらに三重県と津市、松阪市の後援を得て組織された。尽忠報国の精神を伝授する講師として山崎延吉（農本主義者）と八木沢善二（企画院調査官）が招かれ、「農民精神の顕揚」「国民精神の顕揚」「事変下に於ける農村国策の将来」「農村厚生運動の新展開」というタイトルの講義がおこなわれた。この講習会の目的として当局によるつぎのような情勢分析があったことは注意しておくべきである。

顧みるとき、名古屋保護観察所の対象者たる思想犯関係者は、管下全体にて二百七十五名に上るが、愛知県の百九十二名に次ぐは三重県の五十三名にして、是等の関係者は三重県に於て嘗つて果敢なる共産主義運動を展開し、名古屋を中心とする中部地方の共産主義運動は凡そこの三重を通じて展開されたと言つて過言ではない。而もこれら関係者の多くは、水平運動を母体として共産主義運動を展開せるもの故、階級意識並に闘争意識は今尚ほ強く、三重県下の嘗っての左翼影響下分子に働きかけ、農村に於ける小作争議を指導しつゝある現状にて、戦時体制下にも拘らず農村に於ける闘争、相剋は今尚ほ止まず、邦家のために誠に憂ふ可きものがあつた。

当局によれば、名古屋を中心とする中部地方の共産主義運動は三重を通じて展開された。水平社運動を母体として展開した三重の共産主義運動は今もなお階級闘争意識が強く、転向者に働きかけて小作争議を指導しているために、戦時下であるにもかかわらず農村での闘争が止まないという。このような情勢分析にもとづいて当局は彼らの活動には厳重な警戒を要すると判断している。

この講習会では、講演を聴いた後に講師を囲んでの座談会が開かれており、そこで講師との質疑応答がなされている。報告書は主催者側がまとめたものなので治安当局にとって都合の悪いことは記載されていないはずなのだが、報告書を読めば参加者たちが極めて辛辣な意見を述べていることが分かる。一例を挙げれば、「農民精神の顕揚」という講演後の座談会では、小林勝五郎が農業交付金の意義を問い質して「小作人に取つては現在の状態では何の利益にもならない」と述べ、山崎延吉の応答に対しても「交付金の精神は仁徳天皇の御心に基くが如く文書で読みましたが、実際にはそうした精神の温かさは全く失はれていると思ひます」と畳みかけるように質問している。また別の座談会で岩瀬仲蔵は「村山氏は部落に対する差別観念は少数だと仰言つたが認識不足だと思ひます。実際現はれた事件は少数でも一般に普及してゐると思ふから、その点に対し御研究願ひ度い」と厳しい注文をつけている。岩瀬が研究不足を指摘した村山藤四郎は元日本共産党農民委員で、治安当局側の奉仕員として出席していた。さらに岩瀬は「地主と融合する、法律が日本的になる迄待つと言ふことは解る。併し明日の問題、今日食ふ為の問題に就ては何うしたらいゝか」と発言しており、自らの運動体験にもとづいた見解を的確に示していた。前年一二月に刑務所から出てきたばかりで、所内では自分を「非転向者」と呼んでいたという。

ところで報告集に記録されている梅川の発言で、最も重要なものは最後の夕食の後に「感想の夕」として催された座談会での発言である。講習会の総括として出席者がそれぞれの思いを披露して学習の成果を強調しているなかで梅川はつぎのような発言をおこなっている。

私は三、一五事件に連座して五カ年を刑務所内で過したのですが、中で反省して見ましたことは、是迄自分で克服し得たと自惚れて居た伝統に却つて弾き飛ばされて了つたといふ感じを受け、私達のやつて来たことは実に足の浮いた運動で、農村に根深く染みてゐる伝統を理解せず、真の農民精神を把握もせず、唯無理押に進めて来たことの誤りを悟つたのです。其後組織にも関係してゐましたが、結局農民を指導するといふやうな確信を失ひ自分一個の生活に終始してゐる者です。

次に転向者運動に対し私はそれがインテリ化してゐる傾向を感じ、特に或一部では転向を売物にしてゐると言ふ不愉快さを覚えた点、観察所の御参考までにもう一つ、此の講習会は成功であり、有意義であつたと言ふ点は疑ふ余地無いが、講習生が雑多であると言ふことが諸々の矛盾を生じたと思ふ。

梅川によれば、共産主義運動に参加することで農村の「伝統」を克服することができたと思っていたのは「自惚れ」でしかなく、かえってそれによって自分が「弾き飛ばされ」てしまったという。「伝統」に対する敗北というのは転向左翼がしばしば口にした言葉なのだが、梅川は観念的にではなく解放運動の最前線で闘った者の実感にもとづいてその言葉を使っている。さらに「転向者運動」が「インテリ化」して「転向を売物」にする輩までが出現していることに「不愉快さ」を覚えたとし、座談会で「一度も共産主義運動に関係したことのない人で、最近全農に入り我々と共に運動をされてゐる人」がこの講習会に参加していることに苦言を呈している。右の引用の最後でも「講習生が雑多である」ために講習会に「諸々の矛盾」が生じたことを批判している。美辞麗句に満ちた転向者輔導政策が農村の厳しい現実とは遊離したインテリ向けのものになっており、軽薄な人物たちがそれに迎合して自分の転向を売物にしているのに比べて、梅川は「結局農民を指導するといふやうな確信を失ひ自分一個の生活に終始してゐる者」として自己規定している。社会大衆党県連を率いていた彼は決して「自分一個の生活に終始」していたわけではないが、自己の内面を見つめ直すという行為を忘れていない点は評価されるべきである。

講習会の最後に参加者には修了証書が授与された。授与式では三重県講習生を代表して梅川が答辞を読んでいる。梅川によれば、自分はこの講習会を通して「日本精神」を理解することができ、さらに「銃後ニ於ケル防共思想戦ノ第一戦ニ立ツテ働キタイ」と考えるようになったという。このような追従は治安当局の監視を逃れるための便宜的なものでしかなく、彼の本意とは異なっていたと思われるのだが、このときの梅川の態度について秋定嘉和氏は、つぎのように指摘している。

この三重県では、梅川文男さん（全農・全水協力者）とか、その周辺の人々は一九三九年の社会大衆党にまだ在籍しており、しかも一九四一年の一二月に共産主義運動容疑者として検挙されています。私は、梅川さんなんかは「偽装転向じゃないか」と考えたりしています。その「転向」の内容が非常に現実に根ざした「転向」であって、現実の場に依存し考えることからなかなか「転向」が思いどおりにならないのではないかとか、またそれが「転向」であっても、そういう重い日常的問題をひっさげて「転向」するから、やはり官憲や政府のほうは疑問視していたのではないかという感じがします。そのことを「転向」と現実のはざまというふうな問題で、今後もっと深く考えたいと思っているわけです。(7)

秋定氏によれば、治安当局に対して追従の言葉を述べた梅川の態度は「偽装転向」ではなかったかと推定する。都市のインテリとは異なって、農村や被差別部落の重い日常的現実のなかで闘争を続けてきた人々にとって、言葉の上で思想を転向することはできたとしても、これまで共に運動してきた小作人や被差別部落民を見棄ててしまうことはできない。程度の差こそあれ、講習会の参加者はみな言葉と本心が異なる「面従腹背のふてぶてしい態度」を示していたと考えられよう。(8)

4

ではつぎに「三重県警察文書」を見てみよう。全水大阪府連が右翼に転向したことが新聞で報道された直後、県警はその記事について全水中央委員上田音市と社会大衆党県連執行委員長梅川に所感を求めた。全水は社会大衆党を支持していたので、大阪府連が独自に大日本青年党に支持政党を変えたことは、運動方針をめぐって全水を二分させる火種となっていた。全水大阪府連の松田喜一は相次ぐ弾圧や中融による融和政策の攻勢に危機感を募らせ、「全水運動の沈退はその運動方針が当時に於ける客観情勢を無視せるが為にして、之を打開するにはその時時の社会情勢に合流するを要すべき、現在に於ては右翼団体との提携を第一義とすべし」という判断を下した。(9) そこで一九三六年末から右翼農民組合・皇国農民同盟と関係の深い大日本青年党関西支部と協議をはじめ、全水府連のメンバー二、三〇名を順次同党に加入させた。新規入党者の高畑久五郎は西成皮革工組合に対して右翼労働組合の大日本産業労働団への合流を勧め、説得の末に組合を解消させた。全水の運動方針を逸脱した松田は自分たちの行動の表面化を恐れ、大日本青年党への加入は個人的な発意にもとづくものとし、その後あらためて組織の会合を催して、その席上で一定の方向に導こうという工作をおこなっていた。全水幹部も従来の運動の行き詰まりから何らかの方向転換を迫られていたのを痛感していたが、松田や高畑は機に乗じて主導権を奪取しようとするものであった。だがそれは「従来全水内に於ける左翼的先鋭分子として目された両者が、時局柄きわめて不利なる客観情勢に逢着して案出せる自己防衛の一策」でしかなく、そのために「発展性に乏しく、たとえ全水の右翼転向実現の機に至るもその具体化は至難なるもの」であった（「特高月報」、昭和一三年一月分）。

右のように治安当局は全水大阪府連の右翼転向に対して低い評価しか与えていない。だがそれがどのように地方組織に影響を及ぼして行くかは注視すべき事柄であった。この問題について梅川を訊問した三重県警の記録をつぎに引用する。

松阪市湊町居住
社大党三重連執行委員長
共甲　梅川文男

大阪ノ全水ガ大日本青年党ニ合流ヲ表明シタト言フ事ハ、彼等従来ノ態度ニ対スル申訳ノ豹変デナイカト思フ。大体全水関係ノ中間階級ニ在リタルモノハ過去ニ於テ「アナ」ノ系統ニ在ツタモノデ、今回社大党ヲ一足飛ニ大日本青年党ニ走ツタト言フコトハ果シテ将来ノ同党ニヨキ結果ヲ与ヘルデアロウカ疑問デアル。

然シ我ガ国現在ノ日本主義団体デ真ニ有意義ニ活発ナ活躍ヲ為シツ、アルハ同党デアリ、且又将来ヲ嘱望サル、団体モ同党デアルニ鑑ミ、過去ノ行懸リヲ清算シテ同党ニ合同シタト云フ事ハ、全水ハ勿論国家ノ融和上寔ニ慶賀ニ堪ヘナイモノガアル。

梅川によれば、全水大阪府連の幹部は元無政府主義者で、共産主義思想にもとづいて運動を展開してきた全水中央に対して以前から距離を感じてきた者たちである。左翼勢力の凋落を目の当たりにし、水平社運動の主導権を奪取するために社会大衆党を飛び越えて右翼政党の支持を表明した。彼らの「豹変」は形勢に機敏に反応して支持政党を変えただけで、大日本青年党にとっても決してよいことではないという。右の引用の後半部分には、大日本青年党が「真ニ有意義ニ活発ナ活躍」をなしつつある党で「将来ヲ嘱望」されているので全水がそれと合同することは「国家ノ融和上寔ニ慶賀ニ堪ヘナイ」という発言があるが、それは県警の取調官に対して配慮した応答であって、梅川の本音は松田や高畑の軽率な行動への批判にあったと見てよい。さらに梅川はつぎのように証言している。

勿論大阪府連ノ急転回ハ全水組織ノ上ニ重大ナ波紋ヲ画クモノト見ネバナラナイガ、松本委員長ハ社大党ニ於ケル有力ナ幹部デアリ、従而全水一般ガ大阪府連ト同一態度ヲ採ルト云フコトハ認メラレナイ。

然シ全水モ此ノ際従来ノ潜在的態度ヲ明瞭ニセシムルコトハ最モ肝要ト思フ。

三重県ノ社大ハ其ノ組織ガ殆ムド全水関係ニアルヲ以テ、仮リニ全水三重連ガ大阪ノ松田君等ト同一行動ヲ取ル様ナ事ガアツタラ、其ノ及ボス影響ハ勿論大キイガ、全水ガ真ニ日本精神ヲ理解シ、大日本青年党ニ走ルナラバ、之レハ追ハナイガ、全水ノ地方幹部ニヨクアル事件屋ノ如キモノト結託スル様ナ事ガアツタラ全水ノ将来ニ悪影響ヲ及ボスモノガアロウ。

梅川によれば、全水大阪府連の急転回は全水組織に大きな波紋を及ぼすかもしれないが、松本治一郎委員長は社会大衆党の有力幹部であることから、大阪府連と同じ行動は執らないだろう。しかしこの際、支持政党に関わってこれまで「潜在的態度」しか見せてこなかった全水の姿勢をここで明瞭にしておく必要があるという。なぜなら三重の場合、社会大衆党県連の組織はほとんど全水と重なっているので、もし全水県連が大阪府連のような行動をすれば影響は大きいからである。「日本精神」を「真に」理解して大日本青年党に走るのならば彼らの後は追わないが、「全水ノ地方幹部」によくある「事件屋ノ如キモノ」と「結託」してのことなら全水の将来に悪影響を及ぼすだろうという。このように「三重県警察文書」を読めば、梅川は取調官に対する配慮を示しながらも、急速に右傾化して行く解放運動の情勢を正確に捉え、それらを批判的に見ていたことが分かる。

5

盧溝橋事件をきっかけにして日中戦争を本格化させた近衛文麿内閣は一九三七年一月一六日に「帝国政府は爾後国民政府を対手とせず」という声明を発表した。それによって水面下で進められていた駐中ドイツ大使トラウトマンによる和平工作が打ち切られ、後戻りできないところまで事態を悪化させた。近衛内閣は挙国一致・尽忠報国・堅忍持久をスローガンにして戦時体制の強化に努め、一〇月には軍人団体や婦人団体、青壮年団体、教化団体などの七四団体が参加した国民精神総動員中央聯盟を結成した。当初は単なる精神運動であったのだが、やがて国債買入れや貯蓄奨励、消費節約、生産増進などの国民生活全般にわたる組織化が図られ、国策に対する協力が町内会や部落会を通して強要されるようになった。このような状況下、社会大衆党は一九三八年一一月二〇、二一日に芝協調会館で開催された第七回全国大会で、「国民の党および国民の組織」構想を採択した。それは「全体主義の原則の上に立ち、国家の一元的組織化を目標とする」「国民的組織を通じて国民総意の体現せられたる党」を志向するものであった(10)。全国単一合法無産政党として社会大衆党は、既成政党やファシズム政党に対する失望感を背景に一般市民から広範な支持を集めて議席数を伸ばしてきたのだが、右の構想を通じてアジア侵略戦争を政治的に担う全体主義政党へと変貌することが明らかになった。社会大衆党が変貌した理由は、同党には創立当初から三つの派閥があり、党内抗争の結果「硬直した『反資本主義』論をふりかざしながら、徐々にファシズムへの同調性を強め」て行った麻生久と亀井貫一郎のグループが主導権を握っていたことが挙げられる。[11]

日中戦争を収拾不能な域にまで悪化させた近衛内閣が崩壊した後の一九三九年一月中旬、社会大衆党の三輪寿壮と東方会の中野正剛の間で、階級闘争を否定する国民戦線を結成するために両党が合同することで意見が一致する。ファシズムを志向する東方会には、社会大衆党の転向に反発して加入した「旧労農党系の全農最左翼に属していた」運動家も多数存在しており、淡路の農民運動で梅川と共に活動した長尾有もそのなかに含まれていた。[12]彼らは「戦時体制を前提とし、それまでの『階級的』主張を『国民的』に塗り替える」ことを通じて「大衆の生活に密着した要求をむしろ積極的に主張し、それをナショナルな政治課題と結合する理論」を与えた。[13]一九三八年六月には東方会の満州移民視察団に加わって政府の移民政策にも積極的に提言し協力している。それまで解放運動の最左翼にいた者たちが一転して今度は最右翼に位置したところに、この時代の混迷ぶりが窺える。

社会大衆党と東方会の合同は一時進展するかに見えたが、旧社会民主党系の西尾末広や松岡駒吉たちの反対や、役員問題をめぐって暗礁に乗り上げて安部磯雄委員長が不参加を表明したことによって合同は失敗に終わる。だが旧社民系と旧日本労農党との対立は激化し、一九四〇年二月、第七五回帝国議会において民政党斎藤隆夫議員が反軍演説をしたことに対して衆議院が議員除名をした際に、社会大衆党はついに分裂する。安部磯雄をはじめ除名反対派は旧社民系の全日本労働総同盟の支持を得て新党結成に向かった。この折に安部を含め片山哲や鈴木文治、西尾末広、水谷長三郎、松本治一郎などの代議士一〇名が社会大衆党から離党除名された。一方、党本部に残った麻生久と亀井貫一郎たちは近衛文麿への接近を強め、六月二四日に近衛が枢密院議長を辞して新党運動に乗り出すという声明を発表すると、その日の内に党常任執行委員会を開いて社会大衆党の解党を決定した。近衛は木戸幸一や有馬頼寧、風見章たちと協議を重ね、既存の政党を解党させた後で新たに単一政党を結成して「聖戦目的貫徹に邁進」する新政治体制を立ち上げることを決めていた。社会大衆党は党代議士会との合同会議で解党の方針を確認すると共に「新政治体制確立の礎石たらん」という声明を発表して近衛の新体制運動提唱に応じ、既成政党にさきがけて解党した。

社会大衆党が分裂したことを受けて同党三重県連合会支部は、どちらのグループに属するのかを検討する会合が早速開かれた。「大阪朝日新聞三重版」（一九四〇年四月一九日）によれば、四月一七日夜、松阪市隣保館に同党全国委員上田音市や県支部長梅川文男、県支部執行委員野口健二を含む「松阪・山田・一志各地幹部十余名」が集まった。中央で発表された声明書などの情報を分析し意見交換した結果、社会大衆党本部派を支持することを決定したという。安部のグループが画策した党は内務省によって結社禁止処分が下され、政治活動の道が閉ざされるのだが、三重の場合もそれまで解放運動の最左翼にいた者たちが最右翼のグループに転じるというプロセスをたどり、七月二三日に県連合会支部の解散と同時に新体制促進懇談会が結成されている（「特高月報」昭和一五年七月分）。前年一二月の記録によれば、党三重県支部は党員一二四名を数え、小林勝五郎執行委員長の松阪支部に九〇名、野口健二執行委員長の山田支部準備会に二四名が属していたことが分かる。(14)

6

社会大衆党の分裂、解党という事態に直面して全水も大きな動揺に見舞われる。全水中央委員長松本治一郎は安部磯雄たちと行動を共にして新党の結成に尽力していたが、全水にはかねてより松本の社会民主主義的な政治的立場に批判的な左翼グループが存在しており、彼らは主導権の奪還を目論んで近衛新体制運動に参加する。社会大衆党の解党と同じように全水を解消させようとするグループには野崎清二・松田喜一・朝田善之助・上田音市たちが含まれており、すでに全水を離れて大日本青年団本部嘱託となっていた北原泰作との間で協議を重ねていた。

全水は一九三八年六月に「闘争を通じて被差別部落の解放を期す」という従来の綱領を「吾等は国体の本義に徹し国家の興隆に貢献し、国民融和の完成を期す」と改正して政府の融和政策に迎合する姿勢を見せていた。だがそれが不徹底であったために全水の活動が停滞したのだと批判して、全水解消派は「真に全水が真綱領の精神を体得」するならば「必然的に国民対立・分裂の組織である全国水平社そのものを解体しなければならぬ」という。松本治一郎・泉野利喜蔵・井元麟之を中心とする「全水内に於ける自由主義的、社会民主主義的分子」が「全水を自己の社会的・政治的踏み台として存続せしめるために、全国水平社の解体に反対し、新綱領・新運動方針に基づく具体的な実践活動を意識的にサボタージュ」していると主張する。(15) そして全水解消派は「『部落民』の真の解放とは、人格の独立と尊厳とを基調とする国民一体の実現であり、それは日本国体の尊厳そのものの中に、国体精神の高揚と国民精神の協同的建設の中に実現」されるとしてファシズムの一翼を担う部落厚生皇民運動をはじめたのである(16)。

一九四〇年四月三日に大阪中之島公会堂で開催された準備会には京都・大阪・岡山・兵庫・滋賀・長野・三重・愛知・奈良・山口・愛媛・富山から四〇余名が出席した。さらに八月二八日に有隣勤労学校と大阪市浪速区栄第二尋常小学校で開催された部落厚生皇民運動第一回全国会議には、準備会に出席した地域から参加したメンバーに加えて大阪市役所社会部野間宏などの来賓を含めると一一四名が集まった。三重からは上田音市や池端勘七たち七名が出席し、上田と池端は理事に選ばれている。松阪では彼らの指導に従って九月一七日に「支部員約一千七百名」の全水松阪支部の解散を決める。さらに三〇日には松阪市日野町二丁目の松阪隣保館で全水県下部落代表者会議を開催して「会員約一万二千名」の全水県連合会の解散と共に部落厚生皇民運動への参加を協議した(17)。

だが全水解消派の呼びかけに応じた者は予想以上に少なく、彼らは水平社運動の主導権を奪還するには至らなかった。そのために一二月九日に京都市岡崎公会堂で部落厚生皇民運動全国協議会解散大会を開催した。全水解消派は「対立的・分派的性格」を持たされていたために多数の人心をつかめなかったとして解散を宣言する。そして二五日を期して朝田善之助を中心とする京都地方同志が平安神宮に、亀本源十郎を中心とする奈良地方同志が橿原神宮に、上田音市を中心とする三重地方同志が伊勢神宮に、生駒長一を中心とする愛知地方同志が熱田神宮に解散報告参拝することが決定された。水平社運動の研究者藤谷俊雄氏によれば、部落厚生皇民運動は被差別部落における経済的問題の解決を目指すという生活密着の性格を持つ反面、「高度国防国家建設」のための翼賛運動という高度に政治的な役割を担おうとしたために、彼らの「生活建設運動も、戦時統制経済政策の下における協力運動として、矮小化される弱点」を持っていたという(18)。

他方、全水本部派は安部の新党が内務省によって結社禁止処分を受けると、解消派メンバーを除名すると同時に近衛新体制運動に参加しようとする。一九四〇年八月二八日に芝協調会館で開催された第一六全国大会では「部落問題完全解決体制の樹立」に加えて「挙国総動員の大和国民運動へ」や「国体の真姿顕現、皇道国家建設」「君民一如赤子一体天業翼賛」というスローガンを採択した。中融との接触を試みながら融和運動を展開する大和報国運動協議会を結成して、一一月三日に東京市浅草区松葉町東本願寺で発足大会を開催したのである。

7

一九四〇年一〇月一二日、「高度国防国家建設」の中核体として大政翼賛会が第二次近衛内閣の下で成立した。強力で一元的な政治体制を新たに立ち上げることを目指した近衛の新体制運動は既存の政党に呼びかけて解党を促したが、指導能力に乏しい近衛に対して過度の期待をかけていた内務官僚や旧政党、軍部、観念右翼などの利害対立が次第に表面化して行き、各グループからの攻撃を浴びた結果、当初の目的から大幅に後退して「大政翼賛の臣道実践」という観念的スローガンを掲げた政府への協力公事結社にすぎないものになった。しかしその後、警察と内務官僚が指導した大政翼賛会の下で「万民翼賛臣道実践ノ国民組織確立ノ推進」がおこなわれ「国民思想ノ統一、職域奉公ノ徹底、国防生活ノ確立、戦時経済ノ確保等」が進められた。一九四二年六月に大日本産業報国会や商業報国会、翼賛壮年団など六つの官製国民運動団体を傘下に収め、八月には町内会や部落会、隣組、隣保班町内会などを編入して国民支配組織としての役割を果たした。

全国単一合法無産政党として反ファシズム勢力の糾合を期待された社会大衆党は、反既成政党・反共産主義を標榜した人々の寄せ集めでしかなく、一般市民の期待を裏切って選挙のための集票組織になり下がった。先に触れたように一九四〇年二月、民政党斎藤隆夫議員が反軍演説をしたことに対して衆議院が議員除名をした際に分裂した。その後、斎藤は兵庫県第四区の補欠選挙に立候補し、反ファシズムの立場に賛同する一般市民の圧倒的な支持を受けて再選されるのだが、これを見ればいかに社会大衆党が世論の期待を裏切る行動をしていたかが分かる。

近衛新体制運動がはじまると、社会大衆党はいち早く解党し時局に便乗しようとした。この時点で日中戦争の泥沼化を危惧していた一般市民の意思を代弁してファシズムに抵抗するための最後の砦となる政党が消え失せてしまい、最左翼にいた活動家が最右翼に転じるというケースがこの時期の解放運動に顕著に見られた。彼らが翼賛運動に進んで参加し、総力戦体制を効力のあるものにすることによって社会抑圧や差別の問題を解決しようとしたのは、国体の名において人的資源の供出が要請される総力戦体制の下では、社会のすべてのメンバーが戦争遂行に必要な社会的機能の担い手となって国民統合が強化されると考えられたからであった。社会学者山之内靖氏によれば、総力戦体制は「社会的紛争や社会的排除（＝近代身分制）の諸モーメントを除去し、社会総体を戦争遂行のための機能性という一点に向けて合理化するもので」、「人的資源の全面的動員に際して不可避な社会革命を担った」という。(19) かつて共産主義を奉じていた活動家たちには、翼賛運動は社会的抑圧や差別を解決する現実的な方法として、自分の理想をかなえる格好の手だてに映った。

だがその前提としてアジア侵略戦争が必要とされていたことを忘れてはならない。翼賛運動は軍事力を増強して大陸の肥沃な原野を略取し、紛争や差別の対象をアジアの人民に向ける。労働者・小作農・被差別部落民の解放は開拓移民政策を通して試みられたが、それらは根本的な解決といえるものではなく、総力戦体制の下で争議や差別の件数が減ったのは治安当局の監視が徹底されたためであり、社会問題がなくなったわけではなかった。国民統合が進められる裏面には統制も厳しくなるのは当然で、「聖戦目的ヲ完遂セントス」という美辞を連ねながらファシズムが浸透したのである。

一九四一年一二月八日、日本軍はアメリカ軍太平洋艦隊の母港ハワイ真珠湾を急襲した。翌日早朝、対米英宣戦布告に伴う非常措置として内偵中の被疑事件の検挙者二一六名（その内令状執行一五四）、要視察人の予防検束者一五〇名、予防拘禁を予定する者三〇名（令状執行一三）、合計三九六名の非常検束がおこなわれた。「特高月報」（昭和一六年一二月分）によれば、三重では「共産主義意識濃厚にして凡有運動に関係し常に県下の左翼分子と連絡して自己の指導下に置かんと策動する等合法偽装運動の容疑不尠」として四名が拘引された。この四名とは梅川の他に全水県連伊賀支部の松井久吉、元日本赤色救援会県連の野口健二、元社会大衆党県連の駒田重義であった。梅川に関わる主な犯罪事実として（一）「詩精神」「三重文学」などの文芸誌を通じて労働者農民の階級意識の昂揚を図ったこと、（二）人民戦線運動戦術の一翼を担当するために全農県連のメンバーを中心として社会大衆党県連支部の組織化に狂騒したこと、（三）一九三七年三月の松阪市会議員選挙および翌月の衆議院議員選挙に際して同志上田音市を立候補させて選挙闘争をおこなったことに加えて、最後につぎのような事項が挙げられている。

昭和一五年七月客観状勢の圧力に従つて社大党支部を解散一時運動の地盤を失ひたるが、新体制運動の台頭に便乗して三重県新体制促進会を結成、産業組合、革新団体等と緊密なる横断的連絡の下に共産主義的意慾の実現を期せり、本会は大政翼賛会の発足と共に解散するの止むなきに到りたるが、其の最も関心を集中し且実現を希望したるは経済新体制にして殊に

（a）金融生産の強制統制

（b）資本と経営の分離

（c）企業利潤の抑圧

（d）配給機構の再編成

等の実現に主力を集中せり

右の内容はすでに論じてきたものと重なるが、梅川もまた近衛新体制運動のなかで、それまで信奉

していた反資本主義の思想をファシズムによる統制へと転化させて実現させようとしていたことが分かる。非常措置事件で拘引された梅川は三五歳、一九三八年四月には二男健士《けんし》が生まれていた。三重刑務所で長年看守を務めた深草久郎は、「三十代半ば、背が高くやせ、学者風」の梅川が取調室で検事に訊問される光景を鮮明に覚えていた。深草によれば、検事が「この聖戦を帝国主義戦争というのか」と詰問したのに対して、梅川は毅然として「他国の領土に攻め入るのは、侵略戦争です」と答えた。すると検事は席を蹴っていきり立ち、取り調べは即刻中止になったのだが、このときの梅川の言葉にはただならぬ信念が感じられたという（「三重の戦争」第一三回、「朝日新聞」一九九一年一二月一二日）。一九四二年一一月一三日に治安維持法違反の容疑で起訴され、安濃津地方裁判所の一審判決は二年六ヶ月の実刑判決が下りた。執行猶予を期待していた家族や関係者はこの判決に対して大いに落胆した。心労のあまり妻きよが精神に異常を来たしはじめたことや、たとえ名古屋控訴院に上訴しても再び厳しい判決が見込まれたことから、一九四三年五月一二日に上訴権抛棄申立書を提出して下獄することを決め、七月初旬に三重刑務所から名古屋刑務所に移送された。「戦争へ、敗戦への速度にあわせて、何度も改悪された治維法」によって左翼思想家だけではなく右翼も宗教者もみな監獄に放り込まれた。当時辛うじて残っていた社会大衆党などの合法左翼はファシズムの脅威を軽視し、愚かにも近衛新体制運動に協力したことによって最後の抵抗戦を自ら放棄してしまっていた。

8

治安維持法違反で服役を余儀なくされた梅川は往時を回想して、獄中生活の様子を「昭和殉教使徒列伝――カンゴク・アパート隣組回想録――」（『伊勢公論』第一巻第一号、一九五二年四月）のなかに描いている。

乱入して来た連中に、肩先を押えられ、目をさましたのが、真珠湾攻撃の翌九日の払暁それから留置場に八ヶ月、未決監に約一年、そして懲役。灰色のカンゴクアパートの一室での面壁生活を、また、八年ぶりでやらされることになつた。

梅川は三・一五事件のときは大阪刑務所で服役したが、このたびは未決勾留期間を三重刑務所で過ごし、一審判決の上訴権抛棄申立書を提出後は名古屋刑務所で服役した。八年ぶりの「面壁生活」を送ることになった梅川を驚かせたのは、彼と同じ独房には「赤」は三人しかおらず、他はみな宗教関係者だったことである。

右隣りが天理教、その隣りがキリスト教、左隣りがキリスト教、そのむこうが禅坊主。そのまたむこうが浄土宗。前が天理教に、キリスト教。弾圧もこゝまできているとは知らず、まつたくうかつだつたと思つた。「赤」といえば、河合栄次郎、美濃部達吉氏らのような、自由主義者まで、「赤」として刈りつくされてしまつていたのだ。そこまでは知つていた。戦争へ、敗戦へ、の速度にあわせて、何度も改悪された治維法であることも知つていた。

だが、こゝまで、鮫のような巨口をひらき、その持つ魔の猛威をふるつているとは、陥せいの底、監獄で、はじめて見たのだ。たとえ声をひそめてゞあつても、目色、顔色であつてでも、治維法のおそろしさを、ひろく、すべての人々に訴え、警告することのできた筈のあの社会にあつて、どうして予見し、予知できなかつたのだろう。私は、自身の頭の悪さ鈍さに赤面した。

そもそも一九二五年四月二二日に施行された治安維持法は、ロシア革命とコミンテルン結成による新しい組織的革命運動の台頭に脅威を感じた政府が「国体ノ変革」「私有財産制ノ否認」を目的として結社を組織、あるいはそれに加入した無産主義運動家を摘発するための法律であった。だが一九二八年六月一二日の改正を経て、「国体変革」目的の結社罪の最高刑を死刑として党の「目的遂行ノ為ニスル行為」に関わった者も処罰の対象に含めるという法の強化がおこなわれた結果、反政府的な立場の者はみな獄に繋がれることになった。ひとたび強化された法は効力を消滅させないように執行の対象を探し、拡充された治安機関は組織を維持するために事件を捏造する。左翼が姿を消した後は、右翼や宗教者にまで弾圧の対象となったのは、法と官僚が結託して自己保存を企んだためであった。

満州事変以降、先行きの不安な世相を反映して様々な新興宗教結社が誕生していた。一九三五年から一九三九年にかけて大本教・ひとのみち教・天津教・天理本道・天理神之口明道場・天理三輪講・三理三腹元が弾圧を受けた。一九三九年三月に成立して一九四〇年四月から施行された「宗教団体法」は「宗教団体または教師のおこなう宗教の教義の宣布もしくは儀式の執行または宗教上の行事が安寧秩序を妨げ、または臣民たるの義務に背くときは主務大臣はこれを制限しもしくは禁止し、教師の業務を停止しまたは宗教団体の設立の認可を取り消すことを得」（第一六条）るという厳しい内容を含むものであった。文部省が教会数五〇、信徒数五、〇〇〇以上をもって宗教法人の認可の条件とするという意向を表明すると同時に、プロテスタント全教派の合同は近衛新体制に即応するものであるという見解が政府から示されると、一九四一年六月に三三のプロテスタント諸教派の合同体として日本基督教団が発足し治安当局の公認を受けた。だが弾圧の手から逃れることはできず、日本基督教団に加盟しなかった聖公会とセブンスデー・アドベンチストだけでなく、教団に加盟した灯台社・耶蘇基督之新約教会・プリマス＝ブレズレン・美濃ミッション・ホーリネス系三教会・無教会の信徒たちもまた厳しい迫害を受けた。「昭和殉教使徒列伝」のなかで梅川は「朝夕、監房内で、敬虔な祈禱を捧げている人達」を描いている。

私は、これらの人たちと、心おきなく接触し、つきあえばつきあうほど、実にいゝ人たちだなあ、とその純粋さに、心うたれ、心なごみ、心ゆたかになるのを覚えるのであつた。心あたゝかく話しあつた後、いつも、このキリスト者の人たちは、まだ、ながく続くはずの、こゝでの生活への憂鬱な想いを、ふりすてるように首をふり、きツと、大空を仰いで祈るように呟くのだつた。

梅川は信仰に忠実に生きる人たちとの交流を通じて国家暴力の非道さを再認識している。信仰の自由が蹂躙されることは悲しむべきことだが、和田洋一氏によれば、戦前のクリスチャンには「全般的に言って反抗的、闘争的でなく、柔和で寛容で、自己を強く主張せず、苦しみをたえしのぶのがキリスト者らしいキリスト者である」という自他共に認めるイメージがあって、そのために満州事変以来の戦争政策や宗教弾圧政策に対する抵抗意識が足りなかったという。(20)

一九四四年五月二八日に刑期を終えた梅川は名古屋刑務所から出獄する。嘱託保護司で公証人の庄司桂一と長兄俊男が彼を迎えた。裁判から出獄に至るまで田村稔弁護士が梅川の救援活動をおこなった。田村稔は後に代議士となる田村元《はじめ》の父で、検挙される前、梅川は元の家庭教師を務めていたという親しい間柄であった。梅川と田村家では政治的路線が対立するように見えるが、郷土への愛情にもとづく寛容さで信頼し合っていた。戦後、党を離れた梅川が厳しい選挙戦に勝てたのも田村家の絶大な支援があったおかげである。梅川が服役していた間、妻きよは平生町から大工町に転居し夫に代わって一人で古書店を営んでいた。二人の子どもを抱えていたうえに思想犯を夫に持って周囲の人々から白眼視される生活は、きよの精神に過度の負担をかけた。公判の担当検事から釈放されるという話を聞かされて三重刑務所に迎えに行ったところ、夫はそのまま名古屋刑務所に移送されてしまうというショッキングな事件のために精神的な病気に陥ったといわれている。兄田畑安右衛門や親戚の松田一雄、梅川の兄弟からの支援を受けることはできたが、病床に伏すようになっていた。梅川は釈放され松阪に帰ってからは肉牛組合書記を務め三重定期貨物自動車会社に就職した。翌年五月には三男富清《とみすが》が誕生する。

＊　＊

松阪木綿で繁栄した江戸時代の面影を残した松阪の町は幸いにもアメリカ軍の空襲を受けずに、敗戦の日を迎える。最後まで可能な限りの抵抗を示し、政府から要請されていた自発的解散に応じなかった全水はすでに一九四二年一月二〇日に二〇年の歴史を閉じていた。アジア侵略戦争と太平洋戦争を通じて日本人の犠牲者は三一〇万人、アジアの国々の犠牲者は二、〇〇〇万人を超えるといわれる。解放運動に携わった者のなかにも多くの犠牲者が出たのは傷ましいが、ファシズム勢力に多大な期待をかけ、それに自発的に参加するという過ちを犯し、満州移民政策を通じてアジア侵略に手を貸したことも見のがすことのできない事実である。

註

(1)　大山峻峰『三重県水平社労農運動』(一九七七年八月、三一書房、二七五～二七六頁)
(2)　渡部徹・秋定嘉和編『部落問題・水平運動資料集成』第三巻(一九七四年六月、三一書房、五一五頁)
(3)　「一九三〇年代の水平運動」(『民衆運動と差別・女性』、一九八五年一二月、雄山閣、一二〇頁)
(4)　前掲(2)、四九八頁
(5)　高橋彦博「社会大衆党の分析」(増島宏他編『無産政党の研究――戦前日本の社会民主主義――』、一九六九年三月、法政大学出版局、四四九頁)
(6)　『日本労働年鑑』第一九巻(一九三八年版、二四四頁)
(7)　『近代と被差別部落』(一九九三年三月、解放出版社、二五五頁)
(8)　『解放運動とともに　上田音市のあゆみ』(一九八二年三月、三重良書出版会、二二八頁)

(9)　前掲（2）、五二七頁
(10)　『日本労働年鑑』第二〇巻（一九三九年版、二四七〜二四八頁）
(11)　成田喜一郎「社会大衆党における『新党運動』――東方会との合同問題を中心に――」（『歴史評論』第三四二号、一九七八年一〇月、二〇頁）
なお成田氏によれば、社会大衆党には麻生久や亀井貫一郎等の中間グループ（現実主義）、松岡駒吉や西尾末広等の右翼グループ（協調主義）、小堀甚二や橋浦時雄等の左翼グループ（闘争主義）があった。右翼は日本労働総同盟における組合活動に専念し政治活動には消極的であったのに対し、中間グループと左翼グループとが路線対立を示していた。しかし第一九回総選挙に際して左翼が麻生久の応援を拒絶し、党外の加藤勘十の応援をして同党を離脱した結果、中間派が党内の主導権を握った。
(12)　有馬学「東方会の組織と政策――社会大衆党との合同問題の周辺」（『史淵』第一一四号、一九七三年三月、七四頁）
(13)　同右書、八一頁
(14)　『三重県部落史料集』第二巻（一九七四年一二月、三一書房、六六八〜六六九頁）
(15)　「部落厚生皇民運動第一回全国会議」経過報告、引用は前掲（2）、六七七頁
(16)　同右書、六六四頁
(17)　「朝日新聞三重版」（一九四〇年九月一九日）および「伊勢新聞」（同年九月二九日）
(18)　『水平運動史の研究』第六巻研究篇下（一九七一年八月、部落問題研究所出版部、一三五頁）
(19)　『総力戦と現代化』（一九九五年一一月、柏書房、一二頁）
(20)　同志社大学人文科学研究所編『戦時下抵抗の研究』第一巻（一九六八年一月、みすず書房、一一頁）

第九章　戦後（一九四五～一九六八）

1

第二次世界大戦中、アメリカ軍は日本の主要都市を空爆し一般市民を対象にした大量無差別殺戮をおこなった。東京大空襲や広島・長崎の原子爆弾投下に象徴されるアメリカ軍の非人道的行為は今日に至るまでいささかの反省もなく継承され、反共・反独裁・反テロを理由にして朝鮮半島やベトナム、アフガニスタン、イラクに大規模な空爆を続けてきた。三重県では三、六〇〇名に上る人々がアメリカ軍の空襲によって死亡した（経済安定本部『太平洋戦争による我国の被害総合報告書』）。一五年戦争中、三重県出身の軍人・軍属の戦死者は四六、三八三名とされる。その内、いわゆる「外地」では四四、一八九名、「内地」では二、一九四名が戦没している。[1] 国際情勢の把握に無能力であった日本政府による誤った外交方針のために、多くの兵士は侵略戦争に動員されて生命を失う結果となった。一九三七年七月七日に盧溝橋事件が生じ日中戦争が勃発すると、戦時体制が急速に強化されて一般市民の日常生活に対する統制が厳しくなった。創立当初から政府と対決する姿勢をとり続けていた左派の諸団体も抵抗を主張するだけではもはや世論の支持が得られなくなったために政策に迎合する姿勢に転換した。

一九三八年四月一日に第一次近衛文麿内閣は国家総動員法を制定する。それに応じて全国水平社（全水）は綱領と運動方針大綱を改変した。六月一五日に大阪市浪速区芦原町芦原市場集会所で開催された全水中央委員会では、新綱領として「吾等は国体の本義に徹し国家の興隆に貢献し、国民融和の完成を期す」ことと共に、新運動方針として「一、国家総動員法への積極的参加　二、民族発展策への協力、国策移民の遂行に協力する」ことが提案された。これまで全水は左派と右派に分裂しながらも基本的には、階級意識のうえに解放運動を進展させるという共産主義思想に拠っていたのだが、「国体の本義」に徹して「国民融和」の完成を目指し国家総動員法に協力するという立場に転換したのである。

一九三九年五月二三、二四日に開催された三重県厚生会の地方会長会議では、議題として「満蒙移民の就職斡旋」が取りあげられ国策移民の奨励策が話し合われた。皇族の資金的援助を受けて設立された融和団体であった三重県厚生会は行政が主導する融和政策の実践主体であり、三重県の融和運動に「天皇主義・精神主義的性格」をもたらしていた。(2) 全水であれ融和団体であれ、移民によって被差別部落の問題を解消させようとする態度の根底には、アジアの民衆に対する蔑視があったといわざるを得ない。そもそも差別糾弾の闘争は、土地を不当に奪われ人間の尊厳を踏みにじられた人々の憤怒から起こった運動であったにもかかわらず、アジアの民衆の土地を奪うことには痛みを感じないという致命的な欠点が存したのである。三重県内の被差別部落では、県厚生会嘱託として満州視察旅行を

終えた上田音市と県社会課の奨励によって一九三八年から五年間で少なくとも五九名が移住している。(3)

アジアの民衆に対する蔑視に関していえば一九二六年一月三日、熊野市木本町でトンネル工事に従事していた朝鮮人労働者二名が撲殺される事件があった。また一九二八年から二年間にわたって施工された近鉄青山トンネル工事では、朝鮮人労働者八名が過酷な作業中に事故死している。さらに南牟婁郡紀和町にある石原産業株式会社紀州鉱山では、朝鮮半島各地から強制連行されてきた朝鮮人労働者が銅鉱の採鉱・運搬等に就労させられていた。過酷さのあまり逃亡を企てた労働者が熊野川で水死したことをきっかけとして、労働環境の改善を求めた労働者たちが弾圧され有罪判決を受ける事件も生じた。敗戦を迎えると鉱山にいた朝鮮人労働者七五五名とその家族五九三名が解放され、一九四五年一一月二四日から一二月一八日までの間に一、二六六名が帰還できた。帰還に際して彼らが旅費と飯米を要求し鉱山当局と激しく対決したことは戦後の「三重県における最初の労働争議」として特筆される事件であった。(4)だが紀州鉱山で強制労働させられていたのは朝鮮人労働者だけではなかった。一九四四年六月、マラヤやシンガポールで捕虜になって泰緬鉄道工事に就労させられていたイギリス軍兵士三〇〇名が紀州鉱山に転送されてきた。彼らも過酷な鉱山労働を強制させられ一六名が死亡した。捕虜の一人ジミー・ウォーカーは『戦争捕虜二九一号の回想　タイメン鉄道から南紀イルカへ』(三重大学出版会)を著して「私たちのここでの一五か月間の労働は、イシハラ産業には何の犠牲も払わせなかった。犠牲になったのは、立派な一六人の若者の命、損なわれたのは生き残った者たちの健康だった。この会社は、今日までずっと繁栄している」と厳しく告発している。(5)同書のタイトルにある「二九一号」とは、日本軍によって捕虜につけられた識別番号であった。

一九四五年一〇月二五日、松阪市魚町にある青柳旅館で解放運動回顧懇親会が開催された。吉村亀太郎と逵寅吉、北村大三郎が発起人となって、治安維持法の犠牲となった同志に出席を呼びかけた。大西俊夫・河合秀夫・遠藤陽之助・梶田茂穂・西光万吉など七三名が県内外から集合して、厳しい弾圧を受けながら無事に戦後を迎えることができたことをお互いに祝いあった。三・一五事件と非常措置事件で服役した経験のある梅川文男も懇親会に参加しており、名簿には現住所が「松阪市大工町」と記されている。出席者にとって、どのように日本共産党の県組織を再建するかが当面の重要な課題で、社会大衆党との関係やアメリカ占領軍の方針なども考慮に入れながら話し合われた。懇親会に出席した二、三名のメンバーが志賀義雄の許を訪ね、彼から指示を受けて県組織の再建をはじめた。(6) 一九四六年一月に松阪で党三重地方委員会が結成され本部事務所が設置され、四月二九日には同じく松阪で第一回地方党大会が開催された。当時、三重県の党員数は八五名であった。(7) この大会で木村繁夫が県委員長に選ばれ、鎌倉に在住していた梶田茂穂が県書記局の責任者として迎えられることになった。さらに地方委員一〇名と常任委員五名が選出され、梅川は地方委員に就き文化部の指導を任された。このようにして戦後本格的に再出発した三重県の解放運動を追いながら梅川の戦後を明らかにしたい。

2

日本の民主化政策を急速に推し進めていたＧＨＱは一九四五年一〇月四日に「政治的、市民的及び宗教的自由の制限の除去に関する覚書」を発表して治安維持法および特高警察の廃止と政治犯の即時釈放を命令した。一〇日には全国で約三、〇〇〇名におよぶ政治犯が釈放され、予防拘禁所から出獄した日本共産党中央委員の徳田球一・志賀義雄は「人民に訴ふ」という声明を発表した。ＧＨＱの指令にもとづいてすべての治安維持法違反者は罪歴が抹消された。

マッカーサーは首相就任直後の幣原喜重郎に対して「人権確保に関する五大改革」を指示した。すなわち(一)婦人の解放、(二)労働組合の助長、(三)教育の自由化・民主化、(四)秘密弾圧機構の廃止、(五)経済機構の民主化という五項目であった。第二項目の「労働組合の助長」では「労働者を搾取と酷使から防衛すること及びその生活水準の向上のため有効なる発言を許容するが如き権威を与えるために労働組合を促進助長すべきこと」という指示に従って労働組合法が制定され、各地で組合が次々に誕生した。三重県では一九四五年一二月一日に南牟婁郡鵜殿村の鵜殿自由労働組合が結成されたのに続いて、同月一一日に津の伊勢新聞社従業員による全日本新聞労働組合三重支部が設立された。さらに同月二五日に松阪で大正以来、県内では最も長い歴史を持つ三重合同労働組合が再建され、梅川が執行委員に就任した。三重合同労組は翌年一月二一日、県内の統一労組として結成された三重労働組合協議会（三重労協）に加盟し、日本共産党の指導を受けながら他の労組に協力して県内の労働争議を活発化させた。

他方、農民組合に関しては一九四六年五月三一日に松阪市立第一小学校で日本農民組合三重県連合農民協議会の創立大会が開かれた。組合員数六、二〇〇名で丸島浅次郎が県連執行委員長、遠藤陽之助が県連書記長、梅川が県連執行委員に選ばれた。この組合が「三重県農民運動はじまって以来の最大組織となり、戦前の未解放部落中心の小作人組合とはまったく性格を異にし」た組織になれたのは、「増産班の末端機構」を組織の基礎として利用して「地主の土地取り上げに反対し、農地改革の徹底的断行の宣伝・啓蒙、天下り供出反対、小作料の引き下げとその金納化、供米割当ての民主化闘争等」を展開できたからであった(8)。一九四七年の飯南郡花岡村の供米闘争は、県部落解放委員会との共闘で進められ全国の人々の耳目を驚かす事件となった。

最後に水平社に関しては一九四五年八月一八日に上田音市が志摩郡磯部町の朝潮旅館に松田喜一・朝田善之助・野崎精二などの指導者を招待した。解放運動史では「志摩会談」として知られるこの会合で組織の再建が決議され、翌年二月一九日に京都市烏丸通夷川の新聞会館で全国部落代表者会議が開催されて、部落解放全国委員会（部落解放委員会）が結成された。この会議で戦前の活動歴を評価され常任全国委員に選ばれた上田は、戦前から未解決であった朝熊区政差別事件を重要視し、一九四七年六月一二日に片山哲内閣総理大臣にその解決を求める要望書を提出すると同時に、GHQに対しても同様の要望をおこなった。このようにいち早く運動を再開させた部落解放委員会は、飯南郡花岡村でGHQ軍政部の命令によって供米が過剰に割り当てられ供出が強制される事態が起こると、直ちに反対闘争を開始した。同村のほとんどの農民が日農県農民協議会に参加しており、長谷川多三郎町長も日本共産党員であった。県との折衝は数回に及んだが、過剰分を差し引いた自主供出という村側の妥協策は、県当局がGHQの命令であることを理由にして拒絶した。一九四七年五月二二日から七日間、食糧緊急措置法違反の容疑で運動の指導者を含む同村の農民百余名が検挙された。丸島浅次郎県連農民協議会執行委員長・遠藤陽之助同書記長・池端勘七同書記など六名が起訴され、津地方裁判所松阪支部で裁判がおこなわれた結果、六名全員が懲役刑を受けることになった。

3

一九四七年は梅川にとって二つの大きな出来事が起こった年であった。まず二月一〇日に最愛の母とみが死亡した。梅川の胸中には、自分が非合法活動に関わって投獄されたことによって、筆舌に尽くしがたい心労を母にかけてしまったという気持ちがあった。とみは一八七六（明治九）年七月二九日、飯南郡花岡村大字大黒田一八〇番屋敷の野口次兵衛の二女として生まれ、七〇歳で亡くなるまでつねに梅川の精神的な支えであった。梅川は詩人として母の死に遭遇したときの心境を詩に書いている。以下いくつかの作品を紹介してみよう。(9)

灰

凍てたあさ
火葬場の
くらい洞窟のやうな穴から
鉄板にのってひきづりだされた
ははの骨、灰よ！
それは灰、しろじろとした灰だった
もはやははではなかった
感傷のない灰であった

夜　わたしは
母をおもってねた
灰になる　しろじろとした灰になる
食って　動いて　働いて　考えて　しゃべって　ないて　あるいて　あらそって　わらって　子
を育てゝ
死ぬ　灰になる
しろじろとした灰になる
みんな死ぬんだ

そして　あの奇麗な灰になる
死が一瞬　小奇麗で
あまく　あたゝかいものになって
むくむくとうれしさがわいてでる
なんと小ぢんまりと小奇麗な始末
うれしい　奇麗な結末！
母のきていたふとんをぐっと顔までひっぱって
わたしは久しぶりでぐっすりねた

母は千両役者であった
母のいない部屋は
しらじらとして広すぎる

茶簞笥を背にして
せなかをまるめ　火鉢をかゝえ
母がすわっていてくれると

――一九四七・二・一二――

部屋は
あたゝかく　明るく　部屋ぢゅうのもの
みんないきいきとしていた

母のいない部屋は
さむざむとしてひろすぎる
母は千両役者であった
千両役者は　たったひとり踊っても
ひろい舞台もせまくなり　一ぱいになる

母は　ほんとうに　千両役者であった

——一九四七・二・一四——

この二篇はいずれも母の死の直後に書かれた詩である。「灰」では、母の亡骸が火葬されて灰と化してしまったことの衝撃が語られている。「しろじろとした灰」を目撃して愕然とするが、生きている者はやがて必ず灰になるという宿命にあることに気付くと、次第に悲嘆は収まって、むしろ何か魂が浄化されて行くような気持ちにさせられる。他方、「母は千両役者であった」では、梅川が投獄されたことによって精神的な病気になった妻と、服役を終えて帰宅してからもしばらくは妻の病気に気付かなかった梅川との間を、いつも母が取りなしてくれていた。そのような母の姿が「千両役者」にたとえられ、母の死によって仲立ちを失ってしまった夫婦の部屋は「しらじらとして」「さむざむとして」広すぎるように感じられるのであった。死から少し時間が経過し初盆を迎えた頃に書かれた詩をつぎに紹介してみよう。(10)

お盆

お盆がきました

母よ！
あなたの初盆だというので　兄は一生懸命です
お盆などくだらぬことだという私を
母よ
あなたは一ばんよく知っていてくれました

母よ
今年のお盆は　お味噌がなくて
盆汁も子供にすわせることができませんでした
しかし　お粥をたべました

戦争のあの最中
一夏　かぼちゃばかりをあなたにくわせたことを　そうしてまた
一夏　ほとんどじゃがいもばかりを
あなたにたべていただいたことを
すまなく　胸いためながらおもいだしております
これで結構やないか　とあなたは　すまなさそうな顔する私を
なぐさめ　いたわるように
言い言いしてくれました
アメリカ軍放出のバタを　おいもにつけながら
バタなどいう　バタくさいものをくえるようになった
あなた自身を笑いながら
たべていられた時々の
頬に寄ったしわじわを
母よ
私は　いま
なきながら　あざやかにおもいうかべております
ほんとうにすみませんでした

――一九四七・九・七――

母の初盆が来たとはいえ、もともと自分は信心深くない。だが母はこのような自分を理解してくれていた。いつも食卓は貧しかったが、母は愚痴一つこぼさず労ってくれた。進駐軍が放出したバターを薯につけて笑っていた母の顔を思い出し、梅川は泣きながら「ほんとうにすみませんでした」と詫びるのであった。

ところで右の詩には「家には味噌がない」という表現がある。その理由は一九四七年に梅川の身に起こった二つの大きな出来事の二番目、すなわち三重県議会議員選挙に立候補したことと関係がある。この年は全国的にも大きな変化のあった年で、日本共産党系の産別会議と社会党系の総同盟の間で対立してきた労働組合戦線が統一されて、全国労働組合連絡協議会（全労連）が結成される。だが官公庁労組が中心となった二・一ゼネストがマッカーサーの命令で中止された後で、日本共産党のスト方針が強引過ぎたという批判が各労組のなかで起き、経済闘争を民主人民政府樹立のための闘争に発展させようとしていた党の戦略が根本的に批判される。新憲法下で初の総選挙となる四月二五日の第二三回衆議院議員総選挙では社会党が第一党となって片山哲内閣を誕生させた。

三重でも二・一ゼネスト中止後、三重労働組合連絡協議会（三重労連）が結成され、労働運動戦線の統一が図られた。梅川は日本共産党から公認を受けて松阪市選挙区から立候補する。定数二に対して候補者数四、四月三〇日の投票日に梅川は五、〇六四票を集めて見事二位当選を果たした。投票率は八八・七パーセント、松阪市選挙区の投票者数は一八、七六九で二六・九パーセントの得票率であった。全国で党所属の県会議員が三名しかいなかったことや、二・一ゼネストの中止後は県内でも党のスト方針に対する批判が強かったことを考えれば、梅川の当選は快挙であった。当選して最初の一九四九年七月の県議会定例本会議では、集会や集団示威運動を規制する公安条例を提案した青木理知事に対して、梅川はそれが戦前の治安維持法の復活であるとして猛烈に反対した。GHQの占領下でそのような意見を堂々と主張した梅川の勇気に小切間重三郎前議長は目を見張ったという。

4

県議時代の梅川の実績として一九四七年九月の全逓三重地区協議会争議と一二月の三重県教職員組合連合会（三教組）争議の解決に奔走したことが挙げられる。全逓三重地協は、地域的生活給の支給や家計の赤字補塡資金の支給、引揚者ならびにその家族に対する免税、配置転換反対などを名古屋逓信局長に要求した。労使間の交渉が続いたが結論は出ずに全逓三重地協は地方労働委員会に調停を申請していた。他方、三教組は男女や勤務学校種別、修学年限において教職員の基本給に差が生じていたことに関して県知事に「凸凹是正」を要求した。県知事との交渉が続いたがこちらも結論は出ずに三教組も地方労働委員会に調停を申請した。梅川はどちらの争議においても労働者側の労働委員を務め、労組の要求を擁護した。後年になって梅川は「この争議について、青木知事から仲裁を依頼されたが、私は最初からハッキリと労働者側の立場にあることを伝え、大山氏と二人で裏面工作をやったが、争議全般は、大山プロデューサーの仕組みだったといえる」と回想している。[11] このなかの青木知事とは青木理のこと、大山氏とは三重労連書記長大山峻峰を指している。

右の大山は一九一〇年一二月九日、志摩郡加茂村（現鳥羽市）に生まれた。加茂高等小学校を卒業した後、奈良で石版印刷版下見習工となって奈良合同労組の設立に参加し、全農奈良県連の再建に尽力して同常任執行委員となる。一九三七年には三重に戻って全農三重県連常任書記に就くが人民戦線事件で検挙されて一〇カ月の禁固刑に処せられた。戦後は三重定期貨物自動車（三重定期）労働組合を再建すると共に、県労協発起人となって県内の労働組合の勢力結集を果たして同書記長に就いた。梅川にとって大山は終生の盟友となった活動家で、梅川の戦後の歩みを明らかにするためには欠かせない人物である。ちなみに県議選では梅川の身分は三重定期社員であった。

大山は宇治山田の井阪次男・三男・湧子と共に精力的に活動して一九四六年六月、公選として全国最初のケースとなる宇治山田市（現伊勢市）の市長選挙を実現させた。宇治山田では大山や井阪たちが中心となって戦後の労働運動をはじめたので、他の地域に比べて民主同盟勢力の再建が早かった。梅川にとって井阪次男は宇治山田中学校の一年先輩であった。井阪は同校卒業後、早稲田第二学院仏文科に進学したが病気のために卒業することはできなかった。その後も東京に滞在しながらプロレタリア文化運動に関わって前衛芸術家同盟書記やプロレタリア映画同盟書記長を務めながら左翼劇場の裏方をしたり「戦旗」編集に協力したりした。「戦旗」第二巻二号（一九二九年二月）には井阪の論説「映画団体は如何に闘ふか！」が掲載されている。井阪は四・一六事件以降、労働運動に転じて神山茂夫や伊藤貞助、寺田貢たちと共に日本労働組合全国協議会（全協）の再建に奔走した。全協刷新同盟時代に神山が井阪と討議した内容は、戦後に神山が発表した日本革命運動理論の基礎的部分になったとして高く評価されている。神山は井阪の適切な助言に支えられて著作を記していたといわれるほど両者の思想的紐帯は強く、井阪は県内で神山派を形成した。(12)

一九四九年八月の第二回宇治山田市長選挙に際して大山・井阪のグループは日本共産党から除名される。当初彼らは市長候補として山田地区委員会の党員を擁立していたが、全国的に社共合同を進めようとした党中央の意向に従って県委員会は自党候補を取り下げて社会党候補を推すように命令してきた。党中央は前年の秋、昭電事件で社会党の芦田均内閣が倒れたことを利用して社共合同運動を積極的に展開していた。だが地区委員会で決定した内容を県委員会が上から覆そうとするやり方に大山や井阪たちが反発した。その結果、彼らには党活動停止と除名処分が下る。大山をはじめ井阪次男・湧子、鈴木邦彦、藤井元雄、佐藤銑一、黒田修一、永戸猪三たち山田地区委員会と南勢地区委員会のメンバーが「県委員会の決定に違反し分派行動を以て民主戦線を妨害しつゝ、あるは最も重大な党規律違反」を犯したとされたのである。コミンフォルムによる全面的な批判から党中央は五〇年に分裂するのだが、それに先んじて県党には亀裂が生じはじめていた。

一九五〇年六月二五日に朝鮮戦争が勃発するとGHQは占領政策を転換し、極東における反共勢力の軍事的な砦として日本を利用することに決めた。経済復興を加速させると共に独自の軍事力を持たせ、資本主義陣営の一翼を担わせようとしたのである。さらにレッド・パージを断行して「アカハタ」の無期限停刊と全労連の解散や、「共産主義的分子」と見なされた全国の民間企業約一一、〇〇〇名と官公庁関係約一、二〇〇名を排除した。三重県内では、伊勢新聞社を皮切りにして一五事業所で六九名が追放された。前年来、官公庁や基幹産業では反共攻勢と人員整理が進められており、労働運動は甚大な被害を受けていた。一九五〇年の年頭からコミンフォルムによって平和革命論を全面的に批判された党中央はその反応をめぐって分裂し激しい権力闘争が生じていた。朝鮮戦争直前に党中央委員二四名と「アカハタ」編集責任者一七名が追放され、徳田球一をはじめ幹部は合法的な臨時中央指導部を残して地下に潜伏した。徳田は治安当局の追及を逃れて北京に脱出しようとした。三重でも厳重な警戒体制が敷かれ、とりわけ鈴鹿峠は警備が厳戒であったので、それを突破するのは到底不可能であるように見えたのだが、徳田派の県議であった梅川が峠を越える手助けをした。日頃から懇意にしていた三重定期のベテラン運転手に依頼して運送品のなかに徳田を紛れ込ませたのであった。徳田の鈴鹿峠越えは松本清張でさえ解き明かせなかった昭和史の謎とされてきた。

一九五一年四月三〇日に反共の強い嵐のなかで三重県議会議員選挙がおこなわれた。前回同様、梅川は三重定期社員の身分で日本共産党の公認を受けて松阪市選挙区から立候補した。定数二に対して候補者数五、梅川は前回よりも一五三票多い五、二一七票を集めたが八四票差で惜敗した。投票率は八八・二パーセント、松阪市選挙区の投票者数は二四、〇七〇だったので前回よりも五・三ポイント下回る二一・六パーセントの得票率であった。梅川の敗北は第四回全国協議会（四全協）の開催後、軍事方針を採って各地で武装蜂起を呼びかけた党に対する批判や県党内部の亀裂などが背景にあったといえよう。

ところで一九五一年六月二六日に党員を中心として三重県平和懇談会が結成された。朝鮮戦争へのアメリカ軍の軍事的介入や日本の基地化・再軍備化、単独講和に反対する運動を展開した。梅川は最初からこの運動に関わっており、九月一日に松阪鉄工所が一時間ストを実施した際には、遠藤陽之助や山浦久治と共に講和反対の講演会を同所内で開催している。この平和運動を通じて知り合ったのが後に原爆関連文献の収集と研究に努め、『原爆文学史』『原爆民衆史』を執筆した長岡弘芳であった。長岡は当時三重県立松阪北高等学校工業化学科（現三重県立松坂工業高等学校）の学生で、梅川の反戦平和思想に共鳴して、たびたび梅川の自宅を訪問していた。梅川家に来ると議論するだけではなく、戦前古本屋をしていた名残りで座敷にうず高く積まれていた蔵書を読ませてもらったという(13)。県議時代の梅川は新日本文学会に所属して「島木健作の思い出――『癩』のもでるなど――」（「季刊関西派」創刊号、一九四九年七月）や「昭和殉教使徒列伝」（「伊勢公論」創刊号、一九五二年四月）などの評論を文芸誌に発表したり、地元の新聞「夕刊三重」に随筆を連載したりと公務の合間に文芸作品の創作を積極的におこなっていた。

5

二回目の県議選に落選した梅川は三重定期を退社して単身上京する。品川区五反田にアパートを借りて住み、日本共産党系の独立プロ新光映画社に勤務した。党の活動資金を捻出する経理の仕事をしていた。新光映画社が製作した映画には、並木鏡太郎監督「右門捕物帖　謎の八十八夜」や中川信夫監督「当たり矢金八捕物帖　千里の虎」などがあり、嵐寛寿郎・宮城千賀子・徳川無声・古川緑波・沢村国太郎たちが登場している。長岡は梅川の下宿に「私たちが行くと八丁味噌系の濃い色の伊勢みそで、自分で味噌汁を作りのませてくれた。私たちの間では、その頃の彼が、人間的にもっとも懐かしいというのが定説である」と回想している。(14)

なぜ長岡は当時の梅川が人間的に最も懐かしいと思うのかは、長岡の個人的事情によるところもあるが、県党の間に亀裂が深まっていたこととも関係がある。新光映画時代の一九五三年九月二三日から翌年九月一九日まで梅川は日記をつけ、東京での新しい生活はもとより戦前・戦中の回想や戦後の党に対する批判を書いている。たとえば「スパイ、反党的、反国民的裏切りもの」というレッテルを貼られて伊藤律が党から除名処分された際には、梅川は「党の農民運動の面をながく担当していた」伊藤のために「地方のわれわれは大いに迷惑した」として「時々の雑誌にのるものを見ても、受けた感じは理論のまちがいというより、無理論だったとおもう」という感想を述べている。(15)しかし処分理由を鵜呑みにするのではなく「彼の理論のまちがいを理論的に解明し、またスパイ云々なら具体的事例を示し、ゾルゲ事件のことを言うなら、それを知りながら尚且、のさばらした責任を具体的にハッキリさす必要があろう」と党中央にも苦言を呈している。

また梅川の日記には県党の同志遠藤陽之助に対して、憎悪さえ感じさせる筆致で批判が繰り広げられている。梅川と遠藤の間では県議選後（詳細は不明だが）党の活動方針に関して意見の対立があった。日本共産党は治安当局によって地下組織や活動家の摘発が続けられており、党を防衛するためにもスパイや堕落分子の排除を強化する必要に迫られていた。党内でも一九五三年四月の総選挙に惨敗して以来、暴力革命路線に対する懐疑や、改進党首重光葵を内閣首班に推して失敗した責任を問う意見が出されていたので、党中央はそれらの反発を鎮静化して指導力を挽回するための方策を講じる必要があった。そこで全党的に「スパイ挑発者」「分派主義者」を摘発して排除するという総点検運動（第二次）が実施された。その結果、党内で過酷な査問や誤った処罰がなされ、誠実な党員までも「スパイ挑発者」「分派主義者」と見なされて全国で九八名が除名され、四七名が活動停止の処分を受けるという異常な事態が生じたのである。

梅川の場合、彼の女性関係に「腐敗的傾向」が見られるとして他の同志と共に県党の査問にかけられた。梅川の妻きよは夫のために苦難の生活を強いられ続け精神的な病気に冒されていた。出獄後の梅川は妻の病気に気付かず、三男富清の出産直前に親戚の松田一雄から知らされた。松田はきよの兄田畑安右衛門の妻の兄で、松坂市清生町で養鶏場を営み、松阪事件や三・一五事件で検挙された活動家であった。妻の病気を知らされた梅川はそれまで自分に隠していたとは「失礼だ」といって激怒したという。「母は千両役者であった」は、夫婦の間を取りなそうとして苦心した母の姿が象徴的に描かれていた。戦後、梅川は県議選などの政治活動を進めるうちに女性活動家森妙子と意気投合して生活を共にするようになった。いろいろな感情が往来したと思われるが梅川の子息たちも二人の間によきパートナーシップが結ばれ、父の政治的信念が成就することを願うようになっていた。だが県党の査問委員会はその関係を「腐敗的傾向」として厳しく糾弾して一九五五年三月に梅川を除名処分にする。

このとき梅川以外の多くの県党員にも党活動停止や除名処分が下っていた。一方的な処分は彼らに憎悪の感情を植え付けるものであった。『三重県における日本共産党のあゆみ』によれば、「総点検運動（一九五四年）の展開によって誠実な党員に疑いをかけ一方的な処分がおこなわれるなど、県党の不団結はいっそう広がり、五五年には党勢は、四九年当時に比べて約五分の一と減退した」とされる。(16) 梅川の除名処分には県党内部での主導権争いや同年四月二三日に予定されていた県議会議員選挙の党公認候補選びの対立が背景にあったと考えられる。梅川は三度目の県議選に立候補することを希望していたのだが、県党は梅川には山林争議の現場で働くことを要求するとして他の党員の擁立を考えていたために候補者の調整が難航していた。この背景には、遠藤との確執も存在した。女性問題が梅川排除の口実に利用されていたことは、後になって県委員会が除名処分の誤りを認めていることからも分かる。(17)

歴史的な政策転換として知られる党第六回全国協議会（六全協）は一九五五年七月二七日から三日間開催され、党中央が「極左冒険主義」と「セクト主義」の自己批判をおこなって一九五〇年の分裂以来、分派のレッテルを貼って党を除名した活動家に党への復帰を呼びかけた。それを受けて一一月九、一〇日に県活動者会議、さらに翌年二月二五、二六日に第一回県党会議が開催された。県党は党中央の政策転換に従って自己批判をおこない、梅川たちの除名処分を撤回する。『三重県における日本共産党のあゆみ』によれば「党の不団結、極左冒険主義、官僚主義、セクト主義などの誤りを克服して前進する方針を決定し、また戦後の党活動について一定の総括をおこなった。あわせて誤った処分で被害を与えた同志の名誉を回復した」という[18]。梅川の除名から六全協までわずか四カ月しかなく、個人のプライバシーにまで立ち入って侮辱を加えておきながら、突如として政策転換した党中央の意向に従って除名処分を撤回することを決めた県委員会の態度に納得が行かないのは当然であった。梅川は復党を勧められても拒否し、次回の県議選には無所属で立候補する道を選んだのであった。

6

梅川は三度目の県議選に際して、いずれの政党からの公認も受けずに三重合同労組委員長として松阪市選挙区から立候補した。推薦団体には三重合同労組に加えて鐘紡松阪労組や国鉄松阪地協が名乗りをあげた。党組織による支援は得られなかったが、反共の意識が強い労働組合員や一般市民の票を取り込むことができた。定数三に対して候補者数七、一九五五年四月二三日の投票日に前回よりも一、六三七票多い六、八五四票を集めて見事二位当選し、前回惜敗した雪辱を果たした。投票率は八七・〇パーセント、松阪市選挙区の投票者数は四一、三五三だったので得票率は一六・五パーセントであった。得票率は前回よりも五・一ポイント下がったが、候補が乱立した激戦であったことを考えれば、

市長時代

手堅く票を上積みして当選を果たしたといえよう。

一九五七年一月一五日に後藤脩松阪市長が急逝する。梅川は松阪の労農組合に嘱望され市長選挙に立候補することを決める。県議を辞職して無所属で立候補した結果、三月三日の投票日に一九、九六一票を集めて当選し第六代松阪市長に就任した。候補者数四、投票率は七四・一パーセント、投票者数は四一、五八〇だったので得票率は四八・〇パーセントであった。

梅川は無所属で立候補したが共産党員の前歴がある革新政治家が当選したことは全国的に大きな反響を呼んだ。「夕刊三重」の記事によれば、梅川が当選したことによって「松阪はさすがに左翼大衆運動の先覚都市だとの印象を強めた」が「市民の間ではむしろ〝良識の勝利〟として梅川氏の人間性を高く評価したと見る向きが多かった」という（一九五七年一〇月一六日号）。当選の第一声は「小母さんたちよ。市役所に用事があったらいつでも、エプロンがけでも地下足袋ばきでもどうぞ。土産に焼イモでも買って来てくれれば、それを食べながらひざを突き合わせて話しましょう」と呼びかけた。市民から絶大な支持を集めた〝人間梅川〟の魅力の一端を伝えるエピソードである。

これ以後梅川は一九六一年に再選、さらに一九六五年に三選を果たす（投票日はいずれも二月二六日）。三期一二年一カ月の梅川市政は全国を見渡しても先駆的な取り組みといえる事業が多かった。一九六一年には学校法人梅村学園を誘致して三重高等学校が開学する。同学園は松阪で三重中学校・松阪女子中学校・松阪女子高等学校・松阪女子短期大学・梅村幼稚園・松阪大学と学校経営を拡充し現在も地域の教育機関として重要な拠点になっている。

また一九六三年六月には市制三〇周年記念事業として、五年前から部落問題研究所（奈良本辰也所長）に市内三カ所の被差別部落の歴史と生活実態の調査を委嘱していた成果を『都市部落――その歴史と現状』にまとめ刊行した。この姉妹書として一九五九年から同研究所に市内一七カ所の産業経済と生活実態の調査を委嘱していた成果を『農村部落――その地域と社会』（一九六四年一二月）にまとめて刊行した。両書に序文を寄稿した梅川は、これらの調査を依頼した動機をつぎのように述べている。

本書の調査対象となっている部落の人々と交るようになってからすでに三十年になる。爆発的な水平社の活動、それを基盤として農民運動が組織されていった頃、日本農民組合の初期以来である。その間、いろんな、いわゆる「革新的」活動が起り、発展し、解消し、挫折していった過程を見聞きしてきた。見聞ではなく、私自身、時にはその組織員の一名として参加した。にもかかわらず、さて、と私自身をかえり見る時、部落のことについては、範囲は広くても、断片的な知識しか持ち合わせていないのに気づくのである。現在もそうだが、過去においても、しばしばそれに気づかされたものである。

かねがね部落の実態を総合的に調査したいものだと考え、やって見ようと手がけたこともあった。しかし単なる個人やグループの手に負える仕事ではなかった。冷静で客観的で、勇ましい政治的発言を抜きにしての総合調査。しかも歴史的にも学問的批判にもたえ得る調査。これが私の念願であった。部落問題研究所から次々出される高度で、いろんな意味で建設的な調査報告を読んで、私の念願はさらに強いものとなっていった。

（『都市部落――その歴史と現状』）

両書は期待通り緻密な調査と高度な実証性に裏付けされ、当時の被差別部落研究では最高水準のものと評価されて一九六五年度朝日賞文化部門を受賞している。

さらに市制三〇周年記念事業として一九六三年一〇月には淡交新社から写真集『松阪』（松阪市編）を刊行した。同書には郷土の人物や風景を撮った写真と、奈良本辰也や佐佐木信綱、梅川の寄稿した文章が収められている。文化財保護委員と日本民俗会会員であった立場から松阪の地理・歴史・民俗を詳しく紹介した梅川の「松坂に描く夢」には「松阪肉は東京市場で確固たる地歩を占めるに至った。東京といえば、かつては神戸肉であり、ついで近江肉であった。今日では松阪肉である」という一文がある。[19] 予算折衝や陳情などの公務で上京するたびに梅川は松阪肉を持参して宣伝普及に努め、松阪肉のブランド化に市長として一役買ったのである。

他方、梅川は松阪市民に呼びかけて戦没した市民の手紙を収集した。一九六六年一二月に遺族から寄せられた一、五二〇通の手紙やハガキを編集して『ふるさとの風や　松阪市戦没兵士の手紙集』（三一書房）を刊行した。これらの手紙のなかには日露戦争で亡くなった兵士のものも含まれていた。序文を寄稿した梅川は刊行の目的についてつぎのように記している。

　この書は「英霊」の赫々たる武勲をたたえ回想しようとするものではない。
「神兵」といい「英霊」という、むなしく美しい言葉によって、切なる家族の思いとは別に、こともなげに抹消され埋没させられていった、なくなった人たちの素朴、純情であたたかい人間性を探究すること。そしてどんなに美しい、もっともらしい口実や理屈や理論をつけようとも、他国を傷つけ侵略するような戦争には反対し、平和をどのように維持していくかを、静かに思い、考え、静かに不再戦の決意を持つ手がかりともなり得たら、との発想からの企画である。
　平和を願い、平和を訴え、平和のための敷石の一つにでもなれば、との想い、悲願からのものである。遺族の方からの感違《ママ》いから「勇ましいたより」のみ提出されるのをおそれた編集者の苦労もここにあった。

　同書の巻頭には、二三歳の若さで戦死した竹内浩三の「骨のうたう」という詩が掲げられた。戦争の悲劇を伝え不戦の誓いを弘める『ふるさとの風や』は、今もなお松阪の若い人たちに配布されて読み継がれている。

7

一九六五年二月二六日に梅川は三期目の松阪市長選挙に当選した後、九月に中国外交学会から招聘されて全国市長代表団長として中国を視察旅行する。一カ月にわたる旅行中の雑感を「中国あっち、こっち」という旅行記にまとめ、約半年間「夕刊三重」に連載した。翌年一〇月、この連載をもとにした『途方もない国』（御茶の水書房）を刊行する。梅川によれば、同書の校正作業中に文化大革命が起こり、紅衛兵の行きすぎた行為が日本で報道されると、北京の街頭で交通規則を守らない大人を子どもたちが取り囲んで激しく責め立てていた光景が想い出されたという。

一九六八年一月一九日に体調の衰えが目立ちはじめた梅川は松阪市民病院に入院した。様々な検査の結果、末期の肺ガンと診断された。一一年間におよぶ市長職の激務とヘビースモーカーであったことが災いしたのだろう。しかし入院しても梅川はペンを離さずに死去直前の四月一日まで日記をつけている。抗ガン剤の副作用が激しく急速に身体が衰えて行くのを自覚していたが、一九六一年の再選直後から「広報まつさか」に連載を続けてきた「市長サロン」の原稿や、一九六七年九月から「朝日新聞」に連載をはじめた「東海随想」の原稿をまとめ、旺盛な執筆意欲を持ち続けていた。いよいよ死期が迫ったのを感じると、大山峻峰氏に勧められて、戦前に「詩精神」などのプロレタリア文芸誌に発表した詩や評論を整理してみようという気にもなった。

病床の梅川。病床に伏しながら市の予算書に目を通していた。

　また梅川は入院中も市庁舎の改築を気に掛け、鉄道の東に移転させようとしていた市議会に反対して、歴史的景観の遺る殿町に建てかえようとしていた。殿町に新築された現在の庁舎での業務は梅川没後の一九六九年一〇月六日から開始された。さらに梅川は東京三越で開催される予定になっていた本居宣長展を熱心に計画していた。郷土の賢人本居宣長の顕彰に努め、梅川が設立発起人となった本居宣長記念館は梅川没後、彼の遺志を受け継いだ吉田逸郎市長によって一九七〇年二月五日に落成開館された。同館の収蔵品は現在約一六、〇〇〇点を超え、松阪市民はもとより全国の宣長愛好家に資料を展示して宣長研究の発展に貢献している。『やちまた』の作者として知られる足立巻一は「わたしは本居春庭の『詞の八衢』を調べるために記念館にかようううちに、いまなお市民に愛慕されている無欲で誠実な革新市長が石川先生と生前も没後もつながっていたことを知り、あの暗い、しかも、熱風のようなものが間断なく吹きつけてきた時代が思いおこされた」という。[20]この石川先生とは足立の関西学院時代の恩師石川乙馬である。三・一五事件に際して梅川の支援活動をおこない、石川が没した後は松阪にあった実家を梅川がたびたび見舞っていた。

家族や知人による手厚い看護がなされたが病は癒えず、一九六八年四月四日午後一〇時五〇分に梅川は死去した。享年六一。同月一三日には市葬と地区労による労農葬がおこなわれ、松阪市篠田山墓苑にある三重県解放運動無名戦士の碑に合祀された。そもそもこの碑は一九二八年一一月一三日に大沢茂が津警察署の留置場で怪死した際、白色テロルに抗議する同志によって建立が企画されたものであった。大沢と梅川は宇治山田中学校の同級生で、卒業写真には隣り合って立っている。非業の死に斃れた友のことを梅川は終生口にすることはなかったという。

解放運動無名戦士の碑は治安当局による妨害や用地確保や資金調達などの問題が立ちはだかって長らく建立されずにいたが、一九六四年一一月五日に大山峻峰・石垣国一・河合秀夫たちが集まって除幕式がおこなわれ、一四三柱が合祀された。碑文は梅川が言葉を撰んで黒田寿男が揮毫した。最後にその碑文を引用しながら、梅川をはじめ三重県内の解放運動に尽力した活動家諸氏の冥福を祈りたい。

プロレタリアートは自分の鎖より外に失うべき何物も持たない。そして彼らは獲得すべき全世界を持っている。

この碑はたとえそれへの道が、どんなに困難に満ちていようとも、この全世界を一日も早く獲得せんと、金も地位も望まず、権力にも屈せず、希望をすてず解放戦線の無名の一兵卒として限りない誇りを持って、悔ゆることなく戦った人たちの功績を讃えるために建立した。この碑は永遠である。

註

(1)『三重県史』資料編(近代二、政治・行政Ⅱ、一九八八年三月、九四〇〜一〇二二頁)
(2)『地域史のなかの部落問題——近代三重の場合』(二〇〇三年三月、解放出版社、二八〇頁)
(3)「融和時報」第一五五号(一九三九年一〇月一〇日)および『同和事業関係資料　三重県』、三重県厚生会編『三重県部落史料集(近代編)』(一九七四年一二月、六九〇頁)。黒川みどり氏によれば、満州移民を正当化する上田音市の態度は「そもそも部落という存在自体を否定してかかる立場」であったという(前掲『地域史のなかの部落問題——近代三重の場合』、二九七頁)
(4)三重県商工労働部労政課編『三重県労働運動史』(一九六六年三月、七四頁)
(5)『戦争捕虜二九一号の回想　タイメン鉄道から南紀イルカへ』(二〇〇〇年一一月、三重大学出版会、二一四頁)
(6)『日本農民運動史』(一九六一年四月、東洋経済新報、六五四頁)
(7)『三重県における日本共産党のあゆみ』(日本共産党三重県委員会編、一九九八年五月、二八頁)
(8)前掲(6)、六五四頁
(9)『(梅川文男遺作集)やっぱり風は吹くほうがいい』(一九六九年一二月、盛田書店、六四〜六七頁)
(10)同右書、七四〜七六頁

（11）前掲（4）、七八一頁
（12）井阪篤子『井阪次男をしのぶ』（私家版、一二五頁）
（13）『さあ馬にのって――長岡弘芳遺稿集』（一九九四年七月、武蔵野書房、六五頁）
（14）同右
（15）前掲（9）、二一五頁
（16）前掲（7）、三八頁
（17）「日本共産党第一回三重南部地区党協議会報告（案）」（『三重県史』資料編、現代I 政治行政、一九九二年三月、四九四頁）
（18）前掲（7）、三九頁
（19）『松阪』（一九六三年一〇月、淡交新社、一〇一頁）
（20）足立巻一『夕暮れに苺を植えて』（一九八一年五月、新潮社、六四頁）

II　梅川文男作品抄

『島木健作の思い出――「癩」のもでるなど――』

［解題］

戦前、「堀坂山行」のペンネームでプロレタリア詩を創作した梅川文男は、戦後になって過去の非合法活動時代を回想した文章を書いている。どれも自らの体験にもとづいた貴重な証言ばかりであるが、そのなかでもとりわけ重要なのがつぎに紹介する「島木健作の思い出――『癩』のもでるなど――」である。

転向作家として文壇から一躍脚光を浴びた島木健作（本名朝倉菊雄）は、三・一五事件で検挙された時、日本農民組合香川県連合会書記を務めていた。裁判で懲役五年の判決を受けるものの、服役中に肺病が悪化して仮釈放される。同じ頃、日農兵庫県連書記であった梅川は、島木とは組合の全国大会で顔を合わせたり、活動の状況を手紙で連絡し合う同志であった。梅川が抱いた島木の印象は「隙がなく、鋭く剃刀のように、蒼白く冴えた頭脳と、くそ真面目な態度にはおぢけづきながらも感嘆したとある。淡路と香川が鳴門海峡を挟んで向かい合っていたように、堺市にあった大阪刑務所でも二人は斜め向かいの独房に入れられていた。

非転向を貫いて五年の刑期を終えて故郷に帰っていた梅川は、たまたま「癩」を目にした。「くいつく様によみながら、ぶる〳〵興奮し」、作品の素晴らしさは認めるとしても「島木健作と朝倉菊雄が、どうもぴつたりくつゝかない」のである。朝倉という人物からは文学的センスを微塵も感じさせられなかっただけに梅川は不思議に思う。これをきっかけとして梅川は当時の島木と農民運動を回想するのである。

なお文中に登場する「静岡にいるKさん」とは河合秀夫のことである。獄中にいた梅川を支援し続けた河合は一九三一年、全国農民組合の右派によって総本部書記を解任され静岡に滞在していた。

「島木健作の思い出——『癩』のもでるなど——」の初出は雑誌「季刊関西派」創刊号（一九四九年七月一〇日印刷、一五日発行、一四〜一九頁）。同誌の編集発行人は好川貫一、印刷人は町野七右衛門、印刷所は上野市愛宕町の上野印刷有限会社、発行所は京都市伏見区桃山町福島大夫の竹書房である。創刊号には梅川の他に赤岩栄「文芸の道」、山口誓子「山陽のこと」、中勘助「かたみの羽織」などが掲載されている。本作品の初収は『（梅川文男遺作集）やっぱり風は吹くほうがいい』（梅川文男遺作集編集委員会、一九六九年一二月一〇日発行、盛田書店、九九〜一〇七頁）。

（凡例）

一、旧字体は新字体に直している。

一、行末におかれた句読点は省略されていたので補った。
一、誤字と思われる部分には（ママ）と傍記した。冒頭の「三三年（昭八）」は梅川の記憶の誤りなので
で、「三四年（昭九）」に修正した。

島木健作の思い出——「癩」のもでるなど——

一

三四年（昭九）四月、ナウカ社から雑誌「文学評論」が創刊された。編輯者は徳永直氏だつた。いつも面倒くさくつて小説をよまないか、後まわしにする癖のある私が尻をおちつけて、きいたこともない島木健作とゆう男の「癩」から読みだしたのは、多少感激をもつてつゞられていた、徳永・森山啓両氏の推薦の辞の刺戟だつたとおもわれる。

いま、手もとにないので引用できないが、はじめの数行で、それとは書いていないが、堺の刑務所だと直感した。堺市にある大阪刑務所と云えば、つい四十日ほど前までの四年間を、私もまたご厄介になつていたのである。

「癩」の主人公より、私の方がはるかに年期をいれた封筒はりの熟練工だつたようだ。くいつく様によみながら、ぶる〳〵興奮した。この快感は、じつに久しぶりのものだつた。それ

は単に、そこに描かれている生活のなじみ深さからくるばかりでなく、また異常な「癩」患者とゆう取材の特異さからのみくるものでもなかつた。作品それ自体が傑れていたからである。これは「戦旗」時代の数多くの「プロレタリア」小説とちがつて、ほんものだと唸つた。

読み終つて、ふつふつと湧き上つてくる興奮のはけ口にこまつた。

癩患者のもでるには心あたりがあつた。

しかし、片方の肺患者である。これにも心あたりはあつた。だが、まさかあの男が、と、どうにも裁断をくだしかねた。

二

読後の興奮を、もち扱いかねた私は、静岡にいる先輩のKさんに、さつそく手紙を書いた。

「たゞ今、文学評論所載小説『癩』読了。この作品こそ、一九三四年中におけるプロレタリア小説の最高峰と思います。傑作です。ぜひ読んで下さい。雑誌買うのが惜しいなら、店頭でロハ読みしてください。そのため、脚が少々棒になるぐらいは、がまんして――。作中の癩患者は××君だと思います。作者の肺患者（島木健作）は、朝倉菊雄君だとおもうんですが、どうでしよう。上京されたらきいてください。」

こうは、Kさんに云つたものゝ、島木健作と朝倉菊雄の二枚の映像をあわせ、すかしてみると、どうにも朝倉が冷たくつて、とげの様に神経質で、こむずかしくぴつたりあわない。そればかりではない。いまの朝倉には小説など落ちついて書いている時間的余裕もなかろう。といってあの刑務所にいた同志のなかで、肺のため病舎に移された者といえば、この男以外にはなかったはずだ。

Kさんから数日後、返書が来た。いゝ小説を教えていたゞいてありがとう。感動しました。家内にも読ませました。家内も感動いたしております。はじめ御指令のとおり、ロハよみせんと出かけましたところ、すこしよんでこれはと思つて買い戻りました。おかげで脚を棒にせずにすみました。上京したら、さつそく朝倉君を訪ねてみましよう。

Kさんと私の間に、朝倉と云う同志が異常な関心をよんでいるのは、次のような事情からである。

三

当時、日本にたつた一つの、民主的な農民団体であつた全国農民組合は、総本部派と、全農全国会議派（全会派）の二つに、大きく割れていた。三重県連合会は全会派中の有力連合会であつた。全会派はその頃、まつたくの地下組織であつた日本共産党の、外廓団体となつていて、全会派中央部もまた、地下にもぐりながら、地方の組織を動かしていた。

私が出獄帰郷してから約一ヶ月目の三月十三日未明、三重の党組織を中心として各団体は、武装警官に襲われ、弾圧、検挙された。農民団体の三重県連合会の受けた被害も大きかつた。各支部、数十名の組合員は拘引され、組織は破壊された（三・一三事件と云われる）。私は家宅捜索を受けただけですんだ。

足かけ六年、運動から置いてけぼりをくい、情勢を把握しかねていた私は、その間にでた新聞、雑誌の厖大な綴りこみを繰つたり、同志から話をきゝながら、六年の空白をうめ、六年を追跡するのに懸命だつた。半年は、まず静養と、肚をきめていた私も、目の前で組織が破壊され、崩れてゆくのを、ぢつと見ているわけにはゆかなかつた。疲労しきつていた身体を、いたわつてばかりもおれなかつた。すわらされつゞけて来たため、少し歩けば、がくがくして膝をつきそうなほどに弱つていた。しかし、やらねばならなかつた。検挙もれの同志と、また引つぱられるのを覚悟で村々をまわつて、おびえている組合員を励まし、支部組織の整備と、連合会の再建に動きはじめた。

動きはじめた私のところに、中央部からこつそり使者が来た。上京して、中央部の仕事をしろ、とゆうのである。私は、ことわつた。勇気をだしてことわつた。

体がまだ非常に疲れていること、三重の農民組織の再建をまずやらねばならぬから、と云うのが表面の理由であつた。

独座面壁、四人と云うものは、記憶ばかりをくつて生きているものである。この様な渦巻く社会から隔絶された環境におかれた時にこそ、人はまつたく、云いわけや強がりをぬきにして、うぶな謙虚さをもつて、過去の自分にたちむかえるものである。私もまた、投獄されるまでの、自分のやり口を巨細に検討し、自己批判をつゞけた。つゞけながら、いかに機械的で、粗雑生硬なものであつたか、と顔を手で蔽いたく、又思わず赤面することもしばしばであつた。私は、この、ながい自己批判の成果の上に、どんと尻をおちつけて、農民組合運動を、も一度やり直したかつた。

出獄して、見た運動はどうにも合点のゆきかねるふしぶしが多かつた。「池水涸れんとして魚躍る。」ていの狂躁さはともかくとして、大衆団体を、一つの党の私有物視し、外廓団体とすることには納得出来なかつた。これが上京をことわつた理由の一つであつた。それからまた、当時、共産党と云わず全会派といわず、中央部には、警視庁のスパイが潜入していて、あぶなくて、一週間ともたないだろうとも云われていた。上京するとゆうことは検挙されにゆくとゆうことだ、とも云われていた。スパイの張つたあみの上を泳がされている期間だけが無事なのだ、と極言するものもいた。事実、私より一年ほど先に五年ぶりで出獄し、家にとゞまること数日にして上京し、組織に再び参加して一週間とたゝないうちに、また検挙された、とゆう同志もいた。疑心暗鬼、その頃、地方の中央部への不信の空気は可なりのものがあつた。

こうゆうような事情のなかで、それは「癩」の登載された文学評論が出るすこし前のこと、私は、ひまを作つてKさんのいる静岡市にゆき、一週間ほど滞在した。静岡につくなり私は、全会派の中央部から、口説き役が来ること、その口説き役が他ならぬ朝倉菊雄であることをきかされた。朝倉君なら懐しい。要件はともかくとして、ゆつくり懇談してみよう、と待つた。

朝倉菊雄は、実兄の経営する赤門前の、社会科学書専門の古本屋、島崎書院にいて商売を手伝つているとのことだつた。

こゝではじめて私は、彼が、その深度は別として、全会派の仕事に秘密に参加していることを知つた。そして彼が参加している位なら全会派の中央部は充分信用してもよいと考えた。ところが待つていた彼は来なくて、他の同志が来た。朝倉君は、また喀血して、寝ているとのことだつた。私はがつかりした。

島木健作と朝倉菊雄が、どうもぴつたりくつ、かない理由の一つはこゝにあつた。あぶない全会派の地下組織の仕事に関与している多忙の身で、ゆつくり、これほどのものは書けないだろうと思われたからである。

四

二七年（昭二）二月頃、日本農民組合の全国大会が、三日にわたつて大阪天王寺公会堂で開催された。昼は大会、夜は各種の委員会や会議が持たれた。二日目かの夜各府県連合会の書記会議がある旅館であつた。書記と云つても会社や役所のそれとは違つて、実際に仕事を遂行し指導してゆくのは、みなこの書記だつた。学園から、まつすぐとびこんできたインテリが多かつた。このとき私の横に、痩せて神経質に肩いからせ、冷たく非妥協的で、糞真面目な面構えの、目だけを熱情的に光らせた廿四、五歳の同志がいた。自己紹介の時、香川県連合会の書記、朝倉菊雄と名乗つた。当時、香川県連合会は県の面積こそ狭少であつたが、組織組合委員二万を擁する戦闘的連合会として、堂々他府県連合会を圧していた。従つて、あらゆる会合でその発言は大きな圧力を持つていたものである。大きいだけに各郡に連絡指導のための出張所を設置していた。朝倉はある郡の出張所にいて、昼夜自転車で駆けまわつていた。自転車が下手なのと、目がちかいために電柱なんかによくぶつつけたと云う話もある。

その書記会議は、まず各自所属する連合会の組織内に於ける書記の地位をそれぞれ報告することになつた。とゆうのは、ごく少数の連合会ではあつたが、何か百姓の執行委員と、書記との間に意見の相違を来した場合などに、書記が同志であることを忘れ、封建的な身分関係又単なる雇傭関係のように錯覚して、「君はおれらのやとつている書記だ。だまつとれ。」と、不当に圧迫されている者もいたからである。

隣りの同志朝倉が先ず口をきつた。「香川県に於ては書記は執行委員会に於て任命し、執行役員を補佐し、事務を処理する者です。」規約のように四角ばつた顔付きと口調で簡単に無愛想に説明した。そして、澄ましこんでいた。なあんだ。規約どおり云つてやがる。えらい公式的な融通のきかない男だ、と内心私はおかしくなつた。で次の私は、これをひやかしてやれ、とゆう気もあつて、笑いながら「僕の連合会も、規約の文字どおりゆけば香川とおんなじだ。しかし実際は、ざつくばらんに云えばまあ書記独裁で、執行委員会の召集もする。争議も処理する。それでも一向誰も文句云わずに任せていてくれる」と云い終わるか終わらぬかに、隣りの同志朝倉が「一寸。」とあわて気味に手をあげた。「僕は規約かとおもいました。香川でも実際は、たゞ今の淡路の連合会と同じです。」と訂正した。その後で具体的な問題の（それが何であつたか忘れた――）討議に入つて、私は目をみはつた。彼は活潑に討議に参加した。しかも論理整然、間然するところがなかつた。しかし、人が述べている間、にやにやうすら笑いをうかべ、片頰を指先で撫でながら、相手の云い終るのを待ち構えている彼の態度は、少し自信以上の傲慢さを印象づけ、親しめないものがあつた。だが、隙がなく、鋭く剃刀のように、蒼白く冴えた頭脳と、くそ真面目な態度にはおぢけづきながらも感嘆した。

私には、この夜の印象が頭にこびりついている。彼の言動や態度や風貌のどこからも文学の「ぶ」の字の匂いも嗅ぎ出せなかつた。

そのころ何かと云うと声明書をだして、各連合会に送つたり、交換しあつたりした。ほとんど謄写版ずりである。香川から、一点一画もごまかしのない、大きな四角い字の文書がよく来た。文章も文字とおなじく、くそかたい骨ばつたものであつた。それはそれなりに一応名文ではあつたがはなはだ文学的ではなかつた。島木健作の朝倉が書いたものである。島木健作と朝倉菊雄がぴつたり密着しなかつた第二の点はこゝにあつた。まさか、あの男がと、どうにも合点がゆきかねた。

これから二ヶ月ほどたつて、おなじ天王寺公会堂で、左翼労働組合であつた日本労働組合評議会の大会がひらかれた。私はわざわざ傍聴に出かけた。二階の傍聴席でこれもはるばるやつてきた朝倉に逢つた。もう随分暖かいのに、大きな目の下から顔半分をかくす真白なガーゼマスクをかけていた。この大きなマスクは私には珍らしかつた。軍人が威張りだし、兵隊がうようよしだした頃以後には、このようなマスクは普通になつたが、当時の私には珍らしかつた。マスクと云えば、主として黒布で作られ、せいぜい鼻と口を蔽う程度の大きさで、煙草をすつたり、痰をはく時は、顎にひつかければことたりるものだとおもつていた。大きな不便なやつをかけているが、この時候に、こゝまで用心深い彼は、と小首をひねつた挙句、多分、肺でも病んでいるのだろうと、診断した。

五

二七年の暮、東京、芝、協調会館に労働農民党の全国大会が招集された。委員長は大山郁夫氏であり、書記長は細迫兼光氏だつた。

組織はすばらしい勢いで全国にのび、闘争は激しくもり上つていた。大会の前日、党本部は地方からつめかけ訪れた同志でごつたがえしていた。窓ぎわの机に腰をかけ、足をぶらつかせながら、熱情的な口調で香川地方に展開されている農民闘争を談じている朝倉君もいた。相手は学生時代の同志と思われた。この大会で最も重要な「運動方針」の審議委員長に挙げられたと記憶する。そして委員会の報告も彼がやつたと記憶している。

この大会は終始凄愴な雰囲気のなかに進行した。今とはちがつて、会場には顎ひもをかけた警官が充満し、入口ではこの連中に身体検査をやられた。二日目にはトラックに乗り棍棒もつた右翼団体がなぐりこみをかけてきたりなどした。議案の説明も報告も、祝辞も、祝電の朗読も、片つ端から中止を命ぜられた。臨官は背のちいさい男で、署長自らやつているとのことだつた。この男が立ち上つて、右手でどんとサーベルをつき、左手を肩から真つすぐ伸ばして「弁ーー士、中止ーッ。」と、身体に不似合いな大きな声でやれば、横暴！　と怒号喊声が渦巻き湧き上がる。

ところで、朝倉委員長の報告である。体一杯の声を出し、そのためところどころかすれ声をだして、アジ演説をやつた。これは多分、直ぐ中止されることを覚悟してやつたものだろう。婉曲な云いまわしなど、一切ぬきにして、むきつけにやるものだから、きいてる方ではらはらした。――演説会を民衆大会に変更し、うンと聴衆を煽つておいて、デモに移つて押しかける。――こゝで、彼は両手を挙げて煽る様にしたが瞬間、そらツ、と不安と憎悪の視線が一斉に臨官に集中する。が、叫ばない。皆の予期に反して、不思議と、大会中、もつと激越なものであったにもかゝわらず、中止ツ！　をくわなかつた。これは敵である官憲にとつても最も重要な運動方針である。その討議内容は知悉しておく必要がある。そのための臨官の深謀からきたものであろう。中止したらそれつきり後を知ることができない。

報告演説を終つて、議長が報告に対する質疑の有無を議場に問う間、彼は、「糞くらえ！」と云う面構えで、演壇につゝたつていた。多くの質問が出た。ある代議員が、こんな場合はどうか、とたゞした。このように、質疑を提出されると、報告者は、つい釣られて、自分の主観的な意見を述べてしまうものである。ところが、彼は素つ気なく答えた。

「そう云うことは、委員会では討議されなかつた。」

私はこの時、ふつと、さきに書いた、いつかの農民組合の書記会議の席上、「規約」そのまゝを、無愛想にいつてのけて、澄ましこんでいた彼を、おもいだしたのである。

『小津安二郎氏』

［解題］

世界的な名声を博した映画監督小津安二郎は、一九〇三（明治三六）年一二月一二日に東京深川で生まれる。公害問題が深刻になりはじめていた東京を避けて、小津家の故郷松阪で教育を受けたのは父親の強い意向にもとづくものであった。小津は松阪市立第二尋常小学校、三重県立宇治山田中学校と進学するが、いずれの学校も三学年下に梅川文男がいた。つぎに紹介する「小津安二郎氏」は、若き日の小津の姿を梅川が伝えている。バンカラな柔道青年、熱狂的な映画ファン――いろいろな小津の顔が見られて興味深い。幼なじみの二人は、晩年になっても親交が続き、死の床に就いた小津を、松阪市長を務めていた梅川が見舞っている。

「小津安二郎氏」の初出は「伊勢公論」第七号（一九五二年一〇月二五日印刷、一一月一日発行、一八～二〇頁）。同誌の編集兼発行人は茅原元一郎、印刷所は松阪市新座町一〇七七の東海印刷株式会社、発行所は津市丸之内本町中日会館二階の伊勢公論社である。

（凡例）
一、誤字と思われる部分には（ママ）と傍記した。

小津安二郎氏

映画「お茶漬の味」をみた。

昨年暮の松阪大火の火元となり、焼失した松阪第二小学校と、宇治山田中学校で、小津さんはずつと三年上だつた。

小学四年生の頃、松阪に転校してきたのでないかとおもう。家は愛宕町だつた。

「品行方正、学力優秀」の模範生だつた。

さて、私も山田の中学にはいつた。三十数年前、大正七年頃の話である。

小学校の先輩、小津さんは、相変らず「品行方正」の模範生だろうと、かんたんに思いこんでいた。ところが、小学校時代のお坊つちやんらしいところなんか、その痕跡もとゞめていない。にきび面の腕白、柔道選手の豪傑上級生になつていたので、びつくりした。

みんな、やつちやん、やつちやんとよんでいた。安ツちやんは、寄宿舎にはいつていた。

その頃、煙草をすつたとか、喧嘩をしたとか、女学生にラヴレターをだしたとか、「洋食屋」にはいつてコーヒーを飲んだとか、ばかばかしいことで罰をつくつたり、芸者をあげて飲んでいたが、便所にいつてぱつたり先生と廊下であつて、なんて念のいつたことで、慎重に処分されたり、このような校則侵犯は、謹慎、停学、退学などと、事の軽重によつて処罰された。その都度、生徒控室に、何年何組誰々何日間の謹慎を命ず、なんて勿体ぶつた判決の主文だけが、派手に掲示された。

小津さんは、この方のいゝお得意さんだつたようだ。中学五年の間に何犯を重ねたか知らないが、学校側からほめられるおとなしいへぼ模範生でなかつたことだけはたしかである。勇敢にあばれる方の特待生だつた。人気者だつた。人気などとゆうものは、けち臭い奴には、絶対湧いてこない。あばれん坊だが、毒気のない、無邪気な人の好さが人気者にしたのだとおもう。

安ッちやん、こわいか？　あるとき、同級生の舎生にきいてみた。うゝん、こわいことない。「ぜんざい」こしらえるの上手やぜ、とのことだつた。あの衝立みたいな肩幅もつた豪傑と、ぜんざい名人は、どうも腑におちなかつた。

その頃、正課として柔道か剣道か、どちらかをやらされた。私は柔道を選んだ。よく上級生で、黒や茶色や緑の帯をしめた連中が、先生の助手になつてやつてきた。

わが小津安二郎助手が、茶色の帯をしめて颯爽と道場に現われると、さつとわれわれは緊張しておぢけづいた。というのは、先生だつて、他の上級生だつて、私たちとやる時はちやんと加減してやつてくれた。「よしッ、うまい」なんて、ほめてくれて、どでんと、こけてくれたりした。ところがわが安二郎師範代は、そんなお世辞は絶対やらん。相手が三年下だつてことは念頭にないもの丶ごとく、力一つぱい無慈悲にびんびん投げとばした。そして他の助手は、おしまいまでやるのだが、小津先生は、自身の胃拡張の胃が、ヘンヘン大きく波打つほど、根《こん》かぎり叩きつけて、自分もへとへとになり「先生えらいです」とゆうと、さつさと引きあげていつた。おうい、安ッちゃんとやると痛いぞ！　そうか、てなことで、同級生同志、一稽古した後、息をいれながら雑談していた者も、小津さんの手があいたとみると、それッと、前や隣りの奴とお辞儀もろくすつぽせんと、あわて丶稽古に立ちあがつた。うろうろしていて、おいやろか、なんて前にすわられたら百年目、容赦なしにひん投げられることを覚悟せんならん。

「長屋紳士録」だつたとおもうが、寝小便した腕白坊主が、干してある蒲団を、団扇であおいでいるところがあつて、満場どつときた。その昔寄宿舎で、下級生で、した者があると、あのとおりを小津さんはやらせたそうな。

柔道、ぜんざい、寝小便あおぎ、謹慎など多彩な寄宿舎生活を、追いだされたのか、おんでたのか相《ママ》らんが、やめて、松阪から通学することになつた。電車はなく、いま紀勢東線をはしつているのより、もつと汚い、もつとのろい汽車だけだつた。

三年以下の奴は、前のマッチ箱に乗れ、と安ッちゃんは、時々、山田駅で号令をかけるのである。みんな、なにがはじまるかを知つているので、にやにやしながら、今どき見られない、横に七、八人かける座席があり、乗降口も横に一つゞつあつた。それこそマッチ箱のような、ちつちやい客車に乗りこむ。一般乗客は、学生専用車だとおもつて、尻ごみして乗つてこない。列車は動き出す。安ッちゃんは、皆と唯一人向いあつて、停学ものである煙草をふかし、上衣の上ボタン二つほどをはずした風態で、いまからやるできいとれと、わがパール、ホワイト嬢は、なんと美辞麗句をつらねた、例の映画説明をはじめるのである。これはかけ値なしにうまかつた。よくおぼえたもんだと、舌をまいたものである。いまだに昔の連中がよると、これが話題になる。パール、ホワイトの運命は、いかゞなりましようや、また来週まで——と終るのである。

これも昨年焼失した、愛宕町の神楽座とゆうのが唯一の常設館だつた。「旧劇」では尾上松之助大熱演なる甚だ壮快なる忍術もの「新派大悲劇」と銘うつた。当時女形の衣笠貞之助、藤野秀夫主演もの、それにアメリカの、今もかわらぬ「連続冒険大活劇」なる西部劇、ダンカン、ウイリアム、エスハート、ダグラス、フアエバンクスなど。

禁制だつたが、松阪までは監視もとゞかぬので、みんなせつせと見にいつた。松竹映画を見るには、津までわざわざ出かけねばならなかつた。

小津さんは、土曜から日曜にかけて、新しい洋画を見るために、御苦労さんにも泊まりがけで、名古屋や大阪なんかによく出かけていつた。電車や快速列車もない、のろい汽車のころだ。名古屋駅のプラットホームで喧嘩して、相手を叩きつけてきた、などゝ武勇譚入りの活動察真《ママ》見物だつた。

各映画館では「ニユース」を発行していた。梗概や予告は、今と同じだが、その他に一般の批評などの投稿を掲載していた。その頃の小津さんのペンネームを、いまどうしても憶いだせないが、通学の汽車のなかでよく見せてもらつた。名古屋や大阪のそれらにも、よくのつた。それらを読むごとに、誰でも、はてなと首をひねり、戸惑いした。あのバンカラ豪傑の、どこを押したら、こんな繊細で、しかも鋭い批評ができるのだろう?

松阪の神楽座発行のそれに、「新派悲劇」の愚劣さを、よくごろごろと人が死ぬ、殺すことによつて事件を解決するなど、箇条書きで攻めたてた短評など、すつかり同感したためか、強く印象に残つている。

「お茶漬けの味」を見ていた時、カロリー軒やパチンコや中華そばでは、遠慮ない笑い声をたてゝいた、近くの座席のおかみさんが、おしまい近くなつて、子供が出てこんなあ、不服らしく大きく呟いた。突貫小僧から「麦秋」まで、どの作品にも、邪気のない子供が大きく動く。

あのおかみさん、もしかすると、小津さんの腕白餓鬼大将時代を知つてるかもしれんとおもつたら急におかしくなつて笑つてしまつた。

（一九五二・一〇・一五）

『昭和殉教使徒列伝――カンゴク・アパート隣組回想録――』

［解題］

一九四一年一二月八日、日本軍はアメリカ軍太平洋艦隊の母港ハワイ真珠湾を急襲した。翌日早朝、対米英宣戦布告に伴う非常措置として内偵中の被疑事件の検挙者二一六名（その内令状執行一五四）、要視察人の予防検束者一五〇名、予防拘禁を予定する者三〇名（令状執行一三）、合計三九六名の非常検束がおこなわれた。「特高月報」（昭和一六年一二月分）によれば、三重では「共産主義意識濃厚にして凡有運動に関係し常に県下の左翼分子と連絡して自己の指導下に置かんと策動する等合法偽装運動の容疑不尠」として四名が拘引された。この四名は梅川の他に全水県連伊賀支部の松井久吉、元日本赤色救援会県連の野口健二、元社会大衆党県連の駒田重義であった。

非常措置事件で拘引された梅川は当時三五歳、一九四二年一一月一三日に治安維持法違反の容疑で起訴され、一九四四年五月二八日まで名古屋刑務所で服役する。本資料は、戦後になって往時を回想して書かれたものであるが、獄中の様子を巧みに描き出している。治安維持法の暴威は一般市民の上にも降りかかって自由が著しく制限されていた。左翼はもとより自由主義者や右翼、信仰者までが拘禁されたのである。

本資料は初出「伊勢公論」創刊号（一九五二年四月一日発行、伊勢公論社、三七〜四四頁）に拠っている。同誌は地方総合誌として編集され、発行所は津市丸ノ内中日会館二階の伊勢公論社、編集兼発行人は園田寛であった。本作品の初収は『(梅川文男遺作集) やっぱり風は吹くほうがいい』(梅川文男遺作集編集委員会、一九六九年一二月一〇日発行、盛田書店)。

(凡例)

一、行末や文中で省略されていた句読点を補った。「?」「!」の後ろは一字分空けた。

一、文中に頻出する伊勢方言は、筆者のスタイルを尊重してそのまま残した。(例「〜とゆう」、意味は「〜という」)

一、誤字脱字と思われる部分は訂正した。以下、各章毎に列挙する。

(一)「戦争え、敗戦え」→「戦争へ、敗戦へ」

(二)「かるい興奮をおぼえなら」→「かるい興奮をおぼえながら」、「沙婆」→「娑婆」、「雁物」→「贋物」、「入浴えの道すがら」→「入浴への道すがら」、「私の監房え」→「私の監房へ」、「隣の房え」→「隣の房へ」、「予防拘禁所え送られていった」→「予防拘禁所へ送られていった」

(三)「何人にておわしますのだろう?。」→「何人にておわしますのだろう?」、「「信仰の自由を」護持しつゞけ」→「「信仰の自由」を護持しつゞけ」

（四）「目的えの努力」→「目的への努力」、「目出度く解消たもの、」→「目出度く解けたもの、」、「披歴される」→「披瀝される」、「警察え」→「警察へ」、「羅織されつつある」→「組織されつつある」、「東方には皇居がある」→一字分下げ、「現神人」→「現人神」、「悪るいこと」→「悪いこと」、「さかしまに」→「さかさまに」、「試錬」→「試練」、「説教に」→一字分下げ、「生活えの憂鬱な想い」→「生活への憂鬱な想い」

昭和殉教使徒列伝――カンゴク・アパート隣組回想録――

（一）

乱入して来た連中に、肩先を押えられ、目をさましたのが、真珠湾攻撃の翌九日の払暁それから留置場に八ヶ月、未決監に約一年、そして懲役。灰色のカンゴクアパートの一室での面壁生活を、また、八年ぶりでやらされることになつた。

服役後まもなく名古屋に移されたのだが、むろん、私は独居房住いである。その建物には百房もあつたろうか。

独居アパート内の住人は、まず、私たちの様に、人をみたら法を説きたがる連中。これがA級。次は、人とすぐ喧嘩をやりたがる凶暴なてあい共か、あるいは、脳味噌の量が、すこうし足らんが故に、悪人になつた善人共これがB級。ぬすとをさせまいと閉じこめてあるカンゴク内でのぬすと。人の飯をとつたり、一日の配給量、二枚という貴重なちり紙（刑務所用語では便紙）をとつたり、人の成績を左右する製品を、かすめとるぬすと中のぬすと。これがC級。ともかく集団生活をさせられない。また、耐え得ない、このような連中は独房住いである。

「隣はなにをする人ぞ」という俳諧的興味は、遮断された生活では一層強烈である。向う三軒両どなりどころか、近所界隈の、今後お心安く願わねばならん人達の、罪名と素性を知るのに、経験ある前科者の私には、三日とかゝらなかつた。

知つておどろいた。私とおなじ「赤」は三人で、他は、みんな宗教関係の人達である。それが、それまで私たちの専有物だと思つていた、治安維持法違反で、なかに、不敬罪、軍刑法等のこぶつきの人もいる。

右隣りが天理教、その隣りがキリスト教、左隣りがキリスト教、そのむこうが禅坊主。そのまたむこうが浄土宗。前が天理教に、キリスト教。弾圧もこゝまできているとは知らず、まつたくうかつだつたと思つた。「赤」といえば、河合栄次郎、美濃部達吉氏らのような、自由主義者まで、「赤」として刈りつくされてしまつていたのだ。そこまでは知つていた。戦争へ、敗戦へ、の速度にあわせて、何度も改悪された治維法であることも知つていた。

だが、こゝまで、鮫のような巨口をひらき、その持つ魔の猛威をふるつているとは、陥せいの底、監獄で、はじめて見たのだ。たとえ声をひそめてゞあつても、目色、顔色であつてでも、治維法のおそろしさを、ひろく、すべての人々に訴え、警告することのできた筈のあの社会にあつて、どうして予見し、予知できなかつたのだろう。私は、自身の頭の悪さ鈍さに赤面した。

塀の外では、いまでも、いまなお敗色の濃度に正比例して、益々あくどく、気ちがいじみてきた憲兵や特高に、手首に手錠をかまされる瞬間まで、狙われているとは気づかず、善良に誤算している人たちがいるのだ。

あぶない。この事実を、外に伝える方法はないものだろうか。

すでに刑務所は巨大な軍需工場であつた。労働力の無限の供給においては、石川五右衛門氏以来の輝かしい伝統を堅持していたし労賃の低廉さ、これはたゞより安かつたし、もし、それ、能率の点にいたつては「懲」用工のように、ニセ病やら、ハハキトクのインチキ電報で帰郷するという不心得者は、たゞの一人もないという、類い稀なる軍需工場だつた。身はたとえ、赤いおべべをまとえども赤誠捧げて、どうとか、こうとかいう、赤づくめの下手くそな歌らしいものが朗唱されていたし、東条大臣から感状をいたゞいたともきいた。技術将校も来ていたし、工場によつては、徹夜作業をつゞけていた。

私たちの独房の連中は、皮革工だつた。兵隊さんのごぼう劔をつる革具が手はじめだつた。もう、その頃すでに、革も不足か、ゴムのそれらが入つて来ていた。戦争に協力する気はさら〳〵なかつたが、仕事は楽しみだつた。

物、人の不足は、処遇の上にも悪く響いたが、また都合のいゝことにもなつた。

独居房に入れておかねばならぬ私共に対しては、集団的な扱いは、いけない筈なんだが、看守の不足は名古屋はひどいとみえ、一日一回の晴れた日の、屋外での運動を、集団的にやらされた。又入浴も一人一人入れる浴場もあるのだが、燃料の節約などのためにも、大きい浴場で一括集団入浴もさせられた。囚人同士、会話をすることは、厳禁されているのだが、十数名とか二十名余りの一団の人間に、看守ひとりで手におえる筈はなし、私たちはお互い、おつぴらに話しあつた。会話をかわすということは、人と人とを結びつける一番最初の、そして不可欠の条件だ、などともつともらしく意識されるのも、カンゴクである。

（二）

こんなことで、右隣りの五十才ほどの、温和な物云いと、物腰しの、おやじさんと一度で親しくなつた。

名古屋に移された翌日、がちや〳〵錠をはづす音が、次第に近づき、私の房の扉もあいた。何だろう、運動？　入浴？　これ以外に近所隣り一斉に扉がひらかれることはない筈だが、ともかく四人の外出にはつきもの、編笠片手につゝ立つて、判断に迷つてる私の房をのぞきこみ、「運動ですよ、運動には帽子です。さ行きましよう。」と親切に誘つてくれた。廊下に出て、着物とおなじ柿いろの、ペラ〳〵の運動帽が頭におちつかず、何度もかぶり直しながらあるく私の背後から、どこからみえました？　三重？　お伊セさんですね。「会話」囚人の飢えている会話、役人共とでなし、対等でかわす会話に、かるい興奮をおぼえながら、私は、首をかしげた。こゝでの先輩である。相手の声の高さと幅から推して、こゝでは大ぴらに話が出来る、と測定した。治安維持法ですね。とゆう、そうだとうなずいたら、再犯ですね、ときた。あんれッ。よく知つてる。とおどろいたら、書いてある、とゆう。運動から房にもどつた時、表札をみたら番号の上にしるしが二つある。誰にもわかる筈だ。

すべて囚人は、番号で呼ばれる。人権を尊重して、だそうだが、娑婆での氏名は伏せられる。この番号札が、部屋の入口にかゝつている。これが表札である。

運動は、ぐる〳〵歩きまわり、馳足をやりおしまいに、ラジオ体操を二回やる。隣のこのおやじさんの体操ぶりには、目をみはつたとゆうのは、手のあげおろし、体のこなしが実に柔らかで、リズミカルである。この人の職業は、天理教の教師だつた。

天理教の教師に対して、浅い認識より持つていなかつた私には、反動的な神道に属するのに、「国体の尊厳を冒瀆する」と云つて、治維法にひつかけられたのが呑みこめなかつたし、その上、不敬罪の肩書までつけているのだから、いよ〳〵分らない。

ある日、運動場の芝生にならんで、腰をおろし、かなりながく休憩をしたことがあつた。天照大神を信仰されるのでしよう？　と、日頃の疑問を提起した。大きく肯くので、では何故、治維法で、おまけに不敬罪ですか？　と相手は近くに、大ぜい居るし、看守も間近かにいるのだが、声をひそめることもせずに、今の天皇はニセ物です。と、きつぱり云いきつた。きいたこちらが唸つてしまつた。こわいこと云うぞ、といささかうろたえたが、尚も贋物の所以の説明を求めた。すると、先生は急に、改まつた態度で、きつと瞳を光らせ、抑揚をつけ、節をつけ、七五調のなめらかな口調で語りはじめるのだつた。それはもう幾度も幾度も語り古した、修練の朗詠にちがいなかつた。今の天皇は、天照大神の真系でなく、ながい歴史の途中、皇位を簒奪したもの丶子孫だ、とゆうにあるらしかつた。この布教をき丶ながら、ある時代、危険な天皇になりてがなく、逃げうせた血統をひく者を、鐘と太鼓で探しに出かけたとゆう「古事記」の一節を思ひ出していた。終つて、なる程これでこれでは、今の御時世では、不敬罪の値打ちがありすぎる、と呆きれながらもほんもの丶直系はどこにいられるか、と念を押すことを忘れなかつた。それは、と力をいれて、私たちの生神さんこそ、正真正銘の直系の方です。とのことで、住所氏名の紹介にまで預かつたのだが、罰当りの私は、まもなくこのあらたかな新興現人神の名を忘れてしまつた。「ニツポン日記」で、間近かにみた旅行中の天皇を、意地悪いまでに、リアルに描き、宮内官僚の、新しい神話創造の「行幸」興行を衝いたマークゲインが、敗戦前の非科学的にでつち上げられた、日本歴史の必然的所産であるこの直系神話をきいたら、手をうつて喜んだにちがひない。

五年かの懲役の刑期満了も後半程に迫つた頃、入浴への道すがらの出来事である。昨日も又、教誨師が来ていましたね、と、国体に反する信仰を捨てろ、と、口説きに度々訪れるのを知つていた私は、たずねてみた。え丶、みえました。しかし、お断りしました。お恥しいことですが、私と一緒にこ丶に来た人で、沢山、信仰を捨てる、と云わされた人があります。しかし、私は嘘をつくわけにはゆきません。お断りしました。これは、私がお断りするのではありません。神さんが捨てるな、とおつしやるのです。娘も、面会に来る毎に、いゝ年をした私を、いつまでもこんな処におらせたくないと云つて、考え直してくれ、とたのみます。しかし娘はまちがつています。かわいそうですが、きくわけにはゆきません。昨夜もね、梅川さん、……実は、神様がみえまして。えッ。神様がみえました？　どこえ？　呆れながら、大丈夫かな、と探るように顔をみつめる私に、見えたのですよ、私の監房へ。私は御相談いたしました。そうしたら、神様が、捨てるな、辛抱しろ、やがて、このような、間違つたニセ物天皇の支配する国の上には、空から火が降り、火の海になり、焼けほろびる。その時お前は、青天白日の、身になるのだ。永くはかゝらん。今、しばらく辛抱しろ、と云つて頂きました。

何と、この隣組の善良なるおじさんは、私の度肝を、何度も抜くことか。深夜ひそかに厚いとは云え、壁一つ隔てた隣の房へ、神様が現れ、このようなあらたかな問答がくりかえされていたとは、何とも、薄気味悪い。昨夜も又、と云うのだから、度々、御降臨遊ばされるに相違ない。大変なことだ。

その頃はまだ、警戒警報が、ちよいちよい出る程度だった。一発の焼夷弾も、焼夷弾に対する概念も、未だ一般は持つていない時分だつた。

この、神のお告げをうけたおやじさんは、非転向の故をもつて、懲役刑は終つたが、刑務所の門から、まつすぐ、予防拘禁所へ送られていつた。昂然と。

その後、焼夷弾が降り出した。この、降る火をおびえて、逃げまどいながら、私はいつもこの天理教教師を思い出していた。神さまのおつげ、予言は、いみじくも適中した。拘禁所の中で、いよ〳〵狂信の度をふかめ、軒昂たる意気をもつて、泰然、欣然として、鉄窓より降る火を眺めていたにちがいない。

（三）

あの高いコンクリート塀でかこまれた刑務所の内には、畑もあれば、庭園もある。そして、そこいらの小学校のそれよりも大きい運動場があり、芝生があつた。こゝでは年一回、独房の私たちを除く、全四人によつて、秋には運動会が催された。時たま、私たちはこゝに出されて運動時間を過すことがあつた。このグランドの片隅に、社があり、神社があつた。運動開始の前には、堂々たる鳥居をくゞつて整列させられ、看守の号令一下、敬礼させせられた。この尾張の、禍つ《まがっ》監獄《ひとや》神宮の御祭神は、そも何人にておわしますのだろう？　多分、石川《いわつがは》五《いつ》右《う》衛《え》門彦《もんひこ》命にちがいない、等と、私はひやかしていたものである。

脱帽！　敬礼！　と、なんぼ看守が大きな声で号令をかけても、いつも脱帽もしなければ、敬礼もせず、しやんと、物しづかにたつている若い三十歳程の四人が一人いた。これが、左隣りのキリスト者だつた。ものしづかな、その態度に似ず、邪神には、絶対ぬかづきません、との、きつぱりした挨拶だつた。強制を拒否し、「意志の自由」「信仰の自由」を護持しつゞけ、これに堂々と、刑務所側も押し通されているのが、はなはだ愉快で、きりつと節を持している態度は、みごとで立派だつた。むこうから話しかけて来ることはなかつたが、こちらから話しかければ、心おきなく語り、鋭い批判が出る。

「ファシズムも失敗です。共産主義も失敗です。日本の戦争も失敗です。」と断定し、語るのだが、けんかいなところは少しもなく、いつもしんとおちついた挙措で終始していた。

独房の便所、便器は毎朝掃除され、新しい消毒液が入れられる。糞尿を集めてはこぶ一隊に、運動している最中や、その往きかえりに、出あうことがよくある。と、キリスト者は、神社の前では、頑として、とらない帽子をぬぎ、「御苦労さまです」と、一人一人に頭をさげ、実に慇懃にお礼を云うのであつた。これも自分には真似が出来ないな、と、ます〳〵畏敬した次第である。数多くのキリスト関係の人たちは、夫々宗派もちがい事件もちがつていた。この若い人は、「燈台社」の人であつた。燈台社のことは、戦後になつて戦時中のキリスト教迫害の一例として、大きく新聞にのつたことがある。

（四）

キリスト教関係の人たちは、単なる信者ではなく、みな牧師さんだつた。朝夕、監房内で、敬虔な祈禱を捧げている人達であつた。

この人たちは、みな一ように、敗戦前の、日本の憲法を、額面どおり受取り、信用していたという。そこには、世間なみに「信教の自由」が保証されていたからである。それほど善良な人々であつた。検挙されて、はじめて、敵性宗教として、狙はれていたことを知り、教会内にまで、陰険なスパイ網が張られていたのを知つたという。

名古屋での、伝道生活二十年という、柔和な瞳に、静かな光をたゝえ、微笑しながらいつも、こちらの健康を気づかつて、いたわつてくれる白髪の老牧師。おそらく教会では、もの静かに諄々と、教を説いていられたにちがいない。それは神々しいまでに立派だつたろうと、その整つた、おだやかな風貌からおして、想像されるのであつた。しかし、すこし曲り気味の腰つき、つぎはぎだらけの、色あせた柿色の獄衣をまとい、皆と一緒に、ラヂオ体操をやらされ、痩せた腕をあげさげする姿は、なんとも傷々しかつた。この老師は懲役三年とかであつた。

いま一人、父が儒者だつたので、私の名前は、論語からとつて名づけられたのです、とその名の由来まで打ちあけて話してくれるほどに、親しくつきあつたキリスト者があつた。背は低かつたが、厚い胸をし、眼鏡の奥にはいつも澄んだ知性に輝く瞳をみひらき、東北訛りでおだやかに話す人だつた。四十すぎではあつたが、馳足の時など、すこし前屈みになり、両腕を前後に振ることをせず、握りこぶしを腰骨にあてたまま、肩をふり、脚をぴん〳〵跳ね気味に、馳せる姿は、子供らしいあどけなさがあり、育ちのよさを見るようだつた。

日本精神とキリスト教、国体とキリスト教、これをどう融合するか、キリスト教をどう日本化するかの問題を、真剣に解決するために、真面目な有志が集まつて、研究会を持つていたのだとゆう。

この過程で、ばさつと検挙されたとのことであつた。探究の目的との前提として、まず「日本精神とはなんぞや」「国体とはなんぞや」が取りあげられ、追及批判の対象とされるものは当然である。ところが、この当然が当然で通らなかつたのである。この人たちの、真摯で善意に満ちた、目的への努力の全過程から、前提だけを切り離し、取りあげる、これが暴威をふるつた特高的手法である。この手法で「ものにする」。まさに「ものに」されたのである。

売家と唐ようで書く三代目、昭和天皇は三代目である、だから気をつけなければいけない、全体としてみれば、憂国の至情あふれた噐堂さんの演説も、ここらの文句だけ、つまみあげられ、抜きとられては、立派な不敬罪が構成する。幸ひ噐堂さんには、七十年もの長すぎるほどの、消しがたい大きな足跡がついていた。嘘だとおもうなら、足跡を計つてもらおう、で目出度く解けたもの、、敵性宗教の牧師さんたちの善意は、噐堂なみに、きいてもらえようもない。

この話をきいた時、私は、妥協やごまかしでなく、ほんとうに融合なんて、できるとおもいますか。できないとおもう。第一、現人神の存在をもてあまし、その処置に困りはしませんか、と私自身の結論をだしてみせた。いや、実はそうなんです。こゝにきてからも静かに思索しているのだが結論がでません、と率直に心境を披瀝されるのだつた。

警察へ引つぱられておどろきました、と飾り気など微塵もなく、語つてきかせてくれるのである。お前らのキリストと天皇陛下と、どちらが偉いか。天照大御神と、お前らの神と、どちらが上か、と、のつけからたたみかけられ、まごついたとゆう。こんな、ばかげた比較は、してみたこともなかつたので、即答できず、うろうろしている間に、日本人なら何故、天照大御神を信仰しないか、万邦無比の国体の尊厳を認めないものだ、と、素朴乱暴なくさびを、心裡に打ちこまれ、あれよ、あれよと思つているまに、かかる意図をもつて、研究会をやつていたのだ、と善意は悪意に、見事すりかえられ、蜘蛛が網にかかつた小蝿を捕捉したように、ぐるぐる捲きにされていたと、くやしそうに述懐するのだつた。

みんな被害者なんだ。私には、その過程が目に見えるようだつた。おそらく、正直で純良なこの人たちは、陥せいがあり、犯罪が、組織されつつあるとも知らず、悩みを悩みとして懐疑を懐疑として、なまのままを打ちあけたに相違ない。当時の日本人は、国体や神道に懐疑を表明すること自体が、罪悪ばかりか犯罪とまでされたのだ。このため治維法は、遺憾なく威力を発揮した。

東方には皇居がある。だから足をむけて寝るのも勿体ない。しかるに、その東方むいて、立小便するとは何事かッ。これ即ち不敬不逞であり、国体の尊厳を冒とくし、否認し、その変革を企図する現れである！　冗談ぢやない。ところが、この冗談が、冗談でなかつたのだからおそろしい。反フアッショ、とゆうことは、反軍部とゆうことである。軍は、勿体なくも現人神、大元帥陛下の統べ給うところだ。故に、反フアッショとは反大元帥陛下であり、国体の否認である。全くもつて、あほらしい論理だが、これは私自身、からみつかれた、取調べの一節である。

これを私は、特高的論理、憲兵的三段論法と名づけている。

純粋な牧師さんたちは、その純粋さを逆用され、赤児の手をねぢるより簡単に、ものにされてきたのである。だから何故、自分が懲役であり、それに価するような悪いことをしたのか、いまだに見当がつかない、とその人は静かに訴えるのだつた。

あなたのように正直なことを言つてては、いつまでたつても、特高のいいかもですよ。もつと断定的に目をつぶつて言はなければ。では、どうするのか、とのことだつたので、虎の巻を伝授することになつた。

簡単である。昔の「本地垂ジャク」を、さかさまにさえすればよい。すなわち、現人神天皇の大御稜威の、印度で顕現したものが釈迦であり、仏教であり、欧州で顕現したのがキリストであり、キリスト教である。天照大御神こそ幹であり、仏や神は枝葉である。どうです。これなら満点で、どちらがえらい、でまごつかなくて済むでしよう、と秘伝を公開に及んだら、踏絵で見事落第して、神の試練かどうか知らないが、懲役囚になつたこの牧師は、ばかなことを、と笑うのである。いや笑いごとではありませんぞ、文部省発行のバイブル、「国体の本義」や「臣民の道」にはこのばかなことが、本気で、確信をもつて書いてあります、とおどしたら、まさかと呟き一度読んでみましよう、と深刻な表情で黙りこんだものである。

刑に服すると、私本の差入れは許されない。官本ばかりである。しかも、いわゆる「精神修養」書と、仏教関係のものが、殆どである。キリスト者が悩んだ国体との関係を、仏教者は、どのように解決しているのであろうか。あのばかげた「本地垂ジヤク」の逆立ちでない限り、これも解決できない筈だと、私は結論した。高神覚祥とかの「日本精神と仏教」などという書も繙いてみた。まさに、なまくさ坊主、曲学阿世の典型とより、どう考えても受けとれなかつた。教誨師さんにちよいちよい呼びだされ、この頃の心境はどうか、近頃読んだもの、感想は、などと問はれるのである。これはテストでもあつた。当時、教誨師さんは例外なく真宗の人たちだつた。

私は、相手がかわる毎に、いたづら気もで、、特高的論理を逆用して疑義を提起する。国体や、日本精神と、仏教の関係はどうなるのでしよう。真宗では、そんなことはないのだが、他のお寺などで、戦勝祈願などやつてるらしいが、国のために祈るのであれ、祈願や祈禱は、大乗仏教と無縁のものだとおもうが、どうでしようか、とか、大谷光瑞さんの著書に、霊魂が不滅だ、などと考えるのは浅墓なことで、大乗仏教ではない、とあるがどうでしよう。と、教誨師さんは、しぶしぶ肯づく。こちらは内心、にやりとして、では靖国神社はどうでしよう、といつた工合にゆくのである。帰依するというのだから筋が通つている。明治以降、この関係は断絶した。代々の天皇、明治までそうであつた。聖武天皇は、三宝の奴を宣言して、篤く仏法に帰依した。しかも、今や、逆になつている。などとやりだすと、たいてい教誨師さんは、黙秘権を行使されるか、信仰のことは理屈ではない、お互い大いに勉強しましよう、などとうまく逃げられたものである。私を取調べた、ある特高は、真宗の寺が、神宮の大麻を奉賽しないのを憤慨し、仏教もまた、国体を不明徴ならしめるものだと放言していた。こんな例を持ちだすと、きまつて不愉快な顔をしたものである。あれやこれや、国体との関係を追及し、当惑させたことであつた。太陽は天照大神の化身である。私はそれを信ずると、ぶつり一切の論理を切断する放胆な信仰が幅をきかせていたのであるからかなはない。

時の動きのまにまに、それに理論づけようと、ふうふう言つて、後から追つかけているように見えた仏教であつた。

私は、この教誨師さんとの問答の結果を、牧師さんに、その都度報告した。仏教の教誨師と、牧師さんも、時々会つているのだが、正面から課題にとつくみ、論議するということは、なかつたらしい。お互いに、お互いの信仰を尊重しあうとの気持もあつたろうが、キリスト者の犯罪とされた事実が事実だけにお互いに、ふれあわないというより、教誨師さんの方が、一つまちがえば、自分もまたやられると忌避し、逃げていたのでないかとおもはれる。

説教に、慈悲を深く真面目に説きすぎて、戦争と慈悲について聴衆からたゞされ、御稜威を拒否する世界中の者共をころすことこそ大慈悲だ、などとペテンも言えず、平和希求をちらり、言はされたために、反戦なり、として軍刑法違反でやられてきて「誤解です。全く誤解です」とより言う術を知らない。禅宗の僧徒。

私は、これらの人たちと、心おきなく接触し、つきあえばつきあうほど、実にいゝ人たちだなあ、とその純粋さに、心うたれ、心なごみ、心ゆたかになるのを覚えるのであつた。心あたゝかく話しあつた後、いつも、このキリスト者の人たちは、まだ、ながく続くはずの、こゝでの生活への憂鬱な想いを、ふりすてるように首をふり、きッと、大空を仰いで祈るように呟くのだつた。

信仰の自由が、再び必ずくるのを信じてます。そして明るく、私に微笑みかけるのである。私もまた、この祈りに似た呟きを素直に受けて、おたがい健康に気をつけましょう、こゝでの生活を、いつの日か、外でお会いして、想いで話しとして語りあう日もあるでしょうと言い、戦争が敗けた時こそ、その自由を得る日でしょう、と声には出さず、胸にのみこむのだつた。

昭和二十年十月、治安維持法は撤廃され、政治犯や思想犯は釈放された。私の友人や同志も多くでた。しかし、友人、同志よりも、かつて、これら隣人としてつきあつた人たちの、喜びに輝く、顔顔の方が、私の胸には、はるかに強く、ぢかにきたのであつた。

――新治安維持法としての

破壊活動防止法案が頻りに論議される頃

III

梅川文男生誕一〇〇年記念展を終えて

1　新資料・島木健作（梅川文男宛）葉書三枚の発見

1

二〇〇六年四月九日は梅川文男の生誕一〇〇年に当たる日であった。これにあわせて田村元氏（元衆議院議長）が実行委員長となった記念展が松阪市文化財センター第三ギャラリーで四月一日から一三日まで開催された。連日約八〇名が会場を訪れ、入場者数は合計一、二〇〇名に上った。実行委員のメンバー高岡庸治（元本居宣長記念館長）、梅川悠一郎（元松阪市立図書館長）、梅川紀彦（二科会写真部）の三氏と私とが出席した座談会「梅川文男を語る」が地元の有力紙「夕刊三重」に五回にわたって連載され、記念展の内容が同紙に毎日大きく宣伝された。私が何より感じたのは「人間梅川」というキャッチフレーズを掲げて選挙を勝ち抜いた梅川が今もなお市民から広く慕われていることであった。来場者のなかには何度も会場に足を運んで熱心に展示物を見学する人や写真を観て往時を追憶し涙ぐむ人もいた。

全国の市町村長は数知れぬほど多いが、没後約四〇年を経てこのように市民に迎えられる市長は他にいないだろう。現代の行政のリーダーは、どれほど企業を誘致し建物や道路を新設するかという経済面の施策を優先させて考えることが多い。それに対して梅川は市内に残る差別と闘うと同時に、郷土の文化を尊重するという精神面での施策を重視した。それらを具体的に挙げれば、一九六三年松阪①市制三〇周年記念事業として市内の被差別部落の実態調査を部落問題研究所に委託し、『都市部落』『農村部落』を刊行して同和行政を推進する基礎資料とした、②市内の伝統習俗を写真と随想で紹介した写真集『松阪』を刊行して郷土の文化を尊重する意識を育てた、③戦没兵士の手紙集『ふるさとの風や』を編集して市内の戦没者を追悼し、それを教育機関で頒布することによって平和の大切さを教えた、④翌年、三重県解放運動無名戦士の碑を篠田山墓苑に建立して一四三柱を合祀し、彼らの功績を称えた。戦後日本が高度経済成長を遂げ市民の多くが好景気に心を奪われて、国の内外で無辜の人間が生命を奪われた歴史を忘却してしまった。梅川市政の底流には、一人ひとりのかけがえのない生命を尊ぶという精神が存し、大多数の市民が彼に信頼を寄せたのである。

　このような精神は代用教員時代に形成され、解放運動に従事するプロセスで強靭なものに鍛えられていったものと考えられる。私は彼が他者に共感する力という文学の創作には不可欠な素質を多分に備えていたことを重視し、文学者としての梅川の側面に注目したい。戦前は嘱託の保護司として梅川の思想犯保護観察を担当した庄司桂一によれば、梅川は「政治より文筆の方が本領で、政治家は不向きだったと思う。周囲が誤ったので政治が彼の生命を縮めたし、市長の激職が長過ぎた」と回顧している。(1)庄司は弁護士の資格を持ち安濃津地方裁判所の公証人を務め、梅川とは一九三六年頃、松阪市内で本を交換する読書会で知り合った。梅川が平生町に古書店を出す際には、思想犯の更生を支援していた明徳会から一、〇〇〇円出資させたという。解放運動に理解が深い人間で人望も厚く戦後公選初の松阪市長に選ばれた。梅川には終世変わらぬ援助を与え続けた庄司の「周囲が誤ったので政治が彼の生命を縮めた」という言葉は、傾聴すべき内容を含んでいると思われる。

2

梅川文男の遺品を集めた展示は初めてのことで、オープン当初は展示品が揃わず展示方法も整わない状態であったが、日を追う毎に次第に改善されていった。抜群のセンスを駆使してギャラリーの展示をプロデュースした梅川紀彦氏は文男の甥で、かつて「梅川旅館」と呼ばれ県内の活動家が集まって会議を開いたといわれる松阪市新町九〇一番地の文男自宅跡で写真スタジオを営んでいる。当時の家屋は建築されてから一六〇年が経ち老朽化が進んでいたので、紀彦氏がセントラル硝子を退職してプロのカメラマンとして独立した際に取り壊された。そのとき古い家財道具はまとめて段ボール箱に入れて屋根裏部屋に押し込まれたのだが、今回初めて記念展の準備のためにそれらを取り出してみると、埃まみれの中から梅川文男に関する貴重な遺品が出てきた。新たに発見された梅川の妻きよ宛書簡四通によれば、太平洋戦争開戦時の非常措置事件に際して治安維持法違反の容疑で安濃津地方裁判所で二年六カ月の実刑判決を受けたこと、一審判決後転向を認めて上訴権拋棄申立書を提出して名古屋刑務所に下獄し、一九四四年五月二八日に出獄したことなど、これまで漠然としか分からなかった経緯の詳細が明らかになった。さらにまた今回発見された河合秀夫のきよ宛書簡によれば、河合は「悪くても執行猶予はつくと信じて」いたが「こんな時勢のため運が悪いのです」。しかし「控訴して争ふのも保釈をきかさねば時間がおくれるだけですから残念でも服罪して早く出てきて貰つた方がよいかもわかりません」と助言している。(2) 梅川は三・一五事件の際には五年の実刑判決に非転向を貫いて服役したが、非常措置事件は一九四一年三月に治安維持法が改悪されて予防拘禁制度が導入されていたことや、太平洋戦争開戦によって「思想国防体制の構築」が強化されていたこともあって、(3) 執行猶予もつかない一審判決から判断して服罪もやむを得ないと判断したのだろう。

ところで朝日新聞社の平尾敦史記者の取材によれば、三重刑務所で長年看守を務めた深草久郎は、太平洋戦争開戦の翌年に梅川が未決囚として勾留されていたときのエピソードを覚えていた。「三十代半ば、背が高くやせ、学者風だった」梅川を三重刑務所から約一キロ離れた安濃津地方裁判所に連れて行き、検事による取り調べを受けさせた。「この聖戦を帝国主義戦争というのか」と検事が詰問すると、梅川はすかさず「他国の領土に攻め入るのは、侵略戦争です」と反論したので、いきり立った検事は席を立って尋問を中止した。控室に戻ってから深草がたしなめると梅川は「当然ですやろ」と一言、ただならぬ信念が感じられたという。(4) このエピソードからは、「司法処分の過酷化」を進めていた思想検察に対して梅川が最後まで抵抗を試みていたことが分かる。

このように新たな発見によって非常措置事件の経緯が明らかになったのだが、それ以上に貴重な発見となったのは島木健作の梅川文男宛葉書が三枚見つかったことである。日本農民組合（日農）香川県連合会書記の朝倉菊雄と同淡路連合会書記の梅川とは旧知の間柄であっただけではなく、三・一五事件で下獄した大阪刑務所では斜め向かいの独房で服役していた。非転向を貫き五年の刑期を終えて一九三三年二月に大阪刑務所から出獄した梅川は、ナウカ社から創刊された「文学評論」（一九三四年四月号）を手にし、肺患のために仮釈放で出獄していた朝倉が島木健作のペンネームを使って自己の獄中生活を描いた小説「癩」を偶然目にする。梅川によれば「くいつく様によみながら、ぶる〳〵興奮」し、「これは『戦旗』時代の数多くの『プロレタリア』小説とちがつて、ほんものだと唸つた。読み終つて、ふつふつと湧き上つてくる興奮のはけ口にこまつた」という。このエピソードを伝えているのは「島木健作の思い出――『癩』のもでるなど――」（「季刊関西派」創刊号、一九四九年七月、竹書房）という随想で、梅川は島木の作品に対する深い共感から文学作品の創作をはじめる。さらに梅川は同じ随想のなかでつぎのように打ち明けている。

こうゆうような事情のなかで、それは「癩」の登載された文学評論が出るすこし前のこと、私は、ひまを作つてKさんのいる静岡市にゆき、一週間ほど滞在した。静岡につくなり私は、全会派の中央部から、口説き役が来ること。その口説き役が他ならぬ朝倉菊雄であることをきかされた。朝倉君なら懐しい。要件はともかくとして、ゆつくり懇談してみよう、と待つた。

朝倉菊雄は、実兄の経営する赤門前の、社会科学書専門の古本屋、島崎書院にいて商売を手伝つているとのことだつた。

こゝではじめて私は、彼が、その深度は別として、全会派の仕事に秘密に参加していることを知つた。そして彼が参加している位なら全会派の中央部は充分信用してもよいと考えた。ところが待つていた彼は来なくて、他の同志が来た。朝倉君は、また喀血して、寝ているとのことだつた。私はがつかりした。(5)

引用文中、「Kさん」とは河合秀夫のこと、「全会派」とは全国農民組合の左派グループ全国会議派のことで、右派の総本部派と内部抗争を展開しており、河合は一九三一年右派のクーデターで総本部書記を解任されて静岡に一時滞在していた。「癩」が掲載されたのは「文学評論」（一九三四年四月号）であるが、梅川は自分が出獄した直後に発表されたと勘ちがいしており、右の件は梅川が出獄した一九三三年二月から四月にかけてのできごとであったと考えるのが妥当である。島木は「ふたたび何等かの形で農民のなかで生活し、自ら行ふことによつて問題の解決の道を知るほか方法はないという思ひが強くなつて行つた」ようだが、身の危険を承知でどの程度運動に復帰し関与していたのかは分からない。しかし「『インター』――第三インターナショナルの機関誌の異称――を日本で受取り、或る党員に届ける役をもっていたのだが、その事がバレ、本富士署に逮捕されて、ヒドイ拷問に会った」とされ、それ以来党との連絡を絶ったという証言がある。(6)また宮内勇によれば、一九三三年春頃から島木が全農全会派の機関誌「農民新聞」の編集を手伝うようになっており、同年六月から八月にかけて全農全会派中央フラク全員で地方県連に出張する計画を立てていたという。(7)このとき島木は本当に梅川に接触しようとしていたのかもしれないのだが、党内に潜入していたスパイが策略を仕組んでいたという疑いもある。肝胆相照らす仲であった大山峻峰は梅川の死後に「夕刊三重」が企画した追悼特集に「あのとき、あの頃」という記事を寄稿している。

彼は日本農民組合のなかで、文章のうまさでは島木健作と並び称せられていた。島木とも友人で、三・一五事件の刑を終えて一ヶ月程、静岡の私の妻の父河合秀夫さんの家にいたことがある。そこへ島木がくるという連絡があった。ところが彼は香川で喀血して倒れたため、この会見は実現しなかった。彼と逢っていたならば、梅川さんの人生行路も変わっていたことであろう。

いつかこの偶然について、彼自身「専門の作家になったか、コンミニストとして獄死していたかいずれかであったろう」と、語ったことがある。人生は計りがたく至妙なものといわねばならない。[8]

大山もこのできごとを一九三三年二月から四月にかけて発生したと考えている。もしあのとき島木に会っていたならその後の生涯は大きく変わっただろうと梅川が話したという。島木から受けていた影響がよほど大きかったことが推し量られるエピソードであり、今回葉書三枚が発見されたことによって両者は出獄後もたびたび手紙を取り交わすような親密な関係が続いていたことが分かる。

3

さてその葉書をつぎに紹介しよう。消印の年月日に従って列挙すれば、一枚目の葉書は一九三四年一一月一七日の消印がある官製はがきで、表裏共に黒色ペンで自書されている。

（表）

昭和九年一一月一七日　三重県松阪市新町　梅川文男様

東京市本郷区赤門前島崎方　一七日　朝倉菊雄

（裏）

東京市豊島区池袋町二ノ一二四三

藤森成吉氏

芝区新桜田町一九　山崎今朝弥氏

です。今日は要件のみ。

島木は当時、本郷赤門停留所前に古書店島崎書院を経営していた実兄八郎宅に寄寓して店を手伝い、東京帝大の教師や学生相手に「博覧強記の名番頭」であったといわれている。[9] この葉書は梅川に全日本無産者芸術連盟（ナップ）の初代委員長藤森成吉や左翼弁護士山崎今朝弥の連絡先を教えている。梅川は雑誌「詩精神」の同人として堀坂山行という筆名を使って詩や小説、評論を投稿していた。島木に紹介してもらって彼らに自分の作品を読んでもらおうとしていたと推測される。大山の回想によれば藤森は同誌（一九三四年一〇月号）に発表された小説「酒」を高く評価したという。[10]

つぎに二通目の葉書は一九三六年六月一六日の消印のある絵はがきで、表は黒色ペンで自書され裏は絵と文字が印刷されている。

（表）
昭和一一年六月一六日　松阪市平生町　梅川文男様
東京市世田谷区世田谷弐の二、〇二四　16日　島木生
先日は御手紙ありがたう。いろいろ御批評感謝いたします。小生にとつては玄人の批評よりも素人の同志の批評の方がありがたくためになるやうです。古いところを書き切らないと新しいところが書けぬような気持でゐます。宮井君、香川でじつくり働いてゐるのでじつにじつに敬服してゐます。彼のことが書きたいと思つてゐます。

（裏）
「鞍馬道雨後」近藤浩一氏筆　日本美術院第十一回展覧会出品

今回発見された葉書のなかで右は最も重要な意味を持つものである。「宮井」とは宮井進一のこと、島木にとって農民解放運動の第一義の道を生きる「インテリゲンチャ出の運動家——典型的な、本当の意味の階級的英雄」で、島木の作品に登場する非転向の活動家のモデルであった[11]。宮井は早稲田大学商学部に在学中から建設者同盟に加わり、卒業後は日農香川県連合会に転じて書記を務めていた。島木が仙台での学業を捨てて香川に赴くようになったのは、宮井が「中央に信念的な農村活動家を求め、その推薦を頼んでおいたから」であったといわれている[12]。一九二八年二月二〇日、普通選挙法にもとづく最初の総選挙に際して「委員長は絶対に落選させられない」という労働農民党中央の意向に従って大山郁夫を香川選挙区から擁立した。しかしその方針に異議を唱える一般農民が続出しただけ

でなく、目に余るような選挙干渉がなされ敗北し、宮井と朝倉は暴圧選挙批判演説会に赴くところで選挙違反の濡れ衣を着せられて私服刑事に検束された。日本共産党の党籍を得ていたために、引き続き発生した三・一五事件に重なって起訴され、大阪地方裁判所の一審判決では両名とも五年の実刑判決を受けた。

右の葉書を投函した当時、島木は初めての長編小説「再建」を執筆している最中で、そのときの感想を「農民組合にゐる古い仲間なども忙しいなかをよく読んで激励してくれるので頑張らねばなるまいと思つてゐる」と語って、梅川のような日農書記時代の旧友から励ましてもらっていることに感謝した。[13]「再建」はナウカ社から発行されていた雑誌「社会評論」第一巻九号（一九三五年一一月）から第二巻七号（一九三六年七月）まで八回にわたって連載されるのだが、同誌廃刊によって一時中断される。後の部分を補足した形で一九三七年六月に単行本『再建』が中央公論社から出版される。島木によれば『再建』は「私の過去のすべてを打ち込んだ作品」で、[14]表現に苦慮しながら原稿用紙一、一〇〇余枚をほとんど伏字なしで完成させた小説であったにもかかわらず、発売後一〇日で発禁処分を受けてしまう。前年五月に思想犯保護観察法が施行されており、この厳しい処分は島木にとって「日常の行動の一挙一投足にもその法律を感じ、悪夢を見るやうな気持」を深めさせるできごとになった。[15]しかし彼は「禁止処分を受けたといふことよりも、この作品の第二部で、主人公の出獄後の生活において、転向問題が、正面から取り上げられる筈であつたのに、その機を失つたことを残念に思つた」という。[16]これが梅川に宛てた葉書の「古いところを書き切らないと新しいところが書けぬような気持でゐます」という言葉に符合する部分で、「再建」の主人公浅井信吉が獄中非転向を貫く「第一部」が「古いところ」に当たり、他方「出獄後の生活」で生じた「転向問題」を正面から取りあげる「第二部」が「新しいところ」に当たると考えられる。島木は「再建」の連載を進めながら、自分にとって最も難題であった「転向問題」をいかに描ききるかという関心から離れることはなかった。

肺を患った宮井は、下獄する直前に「肺病で死んでたまるか。健康になって出て来る。今度は農民の間に、どっかと腰を据え、地についた党活動をやるよ」と島木に語ったという。この言葉通り高松刑務所から満期釈放された後、帰農して農民のなかで生活していた。それに対して島木は出獄後自分も帰農しようとしたが激烈な流行性感冒のために倒れてそれが果たせなかった。その当時の心境をつぎのように語っている。

昭和八年　意志的に自分を訓練することと、過去の自分の足跡について考へることとの両方の目的から、『日本農民運動史』を書かうとして資料を集めにかかつた。やや準備成つて、書きにかかつたが転向問題が根柢にあり、それにひつかかつて幾らも書きすすむことができなかつた。ふたたび何等かの形で農民のなかで生活し、自ら行ふことによつて問題の解決の道を知るほか方法はないという思ひが強くなつて行つた。家の者には秘してその準備を進めつつあつた。十二月、激烈な流行性感冒のために倒る。

島木によれば自分の「転向問題」を解決するには農民のなかで生活し自力励行する以外に方法はない。しかし病軀のためにそれが実現できなくなってしまったという。宮井が「朝倉から、私の村や部落における生活記録を書いて送れと頼まれたのは、十年から十一年にかけての頃であったと思う。私が忙しくて書き渋っていると、何回も手紙で催促をよこした」と回想しているように、島木は帰農していた宮井に新たな農村生活を報告してもらうという手段をとった[17]。葉書の最後に「宮井君、香川でじつくり働いてゐるのでじつにじつに敬服してゐます。彼のことが書きたいと思つてゐます」と記されていたのは、出獄後の宮井をモデルにした「再建」第二部が構想されていたことを意味する。

4

ところでなぜ島木と梅川が手紙を取り交わしていたのか、あらためてこの問いを考えてみたい。島木は「読者の批評について」（「文学案内」、一九三五年八月）という一文で、文壇人による玄人批評と一般読者による素人批評とを区別し、「文壇人の批評は、結局プロレタリア文学の側の人でさへ、藝や技巧を中心とした批評をあまり出てないのに、読者はその作品のテーマそのもの、作家がその作品のなかでとりあげ解決しようとした問題そのものに、たゞちに喰ひついてくる」。そのような「プロレタリア文学の正しい生長を願ひ、その為にものをいつてくれる、まじめな読者の手紙」から多くのことを学ばされるという。

私が農民運動のオルグを主人公として、彼が処女地に手をつけようとしていろ〳〵に苦心し、又は失敗したいきさつを小説に書いたとする。玄人はこの作品に対して、いろいろにいふだらう。

古い。概念の露出がある。心理が充分に書けてない。筋書みたいなところがあり、充分に形象化されてゐない。等々。

素人も一応はさういふやうなことをいふ。しかし、まじめな、ことに勤労者である読者は、さらにその上に、そのオルグがなぜ失敗し、あるひは成功したか、といふ内容にまでつき進んで行き、オルグの大衆に対する働きかけ方が正しいか、まちがつてゐないかをまで問題にし、それにたいする作者の批判を通して作者自身の農民運動にたいする考へ方をまで鋭く突いてくるのである。

そして私などが読者の批評をもつとも珍重する所以はこゝにあるのだ。ある人々にとつては、さういふことは文学以前の問題で、大して重要なことではないかも知れぬ。しかし、作者がその作品のなかで、農民運動の一つの課題にたいし、文学的解決をあたへようとしたのである以上、その作品の批評も亦そこまでつつこんで行かなければ、文学批評として不充分なることをまぬがれぬのだ。

島木によれば、素人の批評は小説の描写に関する指摘にとどまらず、小説に登場するオルグの戦術の成否を問い、作者の農民運動に対する考え方を批判するところまで徹底される。具体的な戦術に即して農民運動を分析しようとするのは「文学以前の問題」に思われるかもしれないが、その敗北に対して「文学的解決」を与えようとした自分にとって、このような読者の批評は「珍重」されるべきものであるという。(18) 右の一文で梅川が名指しされているわけではないが、彼のような日農書記時代の旧友たちから島木が作品評をもらっていたことが推察できる。島木に宛てた書簡は一通も遺されていないので、梅川がどのような感想を書き送っていたのかは正確に分からない。しかし「癩」に強い感動を覚えたように「再建」にも強い共感を示していたと思われる。その証左となるのは「島木健作の思い出――『癩』のもでるなど――」にあるつぎの一節である。

動きはじめた私のところに、中央部からこつそり使者が来た。上京して、中央部の仕事をしろ、とゆうのである。私は、ことわつた。勇気をだしてことわつた。

体がまだ非常に疲れていること、三重の農民組織の再建をまずやらねばならぬから、と云うのが表面の理由であつた。

独座面壁、囚人と云うものは、記憶ばかりをくつて生きているものである。この様な渦巻く社会から隔絶された環境におかれた時にこそ、人はまつたく、云いわけや強がりをぬきにして、うぶな謙虚さをもつて、過去の自分にたちむかえるものである。私もまた、投獄されるまでの、自分のやり口を巨細に検討し、自己批判をつゞけた。つゞけながら、いかに機械的で、粗雑生硬なものであつたか、と顔を手で蔽いたく、又思わず赤面することもしばしばであつた。私は、この、ながい自己批判の成果の上に、どんと尻をおちつけて、農民組合運動を、も一度やり直したかつた。

出獄して、見た運動はどうにも合点のゆきかねるふしぶしが多かつた。「池水涸れんとして魚躍る。」ていの狂躁さはともかくとして、大衆団体を、一つの党の私有物視し、外廓団体とすることには納得出来なかつた。これが上京をことわつた理由の一つであつた。それからまた、当時、共産党と云わず全会派といわず、中央部には、警視庁のスパイが潜入していて、あぶなくて、一週間ともたないだろうとも云われていた。上京するとゆうことは検挙されにゆくとゆうことだ、とも云われていた。スパイの張つたあみの上を泳がされている期間だけが無事なのだ、と極言するものもいた。事実、私より一年ほど先に五年ぶりで出獄し、家にとゞまること数日にして上京し、組織に再び参加して一週間とたゝないうちに、また検挙された、とゆう同志もいた。疑心暗鬼、その頃、地方の中央部への不信の空気は可なりのものがあつた。

この文章が日本共産党所属の三重県議会議員時代に書かれたものであることを考えれば、梅川は驚くほど率直に党中央の誤謬を批判しているといえよう。梅川によれば大阪刑務所に服役中に日農書記時代の自分の行動が「いかに機械的で、粗雑生硬なものであつたか」を「自己批判」して、もう一度農民組合運動をやり直したいと考えた。だが出獄して帰郷してみると組合を「一つの党の私有物視し、外廓団体とすることには納得出来なかつた」という。全農左派の全会派に属していた三重県連は党中央の指示に従って、小作人以外の農民層にも共有できる日常的なテーマを取りあげて多数の農民を動員するという農民委員会運動を進めていたが、そのような大衆動員戦術は治安当局の警戒を一層強めることになって一九三三年の三・一三事件をもたらした。梅川は被差別部落の同志と共にこの逆境に立ち向かい、極左的な運動からの戦術転換をうながして合法面の運動を重んじるように組織を再建した。『日本農民運動史』によれば、右の経緯はつぎのように記述されている。

昭和八年の弾圧後の全農県連再建運動は兵庫県淡路島より刑を終えて帰郷した梅川文男氏と日野町二丁目、東・西岸江、花岡の人びとによって行われた。この当時すでに全農全国会議の高度な運動方針、行動綱領をもって農民の日常闘争を革命的な方向に導き、貧農を革命的組織に結集するという方針は極左的偏向ではないか、それでは組織の大衆化は望めない、という意見が台頭し、このままではいたずらに犠牲を多くするというので全農復帰運動が起こり、昭和九年（一九三四）全農第七回大会において大阪府連、奈良県連が、そして昭和一〇年には三重県連も総本部に復帰した。この年常任書記として元全国会議組織部責任者藤本忠良氏を迎え、つづいて、遠藤陽之助氏が奈良県連より送られ、書記局の体制は整備された[19]。

本来、組織は人が集まって作られるものであり、この世に無謬の人が存在するはずのないことを考えれば、そこに誤謬が生じるのは不思議ではない。しかしひとたび組織が確立されると個人の総和をこえた組織の権威が発生し、それが個人の意思を抑圧しはじめる。梅川は五年間非転向を貫いたが、獄中生活を送るなかで組織に抑圧されて行動していた自己を批判し、出獄後すぐに農民組合運動に復帰すると党中央に対して批判的な態度で臨み、三重県連の運動方針を転換させた。被差別部落の同志が梅川の行動を支持していたとされ、信念にもとづく強い連帯感がそこにあったと考えられる。このような一連の行動は観念の上で権威化された党中央に対する忠誠を否定し、運動の最前線に立っていた農民に対する誠実な態度からもたらされたものであり、党の「狂躁さ」とは裏腹に、大きく退潮する農民運動に真摯に向き合おうとした結果であった。

5

梅川のように地方の農民組合で運動をしていた人間は程度の差こそあれ党中央に対する不信の念を抱いていた。島木と宮井は一九二八年二月に予定されていた普通選挙法にもとづく最初の総選挙に際して労働農民党党首大山郁夫と同中央委員上山進を香川選挙区から立候補させることを党中央から指示された。前年九月の普選最初の県議会議員選挙では、全国有数二万の組合員を擁する日農香川県連は六名の候補者中四名当選、一名次点という好成績を収めた。地元の組合員から候補を選出しようと考えていた島木と宮井は「委員長は絶対に落とされないから、最も確実性の高い香川に決した」という党中央に対し翻意を求めた。島木は全国選挙対策会議に香川代表として、会議に発つ二日前から発熱し病軀をおして出かけたが、「多勢でまくしたてられ、此方の言分までてんで問題としない」というありさまであった。[20]目に余るような選挙干渉の結果、両名は落選するが、敗因は選挙干渉だけではなく地元の意思を無視した党中央の横暴にもあった。島木の「一過程」(『中央公論』、一九三五年六月)は、このときの体験を素材にして描かれた小説である。総選挙に敗北した日農書記杉村は選挙報告の演説会の帰路、私服警官に検束された。本署留置場に移送されると同僚の書記小泉に偶然出会い、今回の検挙は単なる予備検束ではなく運動の弾圧を目的としたものであることを知らされる。杉村は目を凝らして鉄格子の向こうを見ると顔なじみの組合員たちが勾留されている。しかし「髭も髪ものび放題の憔悴し切つたその顔にいつかはつきり浮かびあがつてゐるものは、人をつきさす非難の色以外の何ものでもなかつた」。杉村は地元の組合員の意思を無視しただけでなくこのような弾圧を招いた責任を感じて「彼らのあの眼なざしほどに今の杉村をぶちのめすものはない」と絶望させられるのであった。

そもそも島木も地元の人間ではなく中央から派遣されたオルグであった。生活を切りつめて苦学した自分の体験をふまえて「農民の中で生活するということを、農民の代弁者となつていろいろなことを取り計らうという形で始めた」。しかし杉村の目を通して描かれたように、島木の目の前に現れたのは「ぞろりとした絹ものを着、太い帯に時計を巻きつけ、白足袋をはき、まるで商人の感じ」をさせて「言葉も標準語を器用に使う」農民たちであった。そして「彼らの観念によれば（農民組合の顧問）弁護士は文字どほり『お抱へ弁護士』であり、書記は会社の事務員にほかならなかつた」。このような農民の姿は東北出身の島木にはおそらく想像し難いもので、農民の解放に献身しようとするという彼の「禁欲的理想主義」（小笠原克氏）を裏切るものであった(21)。組織の再建のためには、階層分化が進んで多様な顔を持っていた農民の姿を正しくとらえ、党中央と適切な距離を取りながら組織の再建を試みる必要があった。

さきに島木が一九三三年当時の心境として「日本農民運動史」を「書きにかかつたが転向問題が根柢にあり、それにひつかかつて幾らも書きすすむことができなかつた」と吐露していたことや、「再建」が発禁処分を受けて「この作品の第二部で、主人公の出獄後の生活において、転向問題が、正面から取り上げられる筈であつた」と残念に感じていたことを紹介した。終始こだわりながら思うように筆が進まなかった「転向問題」とは、大久保典夫氏は島木が解党派に同調したこととしたのに対して森山重雄氏はそれを否定したが[22]、党中央に対する不信感は非転向の活動家にも共有されるものであったのだから、党への裏切りではなく、農民の意思を裏切って運動を敗北させたことの責任を意味するのではないか。島木が非転向の活動家を尊敬の念をもって描いた「癩」をはじめとする一連の牢獄小説は一般読者の共感を集め、島木は一躍新進作家として注目されるようになった。梅川のような地方の良心的な活動家も作品に共感すると同時に、党中央に対する批判も理解し合えていた。だが不屈の同志を讃えるだけでは島木の負い目の片面しか解消しない。その裏面には憤怒に燃えた「彼らのあの眼なざし」があり、それに応えなければ彼らを裏切って敗北に導いた自分の責任に向き合うことにならない。島木は「再建」というタイトルに「単に組織の再建といふより以上に、広く深い人間的な意味合ひをこめたつもりであつたが、書かれた部分にはそれはまだ出てゐなかつた」という[23]。一度失墜した信頼をいかに取り戻せばよいのか、大久保典夫氏は「私見によれば、島木は、転向作家中、おそらく唯一の責任倫理的思考の持主だつた」とする[24]。健康上の理由のために自ら運動に復帰することができずに宮井からの報告に頼りながら小説を書き進めたが、主人公浅井が出獄して農民と言葉を交わす場面を描くまでには至らず、「再建」第一部はついに書かれずに終わった。

島木は潔癖な性格であったため「彼らのあの眼なざし」に対する負い目を人一倍抱き続け、農民組合運動の再建という「文学以前の問題」に「広く深い人間的な意味合ひ」を託して「文学的解決をあたへようとした」。その結果、書かれなかった「再建」第二部の代わりに、過剰なほど倫理的なモノローグが使われた「生活の探求」を創作し、帰農した人間の姿を描いた。しかしそこに登場するのは島木の観念が作り上げた農民の姿でしかなく、その〈でっち上げ〉に中野重治は怒りを露わにし、窪川鶴次郎は島木が「候補者の選挙演説の演壇を己の人生と心得てゐるのではないかとさへ思はれないことはない」と彼の場ちがいな態度を批判した。(25) 島木の負い目の裏面、「彼らのあの眼なざし」に対する信頼回復の責任は、過剰なほど倫理的なモノローグによって観念のなかで処理されようとした。森山重雄氏は「結局、島木は自己と異質の他者を描けなかったのではなかろうか」とし、「生活の探求」から「新たな信念再生の物語」が開始されたように見えるが「真に他者の存在しない信念再生が、小説における本格的な自己劇化となりうるかどうかは疑問である」と指摘している。(26) 自分に突きつけられた「彼らのあの眼なざし」、それは本来島木が自己を賭けるべき対象であったにもかかわらず、信頼回復に向けたダイアローグはついに描かれずに終わってしまったのである。

6

二枚目の葉書に関する検討が長くなってしまったが、最後に三通目の葉書を紹介しておこう。一九三七年二月二八日の消印のある官製ハガキで、表は黒色ペンで自書され裏は印刷である。

（表）

伊勢国松阪市平生町　梅川文男様

（裏）

移転御通知

此度左記へ転居致しましたから

御通知申し上げます。

三月一日

神奈川県鎌倉町雪の下大倉六九〇番地

島木健作

国書刊行会版『島木健作全集』に収録された高橋春雄氏編「年譜」によれば、右の葉書が記された頃、島木は「孤独の中に潜んで制作に没頭する」とある。一部雑誌発表済みであるが大部分を新たに加筆した最初の長編小説『再建』をこの年の六月に中央公論社から出版した。雑誌掲載中からそれを読んいた梅川は、単行本が出版されるとその感想を書き送ったことにちがいない。島木に刺激されて創作意欲を掻き立てられ、農民組合運動の再建に携わりながら多くの作品を発表している。記念展の準備をしていると、スクラップブックが新たに発見され、新聞に掲載された作品が切り抜かれてそこに貼りつけられていた。「堀坂山行」以外にも「ぷろぐれ荘主人」や「冬目銀之助」、「冬目枕水」といったペンネームが使われ、地元の南勢新聞や伊勢新聞に詩や随想を発表、梅川はこれまで知られていた以上に創作に熱心であったことが分かった[27]。島木の文学が地方の青年に与えた影響は非常に強く、松阪では詩人錦米次郎が梅川たちとの読書会を通じて「生活の探求」に接し、そのなかの「今の自分は一人の百姓である以外に何ものでもあらうとはしてゐない」という一文に強い影響を受け、自己を「百姓」として措定し農民詩を創作しはじめた。このように島木の文学は観念的と批判される一方で、地方の青年の心を激しく打って創作に向かわせる力を持っていたのであり、双方の観点を踏まえてその倫理的なモノローグの言説を分析する必要があるだろう。

註

島木健作の書簡発見は、朝日新聞津総局の高津祐典記者による「作風転換期の心の中つづる／転向文学の作家・島木健作」という記事で紹介された（「朝日新聞」名古屋本社版、二〇〇六年五月一日夕刊）。

（1）庄司桂一「梅川市長を偲ぶ」（「夕刊三重」、一九六八年四月五日）
（2）河合秀夫梅川きよ宛書簡（一九四三年五月一八日）
（3）荻野富士夫『思想検事』（二〇〇〇年九月、岩波新書）
（4）「三重の戦争　開戦五〇年」（「朝日新聞」、一九九一年一二月一二日）
（5）梅川文男「島木健作の思い出――『癩』のもでるなど――」（「季刊関西派」創刊号、一九四九年七月、竹書房）
（6）宮井進一「島木健作と私　党および農民運動を背景として」（「現代　文学序説」第四号、一九六六年五月、一三頁）

(7) 宮内勇『一九三〇年代日本共産党私史』(一九七六年一〇月、三一書房、一五六〜一五九頁)
(8) 大山峻峰「あのとき、あの頃」(「夕刊三重」、一九六八年四月一二日)
(9) 高橋春雄作製「島木健作年譜」(『日本現代文学全集』第八〇巻、一九六二年一〇月、講談社) および「自作年譜」(『新日本文学全集』第一九巻、一九四二年、改造社)
(10) 前掲 (8) と同じ。
(11) 「文学界」同人座談会 (一九三六年二月、一五三頁)
(12) 宮井進一「島木健作と私　党および農民運動を背景として」(「現代文学序説」第四号、一九六六年五月)
(13) 「長編小説」(「文学界」、一九三六年三月)
(14) 前掲 (9) と同じ。
(15) 「仕事のことその他」(「文学界」、一九三六年八月)
(16) 前掲 (9) と同じ。
(17) 前掲 (6) と同じ。
(18) 同様の指摘は座談会「新文学のために」(「行動」一九三五年八月) にも見られる。
(19) 大島清編『日本農民運動史』(一九六一年四月、東洋経済新報社、六五〇頁)
(20) 前掲 (12) と同じ。
(21) 小笠原克『島木健作』(一九六五年一〇月、明治書院、九頁)
(22) 大久保典夫「ある転向作家の肖像——島木健作『再建』をめぐって——」(「批評」第一一号、一九六一年四月)、森山重雄「島木健作の転向——『解党派に同調』説批判——」(『日本文学始原から現代へ』、一九七八年九月、笠間書院)

(23) 前掲（12）と同じ。

(24) 「転向文学論ノオト」（「現代文学序説」創刊号、一九六二年一〇月、九頁）

(25) 窪川鶴次郎「島木健作論」（「文芸」、一九三八年一〇月）「続・島木健作論」（同誌、同年一一月）

(26) 「島木健作の転向小説」（「都大論究」第一三号、一九七六年四月、一六頁）

(27) 新たに発見されたスクラップブックに貼付されていた梅川の作品を以下、発表年次順に列挙する。

一九三四年

冬目銀之助（随筆欄）「松阪にあそんで（一）」（「伊勢新聞」一一・一七）、（学芸欄）評論「ぶろぐれ荘放言録　図太い広告（二）」（「伊勢新聞」不明）。

一九三五年

冬目枕水（文芸欄）評論「ぶろぐれ荘放言録」（「伊勢新聞」九・一五）、（文芸欄）評論「山梨半造とムツソリーニ（二）」（「伊勢新聞」不明）。

ぷろぐれ荘主人（漫筆）評論「咢堂と石川啄木」（「南勢新聞」一一・一二）、（漫筆欄）評論「落花生の炙り出し」「アナの検挙」「疑獄時代と川柳」「五・一五事件被釈放者の悲憤」「指で歌む《ママ》咢堂」「心中者の友人」「銭湯の時間と客色」「日記は史料なり」「若き文芸家の使命」（「南勢新聞」不明）

一九三六年

堀坂山行（文芸欄）詩「財布」（「伊勢新聞」一・四）、（文芸欄）詩「政談演説会」（「伊勢新聞」一〇・七）、（文芸欄）詩「先生の恋愛は失業であった」（「伊勢新聞」一二・二二）

一九三七年

堀坂山行（文芸）詩「幼児の論理」（「伊勢新聞」九・一五）

2　島木健作『再建』論——宮井進一と梅川文男の視点から——

1

小熊秀雄は長篇叙事詩を試みた詩集『飛ぶ橇』を一九三五年六月に前奏社から出版した。同詩集「序」に「いま日本に叙事詩が生れなければならない現実的な環境と必然性とを考へ当分この長詩の形式を追求していきたい」と述べたように、満州移民や中国兵、農民兵、アイヌ民族の姿を叙事的に描き、満州事変以後も侵略の手を休めない日本社会を独自の長篇詩によって諷喩した。短詩型抒情詩の伝統を打ち破って詩人としての地位を確立した当時は、小熊にとって最も創作に脂の乗り切った時期であったといえ、翌年暮れには同じ北海道出身の作家島木健作をモチーフにした秀逸な詩を発表している。

　島木健作へ
彼が娑婆で原稿を売り廻つてゐるときにも
まだ牢獄の中にゐるときのやうに

苦しんでゐる
宿命論者よ、
その良心を人々は買つた、
ジヤナリズムは歓迎したし
原稿は売れたさ
だが牢獄の追憶が尽きたとき
題材がプツリと切れたさ、
ゆらい読者といふものは
残酷なものさ、
君が宿命論を
卒業するのを内心喜ばないのだ
今度は君はほんとうに
娑婆にあつて
心の牢獄に入る番だ、

（「読売新聞」、一九三六年一二月一四日）

右の詩で小熊は島木に対して罵倒と呼ぶに近いほど痛烈な皮肉を浴びせている。島木がはじめて創作した小説は「癩」で、ナウカ社の「文学評論」創刊号（一九三四年四月）に同誌編集顧問の徳永直と森山啓の推薦によって掲載された。この小説は島木が思想犯として大阪刑務所に服役している間に肺結核を悪化させ、隔離病舎で非転向のハンセン病患者と出会った体験が作品の素材に使われている。かつては〝業病〟と呼ばれたハンセン病を発症しながらも不屈の意志を持って生きている思想犯の崇高な姿は読者の大きな反響を巻き起こし、島木は新進作家として一躍文壇の注目を浴びることになった。「獄」に加えて「盲目」「苦悶」「医者」「転落」という一連の獄中小説をまとめた第一創作集『獄』は一九三四年一〇月にナウカ社から出版された。いずれも転向と非転向をめぐる思想犯の心の葛藤が小説のテーマになっており、自己の苛酷な宿命に向き合う人間の良心が描かれていた。一九三六年一月に「文学界」同人に加わって活動の場を広げ、同誌に多くの小説を発表するだけでなく各種の座談会や合評会にも積極的に出席するようになると小熊は島木が出版ジャーナリズムに迎合して変節したと判断して、右の詩で「今度は君はほんとうに／娑婆にあつて／心の牢獄に入る番だ」と諫めたのである。

島木は一九三六年七月まで彼にとってはじめての長編小説「再建」をナウカ社の「社会評論」に連載していた。全国有数の規模を誇っていた農民組合が壊滅的打撃を受けた香川県の組織再建をテーマとした「再建」は「社会評論」第一巻九号（一九三五年一一月）から第二巻七号（一九三六年七月）まで八回にわたって連載されるが、同誌廃刊によって一時中断される。島木は後の三分の二を書き下ろしで補足し、単行本として『再建』を一九三七年六月に中央公論社から出版する。彼によれば『再建』は「私の過去のすべてを打ち込んだ作品」で、表現に苦慮しながら原稿用紙一、一〇〇余枚をほとんど伏字なしで完成させた小説であった。[1]だが『再建』は発売後一〇日で発禁処分を受けてしまい、前年五月に思想犯保護観察法が施行されていたことも重なって、島木には「日常の行動の一挙一投足にもその法律を感じ、悪夢を見るやうな気持」を深めさせる出来事となった。[2]

ところで島木が「再建」を雑誌連載している頃のハガキが三重県松阪市で発見された。戦後松阪市長を三期一一年務めた梅川文男に宛てて送った葉書で、梅川の生誕一〇〇年を迎える二〇〇六年四月、梅川の甥に当たる梅川紀彦氏が記念展の準備をしていたところ自宅の屋根裏部屋で見付けた。この貴重な発見を朝日新聞高津祐典記者が「作風転換期の心の中つづる／転向文学の作家・島木健作」という見出しに写真を付して大きく報じた（「朝日新聞」名古屋本社版、五月一日夕刊）。この記事は島木の故郷の北海道本社版（五月八日）に転載され、それを目にした北海道拓殖銀行の破産管財人原口住記氏が、拓銀の古い職員録のなかに「給仕係」として「朝倉菊雄」（島木の本名）の名前があることを知らせた。原口氏からファックスで送信された「大正七年十二月廿日現在株式会社北海道拓殖銀行職員録」によれば、「給仕」として「朝倉菊雄　札幌区北三条西二丁目　島崎鉱業分析事務所方」とある。早速、昨年島木健作展を開催した神奈川近代文学館の藤野正学芸員に連絡し、遺族として展示に協力した保志伸子氏（島木の妻京の姉チヨの次女、調布市在住）に問い合わせてもらったところ、同事務所は母が事務を手伝い、兄八郎が養子に行った先であったことが分かった。

梅川に宛てた島木の葉書を発見した経緯はすでに拙稿「島木健作と堀坂山行――新資料島木健作（梅川文男宛）葉書三枚から――」（「三重大学日本語学文学」第一七号、二〇〇六年六月）で報告した。本稿ではそれに触れながら島木が「私の過去のすべてを打ち込んだ作品」と呼んだ『再建』を分析したい。

2

まず三・一五事件で検挙された島木がその後どのようなプロセスを経て裁判を受けたのかを確認しておきたい。島木は日本農民組合（日農）香川県連合会書記を務め日本共産党の党籍を持ち、一九二八年二月二〇日の普通選挙法にもとづく最初の総選挙では労働農民党委員長大山郁夫と同中央委員上山進を香川選挙区から擁立した。労働農民党は当時非合法であった日本共産党に最も近い合法政党で、左派の勢力が強かった日農も同党を支持していた。日農香川県連は全国有数二万の組合員を誇り、「委員長は絶対に落とされないから、最も確実性の高い香川に決した」という党中央の指示によって彼らの擁立を決めたが地元の農民の支持は得られず、激しい選挙干渉もあって両候補落選の憂き目を見た。島木は二月二二日、暴圧選挙批判演説会に赴くところを私服刑事に逮捕され、引き続き発生した三・一五事件に重なって治安維持法違反の容疑で起訴された。七月に高松刑務所から大阪刑務所に押送され、大阪で検挙されたグループと一括「春日庄次郎（外九八名）」として大阪地方裁判所で前沢幸次郎判事による予審がおこなわれた。一九二八年九月八日に予審が終結し起訴相当と判断されて、一九二九年二月一日に懲役五年という一審判決を受ける。このときの大阪地方裁判所の判事は柴田貞輝と芹川定、喜田川元、検事は金子要人と吉村武夫、勝山内匠であった。つぎに一二月一二日に大阪控訴院で懲役三年という控訴審判決を受ける。大阪控訴院の判事は前沢幸次郎であり、島木は「控訴審の公判廷にて転向を声明す」と「自撰年譜」に記している。一九三〇年四月一日に大審院への上告を取り下げて刑が確定する。(3)

島木が大阪刑務所に下獄したのはこの直後と考えられるが、宮井進一によれば「朝倉は、五年が三年に軽減され、しかも朝倉の控訴理由が成立したため、未決拘留期間の全部が控除されたから、体刑を受ける期間は実質一年何ヶ月かになった」という。(4)宮井は島木が一審判決後病気のために保釈されていたとも語っているので、検挙から一審までの未決拘留約一一カ月を差し引くと、病気を理由にして一九三二年三月に仮釈放された島木は、満期釈放の一九三二年五月の直前まで服役していたと考えることが可能だろう。他方、宮井は控訴審で懲役五年の実刑判決を受けて下獄したが、非転向のために未決拘留期間は通算されずに一九三四年一〇月の満期終了まで高松刑務所で服役した。

ところでこの宮井進一は島木にとって農民解放運動の第一義の道を生きる「インテリゲンチャ出の運動家――典型的な、本当の意味の階級的英雄」で、島木の作品に描かれ続けた非転向の服役囚の精神的なモデルであった。(5)早稲田大学商学部に在学中から建設者同盟に加わり、卒業後は日農香川県連合会に転じて書記を務めていた。島木が仙台での学業を捨てて香川に来るようになったのは、宮井が「中央に信念的な農村活動家を求め、その推薦を頼んでおいたから」であった。(6)宮井は島木と共に日本共産党の党籍を得て、一九二七年六月の土器村小作争議では検挙起訴され懲役一〇カ月の判決を受けた。続いて三・一五事件に遭って一九三四年一〇月まで高松刑務所で服役した。出獄した後は射場清香の故郷香川県大川郡で帰農したが、中央から地方に派遣されたオルグがその土地に残ることは珍しく「県外から農民運動に書記として参加した人間のなかで、宮井のみが『土着』した」と評価されている。(7) 射場清香は『再建』の山田春乃のモデルとなった女性活動家で、日農香川県連婦人部の結成に尽力し、宮井が投獄されると結婚を約束する。助産婦の資格を取って夫の救援活動をおこないながら農民組合の旧幹部と連絡を取り合い、組織再建の準備を進めていた。宮井が出獄した後は結婚して、季節託児所を開いたり家庭教師をしたりするなど農民の生活を扶助した。香川県農民運動史の研究者横関至氏の調査によれば、「宮井による最初の農民組織化は、隣部落の小作人の小作料値上げ問題を取り上げて、二つの部落の小作人を結集した組織を一九三五年に結成したことである。地主側からの土地返還要求に対し、『年貢米』を売却した代金を銀行に預け利息で裁判費用を賄うこととし、裁判闘争にもちこんだ。この裁判は、翌年になって地主側が訴訟を取り下げたため、小作側の勝利となった」という。(8) この頃のことを宮井は木村信吉のペンネームを使って「香川農民の再建運動――雌伏七年壊滅から台頭へ」(「労働雑誌」第一巻七号、一九三五年一〇月)のなかでつぎのように報告している。

運動に関心を持つ人々が、香川県のあらゆる階級的組織が壊滅したことをもつて、簡単に、絶滅したものと思つてゐたら、それは大衆そのものに対する認識不足であり、大衆の本質について知る所がなさ過ぎるのだ。読者諸君は既に、上に記した所でも判らうが、大衆は一度経験した事は絶対に忘却してゐるものでないことを。香川にあつた組合や×が××されたがためにこれ等の存在は痕跡もなく消えて行つた。しかし、それは文字通り姿を消したと云ふ丈の事であつた。即ち二百数十の組合や党の支部の看板が村々から取り降ろされたと云ふ事実丈に過ぎなかつたのだ。一万五千の組合員大衆が、消えてなくなつたのではなかつたと云ふ余りにも明かな事を忘れてはならない。

だから年貢の軽減要求は作柄に依つて夥しい数に昇つたし、悪地主に対しては年貢を共同で不納したり、共同で売つて金に代えたりもした。一人の小作人の土地明渡事件に対して、部落の小作人全体が後楯となつて、共同の敵として地主に対抗した事実は沢山ある。そしてこんな個別的な争ひを続けてゐる間に、自然に共同の利害のために役立てる目的で自営的な基金がいろ〳〵の形でもつて出来上つて行つた。

このように宮井は香川県の農民組合再建の抱負を述べ、一九三五年の県議会議員選挙では農民代表の平野市太郎と大林千太郎を当選させた。宮井によれば、大林は「全くの小作人であり、一束の大根、一籠の菜でも金に代えねばならないのであつて、丸亀市や坂出町を籠を担いで青物を呼び売する姿」を見かけるという人物であった。宮井は一九三六年二月二〇日の第一九回総選挙では前川正一を応援するが次点で惜敗、一九三七年四月三〇日の第二〇回総選挙では前川をトップ当選させ雪辱を果たした。いずれの選挙も農民から強い信頼を得ていた宮井夫婦による選挙活動が効を奏したのであり、農民代表を県議会に送ったことの意義は大きかった。組織再建に奔走していた宮井が「朝倉から、私の村や部落における生活記録を書いて送れと頼まれたのは、十年から十一年にかけての頃であったと思う。私が忙しくて書き渋っていると、何回も手紙で催促をよこした」と回想しているように、島木は帰農していた宮井に新たな生活を報告してもらうという手段をとった。(9)

3

島木が高松刑務所から仮釈放されて出所した翌年に当たる一九三三年の「自撰年譜」にはつぎのような記述がある。

昭和八年　意志的に自分を訓練することと、過去の自分の足跡について考へることとの両方の目的から、「日本農民運動史」を書かうとして、資料を集めにかかつた。やや準備成つて、書きにかかつたが転向問題が根抵にあり、それにひつかかつて幾らも書きすすむことができなかつた。ふたたび何等かの形で農民のなかで生活し、自ら行ふことによつて問題の解決の道を知るほか方法はないといふ思ひが強くなつて行つた。家の者に秘してその準備を進めつつあつた。十二月、激烈な流行性感冒のために倒る。宿痾再発のけはひあり。ひそかに希望しつつあつた新しい生活もこれではおぼつかないと思ひ知つた。病中多くの思ひあり。漸く起き上れるやうになるのを待つて、獄中生活中のある部分を小説風に綴るために机に向つた。

この部分には作家島木の出発を知るうえで最も重要な手がかりが隠されている。まず「意志的に自分を訓練すること」と「過去の自分の足跡について考へること」という二つの目的から「日本農民運動史」を書こうとするが「転向問題」が「根抵」にあって書き進めることができなかった。[10] つぎに「ふたたび何等かの形で農民のなかで生活」し「自ら行ふこと」によって「問題の解決の道」を知ろうとしたが「流行性感冒」のためにそれが果たせなかった。最後に病状が落ち着いて「獄中生活中のある部分」を小説に著しはじめた。これが作家島木の出発点となった「癩」であり、右の部分では創作に向かうまでの紆余曲折が語られている。「日本農民運動史」の執筆を断念せざるを得なくなったのは島木の根底にあった「転向問題」のためで、病気が快方に向かうとすぐに、大阪刑務所の隔離病舎で非転向のハンセン病患者に出会った体験を小説にまとめたのは「転向問題」に一つの解決を与えるためであったとされる。しかしそれが島木にとって本当の解決にならなかったことは、『再建』が発禁処分を受けた際、依然として彼がつぎのような考えを持っていたことに示されている。

禁止処分を受けたといふことよりも、この作品の第二部で、主人公の出獄後の生活において、転向問題が、正面から取り上げられる筈であつたのに、その機を失つたことを残念に思つた。「再建」といふ題は、単に組織の再建といふより以上に、広く深い人間的な意味合ひをこめたつもりであつたが、書かれた部分にはそれはまだ出てゐなかつた。夏中蟄居し、新しい決意をもつて第二の長篇にとりかかつた。

右も同じ「自撰年譜」の昭和一二年の項からの引用である。島木によれば、『再建』第二部では「主人公の出獄後の生活」において「転向問題」を「正面」から取りあげる予定であったのに発禁処分を受けてしまい、「その機を失つた」ことが「残念」に思われた。「再建」というタイトルには、

「組織の再建」を意味する以上に「広く深い人間的な意味合い」を込めたつもりであったが「書かれた部分にはそれはまだ出てゐなかつた」。そこで「夏中蟄居」し「新しい決意」をもって「第二の長篇」に取り組んだという。この「第二の長篇」とは、発表後に窪川鶴次郎や中野重治から厳しい批判を受けた『生活の探求』（一九三七年、河出書房）を指している。
このように「転向問題」は『生活の探求』に至るまで書きあぐねていたテーマであったことが分かるのだが、島木にとって「転向問題」とは何であったのか。控訴審で転向を表明したという自己の体験をふまえて小説でそれをどのように表現しようとしていたのかは、その構想の内実を具体的に探る必要があると思われる。そこで取りあげたいのは「再建」連載中の島木が梅川文男に宛てたハガキで、表は黒色ペンで自書され裏は絵と文字が印刷されている。日農淡路連合会書記を務めていた梅川は三・一五事件で検挙起訴され、島木と同じ大阪刑務所で懲役五年を非転向で満期終了まで服役した。出獄後郷里に戻って活動家を糾合し組織の再建に取り組んでいたところ、島木の「癩」が掲載された雑誌を偶然見つけ、「くいつく様によみながら、ぶる〳〵興奮した」という。日農書記というかつての誼から再び島木と書簡を交わすような親密な間柄になり、作品評などを書き送っていたのだと思われる。一九三六年六月一六日の消印がある島木のハガキをつぎに紹介してみよう。

（表）
昭和一一年六月一六日　松阪市平生町　梅川文男様
東京市世田谷区世田谷弐の二、〇二四　16日　島木生

先日は御手紙ありがたう。いろいろ御批評感謝いたします。小生にとつては玄人の批評よりも素人の同志の批評の方がありがたくためになるやうです。古いところを書き切らないと新しいところが書けぬような気持でゐます。宮井君、香川でじつくり働いてゐるのでじつにじつに敬服してゐます。彼のことが書きたいと思つてゐます。

(裏)

「鞍馬道雨後」近藤浩一氏筆　日本美術院第十一回展覧会出品

島木によれば、「玄人の批評」より「素人の同志の批評」の方が「ありがたくためになる」。今の自分は「古いところ」を書き切らなければ「新しいところ」が書けないような気持ちでいる。[11]「宮井君」が「香川でじつくり働いてゐる」ことに「じつにじつに敬服」しており、「彼のこと」が「書きたい」と思っているという。この書面の内容は「自撰年譜」の昭和一二年の項のなかで、島木が『再建』第二部では「主人公の出獄後の生活」において「転向問題」を「正面」から取りあげる予定であると語っていたことに符合する。肺結核の再発を恐れて自ら帰農することのできなかった島木は、夫婦が協力して農村生活をはじめていた宮井に新たな生活の報告を求め、それを作品の素材に使って「転向問題」を解決する糸口を見つけようとしていたのであった。

4

宮井清香は「記録」という雑誌に「ある農民運動家の生涯――回想・宮井進一」という連載をおこなって、香川の農民運動に身を捧げた苦難の日々を回想している。刑期を終えて出獄した宮井は小作争議の指導の他に葉タバコ栽培の準備や野良仕事、春秋の農繁期に一週間ずつ季節託児所を開くなど根気強く農民組合の再建に取り組んでいた。この連載の第八回（一九八一年八月）には島木の「再建」に関する一九三七年当時の話題が登場する。それをつぎに紹介してみよう。

その年の六月に、朝倉氏から『再建』の単行本が送られてきた。最初のころ、『社会評論』に連載されていたものに書き足してまとめたものであった。その後、その本は発行十日目にして発禁になったという知らせがきた。その手紙には、今後の小説のテーマの方向も変えざるを得ないと書いてあったので、宮井の記録のほうはどうなるのかと心配になった。というのは、『再建』の場合はわたしの生活記録が中心であり、このあとに朝倉氏がとりあげる予定であった宮井出獄後の生活記録こそ重要な意義があると思っていたからである。

右によれば宮井夫婦も島木の当初の構想を支持し「宮井の記録」を素材にした「再建」続篇が書き継がれることを期待していた。しかし『再建』が発禁処分になったことで状況が大きく変化してしまう。島木は「今後の小説のテーマの方向も変えざるを得ない」と知らせてきたので、「宮井の記録」

はどうなってしまうのかと心配になった。なぜなら彼らは「宮井の出獄後の生活記録」こそ「重要な意義」があると思っていたからである。宮井清香はその懸念を晴らすべく翌年正月に島木に会いに出かける。

翌一九三八年の正月に、わたしは朝倉氏に会いにいった。十二月三十一日の午後に出発して元旦の朝、わたしは鎌倉の朝倉氏の家についた。東京駅で落ち合うという打ち合わせであったのを、車掌に教えられて、大船で横須賀線に乗りかえようとした。ちょうどそのとき、朝倉氏に会った。「これから東京駅へいくつもりだった」といって、よろこんで迎えてくれた。そのとき朝倉氏の着物のひざのあたりがすりきれて綿がでていたのが印象に残っている。

また、当時彼が住んでいた家の二階に通じる階段のところに、マルクスの大きな肖像画がかざってあったことも、朝倉氏の心境を表わすものとうけとって、うれしい気もしたのだった。

彼は、「佐野、鍋山の声明をよんだか？」と笑いながらきいた。「読むには読んだが私には理解できない。あの大物がなぜあんなたわごとをいったのだろう」と答えると、朝倉氏は「やっぱり命が惜しかったのだろうな」といった。自分は命が惜しくて転向したのではない、ということを強調しているのだとわたしは受取った。それにしても、何年も前の声明のことを、なぜ今ごろになって話題にするのだろうと不思議におもった。

島木の家にマルクスの肖像画が飾られていたというのは、島木が思想犯保護観察の対象とされていたことを考えれば勇気のある行為であり、思想としてのマルクス主義をまだ放棄していなかったことを表している。右に触れられている日本共産党中央委員佐野学・鍋山貞親の転向声明は『再建』後半の重要なテーマとされており、島木が当時相当それにこだわっていたことが分かる。『再建』（第三章）で浅井信吉は教誨師乙竹から「美濃紙を相当部厚く綴つた謄写版刷り」の冊子を渡される。「三十そこそこの若さ」で次席教誨師に任ぜられた乙竹は浄土真宗の他力信仰によって思想犯を善導する任務を精力的にこなしていた。浅井は中澤信や東條貫他一二名の名前が記されたその冊子を読んで、「（これはほんたうの事か？　今自分が読んだこれらすべてのことは。）と彼は自分に訊ねて見た。そして彼は又最後の頁を開いて見た。そこにならんでゐる二人の人間の名をあらためて見た。新たに彼の心を何か鉤の手のやうなものでかきまはすものがあつた」と感じている。『再建』では佐野・鍋山の転向声明は「この物語の今の時が三三年の夏であるといふだけで、日本の無産階級運動について多少の関心と知識とを持つてゐる読者ならば、浅井信吉が今教誨師の手を通して読まされた文書がどういふものであつたかを、作者の説明を待つ迄もなく推知することができるであらう」とほのめかされている。彼らの転向声明に対して浅井がどのような心境の変化を見せたのかは、語り手は「この点の浅井がつひに曖昧なままに終らなければならぬのは、この物語の大きな欠陥である」と窮余の釈明をするだけで具体的にそれを描くことはなく、「転向問題」は解決されずに終わってしまう。さらに宮井清香はつぎのように回想している。

彼は、『再建』が発刊十日で発禁になったにもかかわらず、他の一流作家の一年分くらいが売れたといってほくほくしていた。しかし、その作品の基礎となった生活記録を書き送ったわたしに対しては、一言の礼もいわなかった。わたしは訪問の主目的を話しはじめた。それは、自分の記録があまり変な方向で表現されるのはこまるという宮井の意見を伝えることであった。彼は、『再建』を上巻とし、宮井の記録をもとにし作品を下巻として大作にするつもりでいたが、情勢の変化によって、それはむつかしくなったというのみであった。その後の作品をどんなものにするかについて、彼は全然話さず、私もそれ以上きかなかった。ただ、『時勢』という作品のモデル問題について意見をきいた。というのは、前川氏が落選した前回の総選挙をめぐる動きを題材としたと思われる『時勢』という短篇小説について、早稲田の後輩の増山という人から、あの資料は君から出たらしいが、ちょっとひどすぎる書き方ではないか、との手紙をもらっていたので、その点についての朝倉氏の意見をきく必要があったのである。これ以前、手紙で問い合わせてもいた。そのときには、彼は「創作にネタはいらない。事実ない町をあるようにでもかける。小説のモデルが誰だといちいちせんさくしていては、きりがあるまい」という主旨の返事をよこしていた。それについて、再度きいてみたのである。そうすると彼は、前川氏の性格をしってりゃ、あのくらいな小説は百でもかけるが、君のところへ迷惑をかけるのならもう書かないことにする、といった。

「生活記録」を報告した宮井夫婦も『再建』の続篇がどのように執筆されるのかを気にしていたが、島木は「情勢の変化」によって執筆が「むつかしくなった」というのみで「全然話さなかった」。宮井清香が島木に意見を求めた「時勢」という小説は「日本評論」（第一一巻五号、一九三六年五月）に発表され、単行本『第一義』（同年一一月）に収録された作品である。一九三六年二月二〇日の第一九回総選挙で前川正一が次点で惜敗したときのいきさつが描かれているのだが、島木は作品末に「附記」として「この小説にモデルはない。念のために断つておく。三六年三月」と記していたので、モデル問題は生じないと考えていたのであろう。「時勢」の主人公神田政治は農民組合の元活動家で総本部の役員を務めたこともあったが、小作争議の和解金のピン撥ねをしたり、亡父の遺産を狙って投獄中の同志の元妻と結婚したりするなど腹黒い人物であった。一度は組合活動から身を引くが新聞記者谷本の誘いにのって総選挙に出馬し、対立候補の阪田代議士が選挙費用の大半を肩代わりして右翼のグループも彼の許に面会に訪れる。神田が立候補することで農民組合の古い幹部杉本耕吉が立候補を断念するか、あるいは立候補したとしても組合の組織票が割れることを彼らは期待していたのである。選挙の結果は阪田が再選され神田は落選する。杉本は立候補を断念したのだが、彼を支持していた組合員が神田には投票しなかったからである。このような記述には実在の前川とは異なる部分が多いので宮井清香が苦言を呈したのも十分に首肯できるが、島木が描きたかったのは、三・一五事件以前の無産主義運動が高揚していた時期に「中間派」として左派からも右派からも批判された人間が左翼陣営の壊滅後、押し出されるようにして運動の前面に立たされ、自己の身をどのように処するかについて考える暇も与えられないまま時勢に流されて行く姿であった。神田は「彼の中間派とはほとんど性格的なもので、左に行くには臆病に過ぎ、右へ行くには図太さを欠いた、右顧左眄の結果であったにすぎぬ」と批判される人物で、この点では「全農内では中立的立場にあり、左右の政治的潮流のなかで『全農第一主義』を呼びかけて、政治的な指導力にはやや欠けるところがあった」とされる実在の前川に相通じる性格を持っていた。[12]また神田同様「中間派」とされた『再建』の谷川清吉も「つねに打算があり、谷川には卑俗な現実主義者であり、大衆追従主義者であり、果敢なやうに見える場合もつひに一個の小さな個人的な英雄主義者にすぎない」と批判されていた。神田や谷川は、満州事変から五・一五事件へと政党政治が没落して軍部ファシズムが台頭する時代、それまで中庸を旨としてきた人間が運動の前面に立たされ、あえなく敗北するという中間派の姿の象徴であった。

島木との再会について宮井清香の回想は続けられている。

　私も子供もおいていったし、警察の目も考えて一泊して帰った。しかし、わざわざ宮井の意見を伝えにいったこの訪問も徒労におわった。すでに朝倉氏は宮井の意向と相反する転向の世界への道に、より深くはいりこんでいたのである。そのことを、その後間もなくして出版された『生活の探求』によって知らされたのであった。『生活の探求』は、時流にのって売れに売れて版を重ね、『続・生活の探求』もでた。宮井はそれに対し、「創作だから仕方ないだろう、彼も生活があるから」と寛大だったが、一方では裏切られたという感じももっていた。「ただ一つのなぐさめは、貧苦の中を時間をさいて一年近く生活記録を書きおくったことに対して、一言の礼状もなくビタ一文も送られなかったことだ。おかげで、転向の片棒をかつがずにすみ、共犯者にならずにすんだよ」と言うのであった。

こうして朝倉氏は転向の度を深めつつ、どんどん稼いでいたが、一方の宮井には検挙がまっていた。

宮井清香は夫の意見を伝えるために島木の許を訪問したが「徒労におわった」。一般には好評であった『生活の探求』『続・生活の探求』に対して宮井進一は「寛大」な態度を見せながら同時に「裏切られたという感じ」を持っていた。「貧苦の中を時間をさいて一年近く生活記録を書きおくった」ことに対して島木からは「一言の礼状もなくビタ一文も送られなかった」。だが自分が島木の「転向の片棒」を担がず「共犯者」にならずに済んだことだけが「ただ一つのなぐさめ」であったという。宮井自身も別のところで、自分は「農民生活のすべてにおいて、目的意識をもって、行事にも、出来事にも、関与」していたので、「部落や村の行事や出来事などを、ありのままに書いてくれ」と注文してきた島木に対して不満を覚え、「農民を組織、啓蒙する何らかの戦略、戦術の意図」が含まれた「運動としての生活記録」でなければ記録する意味がないと感じていた。その後、島木から謹呈された『再建』を「幾らか読んで見たが、私の感情に訴えるものが全くなく、頁が進まないまま放置してしまった」と回想している。[13] ちなみにこの後作家として活躍した島木に対して、宮井は一九三八年四月二一日に香川県人民戦線事件に連座して検挙される。[14]

5

帰農した宮井の生活記録を資料として使いながらも島木は資料提供者の意図とはちがう内容の小説

を書き進めていた。『再建』の「あとがき」に「なほこの作品はこれだけではまだ作中の人物と事件のすべてに結末を与へてはゐない。私はさらに稿を改めて彼等のその後の運命を見て行くつもりである」と記されたように作者自身も作品が未完であることを熟知していた。出獄後の「転向問題」が小説でどのように表現されようとしていたのかは、あくまでも推測の域を出ないのだが、この続編の方向を検討してみたい。『再建』（第三五章）には獄中の浅井信吉から山田春乃に宛てた手紙が七通紹介されている。内容から一九三三年後半に記された手紙と見られ、それらのなかで浅井は投獄前の自分の行動に関して自己批判を試みている。たとえば農民に分かりやすく平易に書こうとしすぎて農民組合の機関紙が「マンネリズム」に陥っていたことや、自分たちが支持する中央の政治新聞が誇張された嘘ばかり報道していたこと、地方によって土地所有の規模や小作慣行が異なるのに無知であったこと、小作人同士の争いや自作兼小作と地主兼自作の争いといった複雑な関係を理解していなかったことなどが自己批判の対象として挙げられている。浅井はそれらをふまえて「僕等は農民の生活のほんたうにいい相談相手、世話役でなければならないだらう。時には身の上相談の解答者でさへもなければならないだらう」と結論する。農民組合の組織再建のためには、階層分化が進み多様な顔を持っていた農民の姿を正しくとらえ、地方の情勢に疎い党中央と適切な距離を取って自主的に行動する必要があった。浅井はある農民が「僕の背後から石を投げたことは事実だ。僕は決して彼等に石を投げられた事実に眼を覆うて行き過ぎやうとする者ではない。それをはじめて留置場で知つた時の深い悲しみと寂寞をゴマかそうとするものではない」と自戒する。地元の意向に反して中央から大山郁夫・上村進を招いて立候補させた総選挙の敗北は島木の脳裡から離れることはなく、離反した農民の冷ややかな「あの眼なざしほどに今の杉村をぶちのめすものはない」とそのときの体験を小説で描いたこともあった（「一過程」、「中央公論」、一九三五年六月）。

浅井が獄中生活で内省を深めていたところ、一九三四年一二月二三日の皇太子御降誕の恩赦によって一三一日減刑となったことが知らされる。受刑者の新聞「人」第三九〇号が配布され、「高千穂の霊峰に寄せて」や「恩赦の優詔を拝して」などの記事を読む。行刑局長の「謹話」には「治安維持法に違反した受刑者も亦今回の恩典に浴してゐること」を強調した一節があり、浅井はそれを読んで「深く彼の肝に銘じたのであった」。

現在この種受刑者の大多数は、唯年少客気の逬る所、一時の流行思想に感染して思はず邪路に迷ひ込んだといふ程度のもので、必ずしも本心から不逞の考へを有つてゐたものでないといふことが、その後転向者の続出したといふ事実を見ても明白であるし、又極く少数の者は、或は一時的に、又多少は信念的に、不逞の考へを抱いてゐたかも知れませぬが、しかしそれとても受刑中に漸次日本人意識に醒めて行き、従つて国体に関する本来の正しき観念をも取戻し得たかのやうに見受けられまするので（中略）特に有赦の御敬沢を垂れさせられたものと拝察いたさるるのであります。何卒それ等の人々は（中略）忠良なる国民としての自己をはつきり見直し、従来の迷夢妄想から全然擺脱し去ることに努力しなければならぬと思ふのであります。

小説には「原文のまま」という注記がなされて右のように引用され、「まことに浅井も亦、かの岡生と共に、転感無量なものがあるのであった」と記される。「岡生」は受刑者の新聞「人」の常連執筆者のようで、同号には「高千穂の霊峰に寄せて」を寄稿しており、浅井には彼と共に「転感無量なもの」があったとされる。原資料を確かめることはできないが、なぜ島木はあえて「原文のまま」という注記をおこなってこのような長文を引用したのだろうか。佐野・鍋山の転向声明に関しては相当なこだわりを持っていたにもかかわらず「作者はこの文書の主張してゐる政治的意見に対して作者自身の積極的な見解といふものは別にもつてはゐない」と空とぼけていたのとは対照的である。

宮井夫婦の回想から明らかなように、島木は宮井が実際に歩んだ左翼の路線を小説で再現するのは難しいと考えていたのではないか。「再建」では中間派と呼ばれた谷川清吉がファシズムを主張する農民興国会に加わって、押し出されるようにして運動の前面に立たされる。獄中の浅井は谷川の持つ「あるポテンシャルな力」を信じており、続篇では組織再建のために彼に協力を求めることが推測されるが、実際には孤立していた谷川も検挙されて権力の前に敗北を喫している。さらに島木が宮井の記録を素材に使って創作した「時勢」でも、中間派の神田が独断に陥って選挙に落ち農民組合の陣営を敗北に導いていた。「時勢」の結末の部分では、二・二六事件直後の騒然とした空気の下で神田は無産派代議士を「やれファッショと闘ふの、死を覚悟してるのといつてた連中が議会でどんなことをいつたり、したりするかねえ」、「ファッショと手をつなぐなんざア朝飯前のことさ、――時勢が変つたんだヨ、とね」と辛辣に批判している。

　こゝ数日間、鬱結《ママ》してゐたものを一時に吐きだして了つたやうで、神田は愉快であつた。明日あたり、かつて自分をおとづれた某右翼団体の幹部を訪ねて見よう、と、彼は何かしらそこに一道の光りを見るやうな気持で思ふのであつたが、明日、その団体の事務所の看板が取り外されてゐるのを見、そこにたむろしてゐた人間たちが［一〇文字分伏字］聞かされた時は、彼はまた時勢に応じた新たな考慮を廻らすことだらう。

内容から推測して伏字の部分は右翼団体が弾圧されてグループが解散させられたことが書かれていたのだろう。中間派に対する弾圧の後には右翼に対する弾圧が待ち受け、治安当局による仮借のない統制がおこなわれたのである。転向左翼が大政翼賛会の中心になったことはよく知られているが、それは一九四〇年の近衛文麿を中心とした新体制運動をまたなければならない。出獄後も自己の信念を貫いた宮井とちがって、浅井は転向するといってもどこに向かって進めばよいのかは、当時の情勢を考えれば決して容易には見付からない。

香川県農民運動史を執筆した羽原正一氏によれば、島木は日農書記時代に過労がたたって二度喀血して倒れた。当時「農民が肺病を怖れる事、死を怖れる事と同じ」であったために「彼が喀血したということが知れると、日ごろ深い世話になり、義理にでも顔を出さねばならない人でも、あまり顔をみせず、毎日、学習にきていた若い青年たちも止絶えて見舞う者も、訪れるものも少なかった」。しかし「三木という前科数犯といわれている組合員で貧農の老人」が島木を「自分の息子のように優しく介抱した」という。(15) 島木は差別の眼差しにさらされ全くの孤独におかれた状態で彼に手を差し伸べてくれた「貧農の老人」の愛情を感じたことであろう。羽原は『農民運動に仆れし人々』（一九六三年、私家版）のなかで、島木は三・一五事件当時自分が処理し忘れた文書が原因で同志が一斉検挙されたのではないかと自己を呵責し続けていたことをふまえて、「後年、良心作家とよばれた彼は、もちろん、闘士として、まれにみる良心家であった」という。そして「初めて中央公論に、懸賞小説が当選して、作家としての第一歩をふみだしたとき、彼は私に長い書面をくれた。それは、農民組合の実践から離れてゆく淋しさと、やむをえない立場を、切々としたためた名文であった」という秘話を明かしている。羽原は島木を「良心家」と呼んでいるが、これは島木が資料提供者の宮井夫婦に対して不誠実ともとれる態度をとっていたこととは対照的である。

島木は農民運動の現場にいた人間として運動の課題に「文学的解決」を与えようとした。「玄人の批評」においては「文学以前の問題」といわれるようなものであっても「作者自身の農民運動にたいする考へ方をまで鋭く突いてくる」ような「素人の批評」に対しては誠実に対処しようとしていた（「読者の批評について」、「文学案内」、一九三五年八月）。これは「文学外の態度がそのまゝ文学内の態度になつてゐる」と窪川鶴次郎から批判される点でもあったが、島木は運動の課題に「文学的解決」を与えようと彼なりに懸命であったのであり、そのためにはたとえ宮井夫婦の不信を買おうとも納得のゆく描き方を模索していたのだと思われる。しかし左翼はもとより中間、右翼の路線まで弾圧の危険にさらされ断念せざるを得ない立場に追い込まれたとき、そこに残されたのは〝誠実であろうとする態度〟だけで、島木は『再建』第二部の構想を転回させて『生活の探求』を創作した。[16]『生活の探求』を批判した窪川鶴次郎は「島木氏の人に対する態度」に問題があるとし、「彼と読者との関係、即ち彼が己の文学と読者とをいかに結びつけてゐるか、結びつけようとしてゐるかを見る」ことが重要だと訴えた。(17)窪川によれば島木は「知識階級の現状」に対する批判を容赦なくおこなう反面、彼が描いた主人公杉野駿介の農村生活は「作者の抽象的な観念による生活の設計があるのみ」であった。「対象の批判においては極めて痛烈でありながら、主体としてその対象と関連し合ふところでは突如として、或は謙譲であり、或は感傷的である」という『生活の探求』の「欺瞞」は、島木の「己の建前や心構へについてひたすら読者の理解や諒解を求めようとするはげしい意識」によって読者が「屈服」させられたことによって生じたもので、「島木氏の誠実や真摯」な態度は眉唾物だという。(18)

また中野重治も同作品を「あまりにも不満が多くてまとめて書くことができない」といい、「どうにも私には『生活の探求』において作者の何かを探求する眼が感じられない」として「探求の不徹底」を痛罵した。(19)彼らが島木の〝誠実であろうとする態度〟に胡散臭さを感じていたのは、それが何に対して誠実であろうとするのかという本質的な思考を停止させて成り立っており、盧溝橋事件以後に支配的になった「粛然として〈時局〉に応じる」といった類の戦時下の言説と通底するものだったからである。島木が〝誠実〟を強調すればするほど、権力から強制されるのではなく自ら〝誠実〟に戦時動員に参加するという同時代の主体の言説と共鳴し、読者の思考停止に拍車をかける結果をもたらした。(20)

さらに中野によれば、島木が稚拙な観念を弥縫しながら創作した『生活の探求』は「字引片手に小説を書くことの所詮駄目だということの証明」だとし、「現実の現象面から取りだされてほしいままに仮想せられた一青年と、同じく現実の現象面から作者の断片的知識によつて引きだされた今日の農村とを、作者が大した度胸で腹合わせにして縛りつけたもの」であったという。[21] これは「農民を組織、啓蒙する何らかの戦略、戦術の意図」が農村生活の細部にまで浸透していると考えていた宮井が、「部落や村の行事や出来事などを、ありのままに書いてくれ」と注文してきた島木に対して不満を覚えていたことに符合する。政治は言説として日常のあらゆる言動をとらえ続けているのであり、一切の思想を脱落させて農村の生活をありのままに描写しようとした『生活の探求』は、観念で拵えた現実の模造品でしかなかった。このような島木の詐術に宮井や窪川、中野は気付いていたのであり、島木の〝誠実であろうとする態度〟を「なんだか汚い」と唾棄した中野は同時代作家として島木の密かな転回を見逃さない嗅覚を持っていたのである。

註

（1）高橋春雄作製「島木健作年譜」（『日本現代文学全集』第八〇巻、一九六二年一〇月、講談社）および「自作年譜」（『新日本文学全集』第一九巻、一九四二年、改造社）
（2）「仕事のことその他」（「文学界」、一九三六年八月）
（3）『昭和思想統制史資料』別巻（上）（一九八一年一二月、生活社）
（4）宮井進一「島木健作と私　党および農民運動を背景として」（「現代文学」第四号、一九六六年四月、一三三頁）
（5）「文学界」同人座談会（一九三六年二月、一五三頁）

(6) 前掲(4)と同じ。
(7) 横関至『近代農民運動と政党政治――農民運動先覚地香川県の分析――』(一九九九年六月、御茶の水書房、二五七頁)
(8) 同右
(9) 前掲(4)と同じ。
(10) 小笠原克「第一義の道――島木健作と中野重治――」(「文学」、一九六五年七月)によれば「農民大衆からの孤絶感――帰農土着、党方針への批判――日本農民運動史、そして、組織壊滅後も宮井進一を媒体として持続する連帯感的希求を、転向問題追求の主体的位相たらしむべく〝文学〟は、必然的に前二者を契機として内在化させつつ、組織批判と個人的弱さの問題という矛盾する二つのモチーフを、いかに高次元につなぎとめうるかを主題としてゆくのである」と指摘される。
(11) 島木が玄人の批評より素人の同志の批評の方がありがたくためになると感じているのは、つぎの一節からも分かる。

「僕はプロレタリア陣営にあるので、真面目な労働者・農民から時々手紙を貰ひます。さういふ人のものの見方・作品の批評が文壇に於ける批評とまるでちがふのですがね。文壇人の批評は要するに形象化が足りないとか、或る人物がよく描けているとか描けていないとか、まあさういふ批評が多い訳ですね。読者は生活人だから作品の中の文学以前といふやうなものを直接問題にして来るのです」(座談会「新文学のために」、「行動」、一九三五年八月)

(12) 『日本社会運動人名辞典』(一九七九年三月、青木書店、五四三頁)
(13) 前掲(4)と同じ。
(14) 大久保典夫「ある転向作家の肖像　島木健作『再建』をめぐって」(「批評」第一一号、一九六一年六月）には「憶測すれば、宮井が香川に合法的に生活していることで、島木は、自己の運動批判にともなう倫理的負い目を払拭し、革命運動の批判の観点を定立しえたのである」と指摘される。出獄後の宮井は合法舞台を重視しながらも実際には度々検挙されている。磯田光一『比較転向論序説　ロマン主義の精神形態』（一九七四年五月、勁草書房）には「『再建』の主人公のモデル・宮井進一の帰農後の生活が、実質的には『生活の探求』の杉野駿介の生活と大差ないと見る大久保の見解は正しいと見なければならぬ」とあるが、宮井進一からすると『生活の探求』はいうまでもなく『再建』でさえ自分とはちがう人物が描かれていると感じていた。

(15)　羽原正一『農民運動に仆れし人々』（一九六三年、私家版、一二六頁）

(16)　平野謙「島木健作」（『現代日本文学大系』第七〇巻、一九五〇年二月、筑摩書房）には「私は『再建』から『生活の探求』への転身を、ひとつの屈伏と眺め、ひとつねじまげと認めるものである」と指摘される。他方磯田は前掲書で「私としてむしろ『再建』と『生活の探求』との連続性にこそ注目したいのである。それは一貫した大衆追随主義をひとつの倫理とまで化した歩み」であったと指摘する。

(17)　窪川鶴次郎「島木健作論」（「文芸」、一九三八年一〇月）

(18)　窪川鶴次郎「続・島木健作論」（「文芸」、一九三八年一一月）

(19)　中野重治「探求の不徹底」（「帝国大学新聞」第六九三号、一九三七年一一月）

(20)　前掲（13）には「島木の後退は、戦時体制の深化による大衆路線の編成替えと歩調を一にしているのであり、それが誠実さと善意のもとになされているだけに、島木文学のもつデマゴギー的性格は許しがたいものとなるであろう」とある。

(21)　中野重治『島木健作氏に答え』（「文芸」、一九三八年二月）に書かれたが検閲のために未発表。『政治と文学』（一九五二年六月、東方社）に発表された。

梅川文男年譜

一九〇六年
四月九日、飯南郡松阪町大字新町六〇番屋敷（現松阪市新町）に生まれる。古物商を営んでいた梅川辰蔵・とみ夫妻の三男であった。父辰蔵は一八六三（文久三）年、阿山郡東柘植村の生まれ。松阪に転居する前は国鉄柘植駅の職員をしていた。母とみは一八七六（明治九）年、飯南郡花岡村の生まれで旧姓は野口。一八九七年に結婚し男ばかりの四人兄弟俊男・弘・文男・茬男を産んだ。次男の弘が誕生する頃にはすでに松阪へ転居していたと推測されるのだが、その正確な時期は分からない。戸籍上では転籍届が提出されたのが一九二三年一月九日である。

一九一八年　松阪市立第二尋常小学校卒業。

一九二四年　三重県立宇治山田中学校卒業。小学校中学校とも小津安二郎の三年後輩。野球を愛好していた。
三月一日、「三重水平新聞」の後継紙として「愛国新聞」創刊。三重県水平社と日本農民組合三重県連合会の合同機関紙であった。
九月一二日、松阪第二尋常小学校に代用教員として採用される。

一九二五年
二月二一日、北村大三郎や松田松太郎など水平社指導者がメンバーの中心となった松阪社会思想研究会が発足する。階級闘争に向かう理論を学ぶための講演会が月に一回開催され、石川三四郎（第一回）・稲村隆一（第二回）・山本宣治・馬嶋僴（第三回）など当代一流の思想家が講師として招聘された。

一九二六年　「三重県の無産運動のピークの年」といわれるこの年、賃金の値上げや賄いの改善を要求して勝利した松阪木綿垣鼻工場争議や約二、〇〇〇人を集めた第二回メーデー、労農が連携した運動組織の設立など左翼化が急激に進展する。梅川は「佐野史郎」の変名を使って運動に参加した。

一月一七日、三重合同労働組合が結成される。梅川は教育出版部長となった。

四月一日、松阪第一尋常小学校に転勤し準教員となる。

四月五日、日農県連青年部が結成される。梅川は教育出版部部員となる。

五月九日、労働農民党三重県支部連合会が結成される。梅川は書記となる。

六月二二日夜、三重県無産団体協議会主催で浜松楽器争議の真相発表演説会が開催される。松田松太郎氏「開会の辞」、小林友三郎中止、増田万吉中止、中川千之助が壇上に立つと解散させられ、中止になった前記三名と松田一夫が検挙された。これがいわゆる松阪事件の発端となった。

二五日朝から労働農民党・日農・三重合同労働組合の総合事務所が家宅捜索される。のべ人数で四五名にも上る関係者が召喚されて取り調べを受けた。家宅捜索が二〇カ所以上検挙者二〇余名、出版法違反の容疑で梅川ら五名が逮捕されて松阪警察署の留置場に収容された。検挙から約一カ月経って安濃津地方裁判所において、検察による求刑通り大西が禁固二カ月罰金一〇〇円、梅川と松田が罰金三〇円という判決が下された。

この事件後、監督責任を問われて校長黒岩長五郎が鳥羽に転出する。また銀行員であった長兄の俊男が南牟婁郡木本町への転勤を命じられる。梅川自身も教職を追われ、一〇月一四日、松阪市新町の自宅を後にして兵庫県三原郡賀集村の芝先覚の許へ寄寓する。芝先は日農淡路連合会の指導者長尾有の実弟。

一九二七年

一月一八日、三原郡市村公会堂で日農青年部淡路連合会の創立大会が開催される。

二月一八、一九日、日農青年部第二回大会が大阪基督教青年会会館で開催される。梅川は淡路連合会を代表して出席し、大会書記を務めた。二〇～二二日、大阪市天王寺公会堂で日農第六回全国大会が開催される。香川県連合会書記朝倉菊雄と出会った。二一日の日農青年部第一回執行委員会では、教育部長に選出された。

三月五日、神戸市上沢通二丁目の湊西倶楽部で日農兵庫県連合会の創立大会が開催される。梅川は「佐野史郎」の変名で開会の辞を述べた。

三月二〇日、三原郡松帆村の小作争議で梅川を含む三名が警察に検束される。

三月二五日、日農兵庫県連第一回執行委員会が開催され、梅川は政治部長に選ばれる。

九月二五日、普通選挙法にもとづく最初の府県会議員選挙がおこなわれ、三原郡選挙区で労働農民党から立候補した長尾有が二位当選を果たした。しかし兵庫県参事会が議員失格を申し立てた。

一〇月二八日、神戸下山手青年会館で大山郁夫労働農民党神戸支部の演説会が開催される。長尾の失格に反対する群衆が殺到し、臨席していた警官が途中で解散を命令し多数の検束者が出た。日本労働組合評議会神戸支部の奥田宗太郎ら二九名が計画的騒擾罪で検挙される。

一二月一〇～一二日、東京市芝区協調会館で労働農民党第二回全国大会が開催される。梅川は兵庫県の代議員として出席した。

一九二八年

一月二五日、洲本町公会堂で日農兵庫県連合会第二回大会が開催される。梅川は開会の辞を述べた。

二月七、八日頃、関西学院下の喫茶店で日本共産党神戸地方委員長板野勝次と会見し、党の政治テーゼが記された冊子を受け取る。中旬、板野の推薦によって日本共産党に入党し「松井」という党員名を使用するようになった。

二月二〇日、普通選挙法にもとづく最初の総選挙がおこなわれる。労働農民党から近内金光が立候補するが落選した。

三月一五日、労働農民党淡路支部書記長であった梅川は日農県連執行委員会と浜松楽器事件下獄者送別会に出席するために県連事務所（神戸市兵庫区永沢町三丁目六六ノ三）に出張していたところを検挙され、神戸湊川警察著に留置される。その後、相生橋警察所に移送された。兵庫県内では一五日だけで六四名、最終的には一八〇名余に上る活動家が検挙された。その内起訴にまで及んだのは三六名であった。

七月一九日、芝先覚の養子となって芝先文男を名乗る。

八月三一日、神戸地方裁判所での予審が終わる。予審は判事城栄太郎によっておこなわれた。

九月八日、午後一時、新聞各社は一斉に三・一五事件を号外で報じた。

一一月一三日、津警察署の留置場で大沢茂怪死。

一九二九年

二月一六日、神戸地方裁判所で一審判決懲役五年（求刑七年）が下りる。一審では判事友真碩太郎、検事有安堅三、弁護士小岩井浄と布施辰治他であった。この一審判決を不服として控訴した。

一二月一二日、大阪控訴院判決も懲役五年であり実刑が確定する。このときの控訴審判事は前沢幸次郎であった。梅川は獄中非転向を貫いて刑期満了の一九三三年二月まで堺の大阪刑務所で服役する。

一九三三年

二月、大阪刑務所から出所する。

三月一三日、津、松阪、宇治山田、四日市の四都市にわたって一四五名の活動家が検挙される。当時帰郷していた梅川も家宅捜索を受けた。この直後から県内の運動再建に奔走した。

一九三四年

五月、「春になつたゾ！　――獄中の一同志に――」（「詩精神」第一巻四号）発表。

六月、「メッセーヂを託す――水平社の同志におくる――」（「詩精神」第一巻五号）「燻ってるぞ！」（「文学建設者」第一巻五号）発表。

七月、「奈良漬」（「詩精神」第一巻六号）発表。

八月、「白いま丶とラヂオ」（「詩精神」第一巻七号）発表。

九月、「ハムレット」（「詩精神」第一巻八号）発表。

一〇月、「酒」（「詩精神」第一巻九号）発表。

一一月、「無題」（「詩精神」第一巻一〇号）発表。

一二月、「部落民文学について」（「詩精神」第一巻一一号）発表。

一九三五年

一月二七日、神戸基督教青年会館で全国農民団体懇談会の最初の会合が開かれる。三重からは梅川と小林勝五郎が出席した。

二月、「詩精神作品評」（「詩精神」第二巻二号）発表。

九月一日、午後七時四五分から松阪信用組合ビルで「市会議員に市政の内容を訊く会」が開催される。主催者は藤本忠良を中心にして梅川や石垣国一、小林勝五郎、木村菊之助で、会合には当時市会議員を務めていた上田音市が招かれた。

一〇月、翌年四月頃まで「労働雑誌」三重取次頒布責任者となり、野口健二他数名に頒布した。

一一月、「選挙」（「詩精神」第二巻一〇号）発表。

一九三六年

二月、「老人」（「三重文学」二月号）発表。

四月、「老人（二）」（「三重文学」四月号）発表。

四月三日、長男悠一郎が誕生する。

四月一〇日、梅川家に復籍する。

四月一三日、田畑きよとの婚姻届を提出し、松阪市湊町字平生町で古書店梅川書房を営む。出店に際しては庄司桂一が思想犯の更生を支援する明徳会から一、〇〇〇円を出資させた。

六月、社会大衆党松阪支部の結成準備会の中心メンバーとして遠藤陽之助や藤本忠良と共に奔走する。

一一月三〇日、全農三重県連事務所で社会大衆党南勢支部の結党式が開かれる。支部長には梅川が選ばれる。

一九三七年

三月一一日、松阪市会議員選挙がおこなわれ、社会大衆党公認候補上田音市、小林勝五郎、石垣国一の三名が当選。

四月三〇日、第二一回総選挙（普選第五次）がおこなわれ、三重県第一区から社会大衆党公認上田音市は落選する。松阪無産団体協議会は津市分部町に移動して選挙対策事務所を開設し、梅川が事務長となる。

六月九日、松阪市信用組合ビルで開催された社会大衆党組織準備懇談会に二〇名が参加、桑名と四日市のメンバーは欠席したが、松阪を中心にして宇治山田、度会、一志、河芸、津、尾鷲など県内の広い地域からの出席者があった。松阪の大山峻峰、小林勝五郎、上田音市、梅川文男、宇治山田の野口健二は中心的存在であった。議長に上田を選出して進められた会合では、組織準備委員長として梅川が推された後、各地域の委員が任命され、県支部連合会の結成を八月上旬とし声明書を発表することを決めた。南勢支部を発展解消させて松阪支部、宇治山田および度会、多気の各支部準備会を発足させた。

八月上旬に予定していた創立大会は、盧溝橋事件のため時局に配慮するという理由から見送られた。

一〇月一日、社会大衆党三重県支部連合会は組織委員会を松阪信用組合ビルで開催した。執行委員長に梅川文男、書記長に遠藤陽之助、会計に石垣国一が選出された。

一一月一五日、社会大衆党第六回全国大会が芝協調会館で開催される。三重から梅川と河村章三郎が出席し、上田音市が大会選出全国委員として選ばれた。

一二月二〇日、第一次人民戦線運動事件が発生し、県内では新田彦蔵や遠藤陽之助、大山峻峰、藤本忠良など四五名が検挙された。

一九三八年

一月一八日、第二次人民戦線運動事件が発生し、県内では山本粂次郎や中西長次郎、山本平重、植木徹之助ら朝熊区北部の住民三八名が検挙された。

二月七日、社会大衆党本部で全国府県連代表者会議を開催して対応を協議。石垣国一松阪市議らの除名が決定。この会議には梅川が出席していた。

三月一九日から二三日の五日間、一志郡久居町の厚生会館を会場に名古屋保護観察所が三重農村厚生指導者養成講習会を実施した。三重の解放運動の活動家が三一名および他県からの参加者七名が集められ、全農・全水の関係者では池端勘七、新田彦蔵、小林勝五郎、岩瀬仲蔵に加えて梅川が参加している。

四月一六日、二男健士が誕生。

四月二四日、社会大衆党三重県連は議会報告演説会（現状維持既成勢力の爆撃、既成政党の醜状暴露、西尾問題の真相発表、新党運動批判、挙国一致体制の強化）を開催した。河上丈太郎および前川正一、水谷長三郎、西尾末広が松阪市信用組合ビル講堂で一、二〇〇名の聴衆を集めて講演し、他方、杉山元治郎および加藤鐐造、永江一夫、西尾が宇治山田市大世古町公会堂で一、二〇〇名の聴衆を集めて講演した。「社会大衆新聞」（一九三八年四月三〇日号）には「河上、前川、西尾、杉山、加藤、永江は演説会開会に先立ち同日午後四時同県連幹部諸君と打ち揃ひ、伊勢大廟に参拝、暴支応懲の聖戦に日夜奮戦しつゝある我が皇軍将士の武運長久を祈願した」とある。

一九四〇年
四月一七日夜、松阪市隣保館に同党全国委員上田音市や県支部長梅川文男、県支部執行委員野口健二および「松阪・山田・一志各地幹部十余名」が集まった。中央で発表された声明書などの情報を分析し意見交換した後、社会大衆党本部派を支持することを決定する。
一九四一年
一二月九日、前日対米英宣戦布告したことに伴う非常措置として全国で三九六名の非常検束がおこなわれる。県内では梅川に加えて松井久吉、野口健二、駒田重義が検束され三重刑務所に勾留された。
一九四二年
一一月一三日、治安維持法違反の容疑で起訴される。
一九四三年
五月一三日、上訴権抛棄申立書を提出して安濃津地方裁判所の二年六ヶ月という実刑判決を受け入れる。執行猶予を期待していた家族や関係者は落胆し、妻きよは平生町の古書店を閉めて大工町に転居し、細々と営業を続けた。
七月二日、健士を大河内にいた兄田畑安右衛門に預けた。七月初旬、名古屋刑務所に移送され刑期満了まで服役する。
一九四四年
五月二八日、思想犯保護観察法にもとづいて保護観察に付すという条件で刑の執行を終えて出獄後、肉牛組合書記や三重定期貨物自動車会社に就職した。
一九四五年
五月一八日、三男富清《とみすが》が誕生。

一〇月二五日、松阪市魚町にある青柳旅館で解放運動回顧懇親会が開催される。吉村亀太郎や逵寅吉、北村大三郎が発起人となって、治安維持法の犠牲となった同志に出席を呼びかけた。大西俊夫や河合秀夫、遠藤陽之助、梶田茂穂、西光万吉他七三名が県内外から集合して、厳しい弾圧に遭いながら無事に戦後を迎えることができたことをお互いに祝いあった。三・一五事件および非常措置事件で獄につながれた経験のある梅川も懇親会に参加しており、名簿には現住所が「松阪市大工町」と記されている。

一二月二五日、松阪で三重合同労働組合が再建され、梅川は執行委員に就任する。

一九四六年

四月二九日、松阪で地方党大会が開催される。県委員長木村繁夫、書記局長梶田茂穂、地方委員一〇名と常任委員五名が選出される。梅川も地方委員に就き文化部の指導を任される。

五月三一日、松阪市立第一小学校で日本農民組合三重県連合農民協議会の創立大会が開催される。丸畠浅次郎が県連執行委員長、遠藤陽之助が県連書記長、梅川が県連執行委員に選ばれた。

一九四七年

二月一〇日、母とみが死亡。

四月三〇日、三重県議会議員選挙に松阪市選挙区から日本共産党公認候補として立候補する。五、〇六四票を集めて二位当選した。

九月の全逓三重地区協議会争議と一二月の三重県教職員組合連合会(三教組)争議の解決に労働者側の労働委員を務めて解決のために奔走した。

一九四九年

七月、「島木健作の思い出――『癩』のもでるなど――」(「季刊関西派」創刊号)発表。

一九五一年

四月三〇日、三重県議会議員選挙に松阪市選挙区から日本共産党公認候補として立候補する。五、二一七票を集めたが八四票差で落選した。
六月二六日、三重県平和懇談会が結成される。
九月一日、松阪鉄工所が一時間ストを実施した際、梅川は遠藤陽之助や山浦久治三と共に講和反対の講演会を同所内で開催した。このころ長岡弘芳と出会う。

一九五二年

四月、「昭和殉教使徒列伝」(「伊勢公論」創刊号)発表。

一九五三年

九月、単身東京に移り、新光映画社の経営に参加する。この頃「東京日記」を付ける。

一九五四年

一二月、新光映画社を退職し、松阪に帰る。

一九五五年

三月、日本共産党県委員会から除名処分を受ける。
四月二三日、三重県議会議員選挙に松阪市選挙区から無所属で立候補する。六、八五四票を集めて見事二位当選、前回惜敗した雪辱を果たした。

一九五六年

二月二五、二六日に第一回県党会議が開催される。六全協の方針を受けて梅川の除名処分を撤回して復党を呼びかけるが、梅川は拒否した。

一九五七年

三月三日、松阪市長選挙に無所属で立候補し一九、九六一票を集めて当選し第六代松阪市長に就任した。こ

の頃、日本民俗会会員、新日本文学会会員。

一九六一年

二月二六日、松阪市長選挙に立候補し再選される。

「広報まつさか」にコラム「市長サロン」を執筆しはじめる。

学校法人梅村学園を誘致し三重高等学校が開学する。同学園は松阪で三重中学校や松阪女子中学校、松阪女子高等学校、松阪女子短期大学、梅村幼稚園、松阪大学と学校経営を拡充し現在も地域の教育機関として重要な拠点になっている。

四月七日、セントラル硝子（株）松阪工場誘致の調印。

一九六三年　部落問題研究所（奈良本辰也所長）に市内三カ所の被差別部落の歴史と生活実態の調査を依頼していた成果をまとめ、市制三〇周年記念事業として『都市部落――その歴史と現状』を刊行。

二月、松阪市民歌の制定。

一〇月、写真集『松阪』（松阪市編）を刊行した。

一九六四年　再び部落研究所に市内一七カ所の産業経済と生活実態の調査を依頼し、市制三〇周年記念事業として『農村部落――その地域と社会』を刊行した。

一一月五日、松阪市篠田山墓苑内で三重県解放運動無名戦士の碑の除幕式をおこない一四三柱を合祀する。

碑文は梅川が言葉を撰び黒田寿男が揮毫した。

一九六五年

二月二六日、松阪市長選挙に立候補し三選を果たす。

九月、中国外交学会から招聘されて全国市長代表団長として中国を視察旅行する。毛沢東や周思来、郭沫若と会談。一カ月にわたる旅行中の雑感を、「中国あっち、こっち」という旅行記にまとめ約半年間

「夕刊三重」に連載した。

一九六六年

一〇月、『途方もない国』(御茶の水書房)を刊行。

一二月、『ふるさとの風や　松阪市戦没兵士の手紙集』(三一書房)を刊行。

一九六七年

九月、朝日新聞夕刊連載「東海随想」の執筆をはじめる。

一九六八年

四月四日、肺ガンのため死去する。享年六一。

四月一三日には市葬と地区労による労農葬がおこなわれ、大山峻峰や石垣国一、河合秀夫たち同志と共に自らが設立に携わった三重県解放運動無名戦士の碑に合祀された。また同日『ふるさと(広報まつさか「市民サロン集」)』が刊行。

一九六九年　一周忌に際して大山峻峰たち同志の手によって『梅川文男詩抄』が刊行。

一〇月六日、松阪市庁舎の改築が終わり、新庁舎で業務開始。

一九七〇年

二月五日、本居宣長記念館の開館。

一九八三年

一月二〇日、松阪市名誉市民に推挙される。

二〇〇五年

六月二〇日、妻きよ死去。

参考文献一覧

一、梅川文男の著作

『都市部落――その歴史と現状』（部落問題研究所編、一九五九年の報告書の改訂版一九六三年六月発行、改訂増補版一九六四年九月発行、「序文」収録）
『農村部落――その地域と社会』（部落問題研究所編、一九六四年一二月、「序文」収録）
『（写真集）松阪』（松阪市編、一九六三年一〇月、淡交新社、「松阪に描く夢」収録）
『ふるさとの風や　松阪市戦没兵士の手紙集』（一九六六年一二月）
『途方もない国』（一九六六年一〇月、御茶の水書房）
『ふるさと（広報まつさか「市民サロン集」）』（一九六八年四月、松阪市）
『（梅川文男遺作集）やっぱり風は吹くほうがいい』（一九六九年一二月、盛田書店）
『梅川文男詩抄』（私家版、一九六九年）

二、新聞雑誌等

『愛国新聞』復刻版（愛国新聞社、不二出版）
『朝日新聞（三重版）』マイクロフィルム（朝日新聞社）
『伊勢新聞』マイクロフィルム（伊勢新聞社）
『特高月報』復刻版（内務省警保局保安課、政経出版社）
『社会運動通信』復刻版（日本社会運動通信社、不二出版）
『社会運動の状況』復刻版（不二出版）
『文学評論』復刻版（ナウカ社文学評論編集部、ナウカ社）
『無産者新聞』復刻版（法政大学大原社会問題研究所、法政大学出版局）
『融和時報』復刻版（中央融和事業協會、三一書房）

三、全集叢書等

『亀井勝一郎全集』（講談社）
『現代史資料』（みすず書房）
『島木健作全集』（国書刊行会）
『中野重治全集』（筑摩書房）
『日本プロレタリア文学集』（新日本出版社）
『日本労働年鑑』復刻版（法政大学大原社会問題研究所、法政大学出版局）
渡部徹・秋定嘉和編『部落問題・水平運動資料集成』（三一書房）
『松阪市史』（松阪市）
『三重県史』（三重県）

四、プロレタリア文学史等

荒正人・平野謙他『討論日本プロレタリア文学運動史』（一九五五年五月、三一書房）

高見順『昭和文学盛衰史』（一九五八年三月、文藝春秋新社）

小笠原克『島木健作』（一九六五年一〇月、明治書院）

栗原幸夫『プロレタリア文学とその時代』（一九七一年一一月、平凡社）

山田清三郎『増補改訂版プロレタリア文学史』（一九七三年八月、理論社）

西杉夫『プロレタリア詩の達成と崩壊』（一九七七年三月、海燕書房）

伊藤信吉・秋山清編『プロレタリア詩雑誌総覧』（一九八二年七月、戦旗復刻刊行会）

高橋夏男『流星群の詩人たち』（一九九九年一二月、林道舎）

五、労働・農民・水平社運動史等

刑事局思想部『昭和九年五月思想事務会同議事録』（東京大学社会科学研究所蔵、一九三四年一〇月）

『兵庫県農民運動史』（一九五七年一一月、法政大学経済学部農業問題研究会）

『兵庫県労働運動史』（兵庫県労働運動史編纂委員会、一九六一年三月）

農民運動史研究会編『日本農民運動史』（一九六一年四月、東洋経済新報）

三重県労働運動史研究会編『三重県労働運動史』（謄写版、一九六三年二月）

大山峻峰『三重のいしぶみ』（解放運動無名戦士の碑建設実行委員会、一九六四年一一月）

『野坂参三選集（戦時編）』（一九六七年八月、日本共産党中央委員会出版局）

同志社大学人文科学研究所編『戦時下抵抗の研究』第一巻（一九六八年一月、みすず書房）

井上清『部落の歴史と解放理論』（一九六九年一二月、田畑書店）

藤谷俊雄『水平運動史の研究』第六巻研究篇下（一九七一年八月、部落問題研究所出版部）

『兵庫県党のあゆみ』（一九七二年七月、日本共産党兵庫県委員会）

三重県厚生会編『三重県部落史料集（近代編）』（一九七四年一二月、三一書房）

『日本社会運動史料原資料篇　無産政党資料　労働農民党』（一九七六年一一月、法政大学出版局）

大山峻峰『三重県水平社労農運動史』（一九七七年八月、三一書房）
農林省農務局『小作年報第三次』（昭和三年三月）復刻版（一九七九年九月、御茶の水書房）
『昭和二年昭和三年思想犯罪輯覧』復刻版（社会問題資料叢書第一輯、社会問題資料研究会編、一九七九年一一月、東洋文化社）
三重県部落史研究会『解放運動とともに　上田音市のあゆみ』（一九八二年三月、三重良書出版会）
法政大学大原社会問題研究所編『労働農民党』（日本社会運動史料原資料篇、一九八三年三月、法政大学出版局）
羽原正一『農民解放の先駆者たち』（一九八六年一二月、文理閣）
秋定嘉和『近代と被差別部落』（一九九三年三月、解放出版社）
山之内靖『総力戦と現代化』（一九九五年一一月、柏書房）
木津力松『淡路地方農民運動史』（一九九八年一二月、耕文社）
黒川みどり『異化と同化の間』（一九九九年四月、青木書店）
横関至『近代農民運動と政党政治』（一九九九年六月、御茶の水書房）
秋定嘉和・朝治武編『近代日本と水平社』（二〇〇二年三月、解放出版社）
黒川みどり『地域史のなかの部落問題――近代三重の場合』（二〇〇三年三月、解放出版社）
『日本アナキズム運動人名事典』（二〇〇四年四月、ぱる出版）

六、論文記事等

大久保典夫「島木健作ノオト（三）――転向文学論（その二）」（『文学者』第三巻一〇号、一九六〇年一〇月）
河合秀夫「大西俊夫の生涯」（農民運動史研究会編『日本農民運動史』、一九六一年四月、東洋経済新報）
ねずまさし「『労働雑誌』の歴史」（2）（『月刊さんいち』第四巻第一一号、一九六一年一一月、三一書房）
大久保典夫「転向文学論ノオト」（『現代文学序説』創刊号、一九六二年一〇月）
宮井進一「島木健作と私　党および農民運動を背景として」（『現代文学序説』第四号、一九六六年五月、落合書店）
錦米次郎「弔詩・友人梅川文男の霊前に」「追悼・梅川文男のこと」（『三重詩人』第七三集、三重詩話会編集委員会、一九六八年五月）
高橋彦博「社会大衆党の分析」（増島宏他編『無産政党の研究――戦前日本の社会民主主義――』（一九六九年

三月、法政大学出版局）
岩村登志夫「日本人民戦線史をめぐる諸問題」（『歴史評論』第二三九号、一九七〇年七月）
有馬学「東方会の組織と政策――社会大衆党との合同問題の周辺」（『史淵』第一一四号、一九七三年三月）
錦米次郎「T・Tへの手紙」（『幻野』第九号、幻野の会、一九七五年五月）
宮西直輝「ナルプ解体と多数派」（『運動史研究』第一巻、一九七八年二月、三一書房）
成田喜一郎「社会大衆党における『新党運動』――東方会との合同問題を中心に――」（『歴史評論』第三四二号、一九七八年一〇月）
渡部徹「全国水平社解消論と部落委員会」（『人文学報』、京都大学人文科学研究所、一九七九年三月）
藤野豊「一九三〇年代の水平運動」（『民衆運動と差別・女性』、一九八五年一二月、雄山閣）
黒川みどり「愛国新聞解説」（復刻版『愛国新聞』、一九九〇年一〇月、不二出版）
矢吹尚「日本共産党員初の県議となった長尾有」（『暮らしと政治』一九九二年一〇月）
古森茂「淡路の農民組合運動・回想」（『歴史と神戸』第一九八号、一九九六年一〇月）
高木伸夫「兵庫県水平社運動と労農運動」（秋定嘉和・朝治武編『近代日本と水平社』、二〇〇二年三月、解放出版社）
津坂治男「風の吹く中」第一～一二回（『柵』第二〇五～二一七号、二〇〇四年一月～一二月）

七、その他

井阪篤子『井阪次男をしのぶ』（私家版）
『大阪百年史』（一九六八年六月、大阪府編集発行）
『松阪市立第一小学校百年史』（一九七四年九月、松阪市立第一小学校百年史編纂委員会）
『三原郡史』（三原郡史編纂委員会編集、一九七九年三月、兵庫県三原郡町村会発行）
足立巻一『夕暮れに苺を植えて』（一九八一年五月、新潮社）
中村博男『若き日の小津安二郎』（二〇〇〇年一〇月、キネマ旬報社）
ジミー・ウォーカー『戦争捕虜二九一号の回想　タイメン鉄道から南紀イルカへ』（松岡典子訳、二〇〇〇年一一月、三重大学出版会）
秋元波留夫『実践精神医学講義』（二〇〇二年二月、日本文化科学社）

初出一覧

Ⅰ　**梅川文男とその時代**

第一章「プロレタリア詩人・梅川文男（堀坂山行）とその時代――松阪事件に至るまで――」（『三重大学日本語学文学』第一二号、二〇〇一年六月）

第二章「梅川文男研究（2）――プロレタリア詩人・堀坂山行の淡路時代――」（『人文論叢』第一九号、三重大学人文学部文化学科、二〇〇二年三月）

第三章「プロレタリア詩人・梅川文男（堀坂山行）とその時代（二）――三・一五事件に至るまで――」（『三重大学日本語学文学』第一三号、二〇〇二年六月）

第四章「島木健作と堀坂山行――朝倉菊雄と梅川文男における転向／非転向――」（『近代文学試論』第四〇号、二〇〇二年一二月）

第五章「透谷を嗣ぐ詩人たち――『詩精神』と梅川文男――」（『国文学攷』第一七六・一七七号合併号、二〇〇三年三月）

第六章「梅川文男研究（3）――戦前の部落解放運動とプロレタリア文学――」（『人文論叢』第二〇号、二〇〇三年三月）

第七章「梅川文男研究（4）――プロレタリア詩人・堀坂山行と反ファッショ人民戦線――」（『人文論叢』第二一号、二〇〇四年四月）

第八章「プロレタリア詩人・梅川文男（堀坂山行）とその時代――非常措置事件に至るまで――」（『三重大学日本語学文学』第一五号、二〇〇四年六月）

第九章「梅川文男研究（5）――プロレタリア詩人・堀坂山行の戦後――」（『人文論叢』第二二号、二〇〇五年四月）

Ⅱ　**梅川文男作品抄**

本書初版第一刷初出

Ⅲ　**梅川文男生誕一〇〇年記念展を終えて**

1　「島木健作と堀坂山行――新資料島木健作（梅川文男宛）葉書三枚から――」（『三重大学日本語学文学』第一七号、二〇〇六年六月）

2　「島木健作『再建』論――宮井進一と梅川文男の視点から――」（『近代文学試論』第四四号、二〇〇六年一二月）

あとがき

昨今の大学改革では「地域連携」や「地域貢献」といった言葉がキーワードのように使われ、地域に根差した研究をおこなうことが奨励されている。だが学内予算を獲得することや行政の諮問委員に就くことを目的とした俄仕立てのものがあり、タイトルだけが立派で内実が伴っていないケースもある。その土地その土地には長い時間をかけて張りめぐらされてきた人間の柵《しがらみ》があって利害関係が複雑に交錯している。よほどの気構えを持って準備をしなければ、現地に赴いても〝世間を知らない〟大学教員として適当にあしらわれるだけで目立った成果は期待できないだろう。

梅川文男という人物に惹かれて七年、彼の故郷である松阪はもとより青年時代を過ごした淡路や神戸にも足を運び、彼の足跡を追いかけてきた。梅川は激烈であった松阪の解放運動に身を捧げ、戦前・戦中の厳しい弾圧のなかで労働者や農民、被差別部落の人々と連帯して闘争した。そのような彼の姿勢に比べると、政府にとって都合の悪いことは「自己責任」として個人に責任を負わせ、イラクで日本人青年の人質が斬首されても、毎年自殺者の数が三万人を超えても、少しも手をさしのべようとしない現代日本社会の風潮は社会的連帯を放棄した「無責任」なものといえよう。急速に保守右傾化する今の社会であるからこそ、梅川の遺志は風化させてはならない大切なものとして目に映る。

松阪の農民詩人錦米次郎は梅川とは文学上の同志であった。しかし梅川が日本共産党三重県委員会の方針に対立して党を除名されると彼に厳しい批判を浴びせた。そして梅川が市長職を長く続けるうちに、次第に地元の弊習にとらわれ始めたことを見逃さなかった。だが苦難の時代を共に耐え抜いた同志であったことは終生変わらず、梅川の歿後すぐに「追悼・梅川文男のこと」(「三重詩人」第七三集、一九六八年五月)を発表し、梅川の想い出を記している。つぎにその冒頭を引用してみよう。

急逝した梅川文男と私との交友は戦前の昭和十二年頃に始まる。彼はその頃、保護観察の身で生活的にも苦しく湊町でも本屋をやっていた。

私はエンゲルスなどの本を買っているうちに彼と話を交わすようになった。彼が遠地輝武の詩精神の仲間だったこと。ペンネームを堀坂山行といったことなどを知った。そのころ私は啄木から小熊秀雄にうつりつゝあつた。雑誌の話から四日市に鈴木泰治のいたことを彼から知った。

その後、私は詩精神を読む機会を得たが彼の詩は自らも認めていたようにプロレタリヤ詩の悪い面そのまゝの硬直した詩で、鈴木泰治よりもその芸術的価値は低かった。当時、彼は農民闘争のリーダーでもあったしムリもないことだった。

錦が梅川に出会った一九三七年は、梅川が合法舞台での活動を重んじ社会大衆党三重県支部連合会を組織して、その執行委員長として活躍していた頃である。当時二九歳の梅川は解放運動に従事するかたわら文学の創作も手がけていた。新井徹・後藤郁子を中心にして遠地輝武や小熊秀雄たちが集まった詩雑誌「詩精神」に「堀坂山行」というペンネームで詩や小説、評論を発表している。松阪にある雄大な堀坂山、それに向かって走るバスを連想させるユニークな筆名である。解放運動の最前線に立っていた体験を踏まえて創作された梅川の作品は、現代の日本社会に一石を投じる力を持っている。

梅川と同様、「詩精神」に同人として参加していた四日市の鈴木泰治は、これまで地元でも忘れられた詩人であったのだが、二〇〇二年八月に『プロレタリア詩人・鈴木泰治――作品と生涯』(和泉書院)を出版し、早逝した詩人の遺業をまとめた。今回本書を上梓することで再び三重県出身のプロレタリア詩人を再評価するきっかけを提供できたと思う。昨今の厳しい出版不況のなかで本書の刊行を快諾して下さった和泉書院廣橋研三社長のご厚情に心から感謝申し上げると共に編集部の方に御礼を述べたい。

本書は株式会社三重ティーエルオーの岡野賢治氏との共同研究の成果にもとづくものであり、出版に際しては同社から助成金を給付された。

二〇〇六年一月

尾西康充

増補改訂版　あとがき

二〇〇六年四月九日に生誕一〇〇年を迎えた梅川文男を記念して、郷里松阪市で記念展が開催された。梅川とは生前から深い親交のあった田村元氏（元衆議院議長）を委員長として、高岡庸治氏（元本居宣長記念館長）、長男の悠一郎氏、甥の紀彦氏が中心となって実行委員会が結成され、四月一日から一三日まで松阪市文化財センター第三ギャラリーで記念展が開かれた。地元の有力紙「夕刊三重」が連日報道した効果もあって、予想を上回る多数の市民が来場した。梅川家の歴史から市長時代まで、故人の歩みを一望できる展示を見ると、時代が大きく変転したにもかかわらず、一本筋の通った生き方をした梅川の生涯がより深く理解できるように感じられた。文男の長兄俊男の家財を継いだ紀彦氏は、展示の準備のために屋根裏部屋を整理しているうちに、いくつかの資料を発見した。『再建』を執筆していた頃の島木健作からの葉書や、名古屋刑務所にいる文男からの手紙などは、これまで分からなかった梅川の伝記事項を明らかにするだけではなく、島木の転向文学をとらえ直すきっかけとなる重要な遺品であった。

記念展では文献資料が集められただけではなく、梅川をめぐるいろいろな記憶が呼び起こされて語られた。悠一郎氏は太平洋戦争開戦の翌日の未明、母に揺り起こされて、父が特高警察に連行されたことを知り、近所に住む祖母にそれを伝えるために暗い道をひとり走った。当時はまだ五歳であったが、そのときの光景を今でも鮮明に記憶しているという。古書店を営んでいた名残で自宅には『女学雑誌』『柳田国男全集』『島木健作全集』が揃っていたという。『女学雑誌』は自由民権運動の北村透谷が作品を発表していた雑誌で、透谷は人間の〈内面〉の解放を呼びかけ、社会の変化に押し流されない〈精神〉の自立を主張した。弾圧の嵐に屈することがなかった梅川の思想的・文学的背景を知る手がかりとなる。民俗学を体系化して郷土研究の基礎を築いた柳田国男の全集は、生涯を通じて松阪の民俗や伝承の調査に努めていた梅川に多くのことを教えたことであろう。

「夕刊三重」の「梅川文男追悼号」(一九六八年四月一二日号)には、松阪市立第一尋常小学校で三カ月間、代用教員の梅川から学んだという岩井勝氏(元三重日産自動車販売社長)が梅川から「綴方を書きなさい。思ったことを思った様に書きなさい。長く長く何枚になっても書きなさい」と指導されたことを回想している。岩井氏は「調子にのって精一杯書き続けた」というが、このような指導は、大正から昭和にかけての新しい教育方法であった生活綴り方運動や郷土教育運動に影響されていた。生活のなかで感じたことや考えたことをありのままに作文させることによって、社会的現実に対する認識を高める「生活綴り方運動」は、一九二九年頃からはじめられて一時は流行するが、戦時下では反体制運動として弾圧された。本書の裏表紙には梅川が担任をしていた学級のクラス写真が掲げられているが、それよく見ると、どの子どもも自分の顔を真っ直ぐカメラに向けている。児童の意思を重んじて主体性を確立させる教育を実践していた成果であったといえるが、梅川にとってこれは生涯を通じての基本姿勢であったと思われる。
『近代解放運動史――梅川文男とプロレタリア文学』の増補改訂版として口絵写真を追加すると共に「III　梅川文男生誕一〇〇年記念展を終えて」の部分を書き加えた。編集作業の際には正確を期すために、記念展を通じて新たに判明した事実に従って、本文を一部修正した。増補改訂版の刊行を快諾して下さった和泉書院の廣橋研三社長には、ご厚誼に感謝申し上げたい。

二〇〇八年二月

尾西康充

著者略歴

尾西 康充（おにし やすみつ）

1967年1月19日、兵庫県神戸市生まれ。広島大学大学院教育学研究科博士課程後期修了。博士（学術）取得。広島大学教育学部助手、三重大学人文学部専任講師、同助教授を経て、現在は三重大学人文学部教授。2002年度文部科学省在外研究員としてオックスフォード大学ケブルカレッジに留学。

これまでの主な研究業績として単著『北村透谷論——近代ナショナリズムの潮流の中で』（明治書院）、共著『神戸と聖書　神戸・阪神間の四五〇年の歩み』（神戸新聞総合出版センター）『論集・椎名麟三』（おうふう）『紀伊半島近代文学事典』（和泉書院）『巨匠たちの風景』（伊勢文化舎）『北村透谷とは何か』（笠間書院）、共編『プロレタリア詩人・鈴木泰治——作品と生涯』（和泉書院）『田村泰次郎選集（全５巻）』（日本図書センター）等がある。

増補改訂版 近代解放運動史研究　梅川文男とプロレタリア文学　和泉選書　149

2006年３月１日　初版第一刷発行©
2008年３月25日　増補改訂版第一刷発行

著　者　尾西康充

発行者　廣橋研三

発行所　和泉書院

〒543-0002　大阪市天王寺区上汐５－３－８
電話06-6771-1467／振替00970-8-15043
印刷・製本　シナノ／装訂　森本良成

ISBN978-4-7576-0358-5　C1395　定価はカバーに表示